hänssler

Edith Schaeffer

Nie tiefer als in Gottes Hand

CIP-Titelaufnahme der Deutschen Bibliothek

Schaeffer, Edith:
Nie tiefer als in Gottes Hand / Edith Schaeffer. [Übertr. von
Friedemann Lux]. – 3. Aufl. – Neuhausen-Stuttgart : Hänssler, 1990.
(TELOS-Bücher ; 1606 : TELOS-Hardcover)
Einheitssacht.: Afflication ‹dt.›
bis 2. Aufl. als: TELOS-Bücher: 1261 : TELOS-Paperback
ISBN 3-7751-1117-4
NE: GT

3. Auflage 1990
TELOS-Bücher
TELOS-Hardcover 1606
© Copyright 1978 by Edith Schaeffer
Published by Fleming H. Revell Company,
Old Tappan, USA
Originaltitel: Affliction
Übertragen von Friedemann Lux
© Copyright 1986 by Hänssler-Verlag, D-7303 Neuhausen-Stuttgart
Umschlaggestaltung: Daniel Dolmetsch
Die Bibelzitate folgen der Luther-Übersetzung in der Revision von 1964 (AT) und
1975 bzw. 1984 (NT).
Printed in Austria

Dieses Buch ist
all denen gewidmet, die mir
in Freimut und Liebe
aus dem innersten Schatz ihres Lebens
erzählt haben,
damit anderen geholfen werden kann.

Inhalt

Vorwort 9

Warum? Warum? 11

Stephanus und Paulus 29

Ein Blick durch den Vorhang 45

Das Museum im Himmel: Saal A 59

Das Museum im Himmel: Saal B 77

Geschirr mit Schönheitsfehlern 93

»Bedrängnis bringt Geduld« 110

Edelmetall 129

Trösten will gelernt sein 146

... Gott lenkt 163

Einfach abschaffen? 180

Wie das Leben weitergehen kann 197

Vorwort

Wer kennt sie nicht, die bohrende Frage *Warum?* Leid, Not, Enttäuschungen, Verzweiflung, Katastrophen – niemand bleibt davon verschont. Reiche und Arme, Analphabeten und Gebildete, Stadtbewohner und Bauern, Bankdirektoren und Straßenfeger, Musiker und Bergarbeiter, alt und jung, Ost und West – Menschen jeder Herkunft, jeden Alters, jeder Sprache, jeder Kultur und Nation sind damit konfrontiert. Ein guter Teil unserer Gespräche – ob mit unserem besten Freund oder dem Stuhlnachbarn im Wartezimmer des Arztes – kreist um die Probleme und Häßlichkeiten unseres Lebens und der Welt ganz allgemein.

Wie oft hört man nicht die Frage: »Wie kann es denn einen Gott geben, wenn soviel Elend in der Welt ist?«, oder: »Wenn Gott wirklich die Welt erschaffen hat, warum gibt es dann soviel Böses?« Ja, wie soll man sie beantworten, diese Fragen?

In diesem Buch wollen wir uns ansehen, was die Bibel zum Thema »Leid« zu sagen hat. Wir wollen versuchen herauszufinden, welchen Sinn Leid haben kann und warum gerade Glaube, Liebe und Geduld so oft mit Verfolgung und Not verbunden sind. Konkrete Beispiele aus dem Leben von realen Menschen – Menschen der Bibel und Menschen von heute – sollen uns dabei helfen.

Das Leiden des Christen ist kein sinn- und aussichtsloses Elend. Es ist nicht wie die dumpfe Qual des Galeerensklaven, dessen Blick nicht über die Ketten und die Peitsche hinausgeht. Es ist eher den Trainingsstrapazen des Sportlers vergleichbar, der sich auf die Olympischen Spiele vorbereitet. Anstrengung, Entbehrung, Schmerzen – gewiß, aber da ist ein *Ziel*. Und dieses Ziel gilt es zu sehen. Die weitverbreitete Annahme, Gott sei dazu da, um den Christen vor allem Unglück zu bewahren und das Leid am besten gar nicht erst zuzulassen, ist hier ein großes Hindernis.

Dieses Buch soll keine bloß theoretische Abhandlung sein. Es soll Männern und Frauen, Jungen und Alten, Gesunden und Kranken ganz praktische Hilfen geben im Umgang mit ihren erwarteten oder unerwarteten, sich langsam hinziehenden oder plötzlich aufbrechenden Nöten und Sorgen. Das Leid hat ja viele Gesichter. Es kann körperlich oder seelisch, materiell oder intellektuell sein, es kann uns schnell oder langsam treffen, von bösen Menschen geplant sein oder »einfach so« kommen, unser Leben völlig auf den Kopf stellen oder für das Auge unserer Mitmenschen so gut wie unsichtbar sein.

Es ist mein Gebet, daß dieses Buch nicht nur für den Leser selbst ein Segen wird, sondern auch für seine Umgebung – für die Menschen, denen er in Liebe und Verständnis in ihren Nöten zu helfen versucht. Vergessen wir nie, daß wir mit unserer Hilfe nicht warten dürfen, bis unsere eigenen Probleme gelöst sind. Unser Nächster braucht uns jetzt.

Warum? Warum?

Aufgeweckte blaue Augen, ein dicker blonder Haarschopf, rosige Wangen – alles sprach dafür, daß der dreijährige Philip ein robuster, gesunder Junge war. Zusammen mit seiner Schwester und den anderen Kindern hatte er oft seinen Apfelsaft getrunken und Kuchen gegessen, während seine Mutter Claire-Lise und die anderen Frauen vor meiner Bibelstunde am Donnerstagmorgen ihren Kaffee oder Tee tranken. Dann kam eine scheinbar leichte Erkrankung – Kehlkopfdiphterie. Eines Tages spielte seine fünfjährige Schwester neben seinem Bett. Auf einmal schluckte und würgte er, und dann war alles still. »Mama, Mama! Philip ist weg!« Gwen spürte instinktiv, daß ihr Bruder nicht mehr mit ihr im Zimmer war. Sein Körper lag noch da, aber Philip war fort. Wie konnte das geschehen? Warum?

Im Musikkonservatorium in Lausanne. Ein ständiges Kommen und Gehen. Die Musiker üben auf ihren Instrumenten, lernen, korrigieren Fehler. Freude, Eifer, Kultur. An einem Nachmittag im April 1972 wartet die neunjährige Anne-Françoise im Foyer des Konservatoriums auf ihre Mutter, die noch oben ist und mit dem Lehrer spricht. Plötzlich rennt ein junger Geistesgestörter, dem die Klinik für einen Tag Urlaub gegeben hat, die Straße hinunter, in der Hand ein Küchenmesser. In sieben Minuten verletzt er sechs Passanten. Kurz bevor man ihn fassen kann, stürmt er in die Musikschule und tötet das Mädchen. Wie ist das möglich? Warum?

Der 20jährige David Koop wurde bei einer Frühjahrsklettertour von einem herabfallenden Felsbrocken getroffen, fiel aus der steilen Wand und hing nur noch leblos am Seil seines Kameraden. Bloß ein Fall für die Unfallstatistik dieses Jahres? Nein. Dieser 20jährige war, wie die anderen auch, ein geliebtes Kind seiner Eltern, hier Dr. und Mrs. C. Everett Koop. Dr. Koop ist ein bekannter amerikanischer Kinderchirurg, der schon vielen Neugeborenen das Leben gerettet hat. Und David war auch ein Sohn des himmlischen Vaters; er stand im aktiven Dienst für Gott, entschlossen, seinen nach Sinn suchenden Altersgenossen die Wahrheit zu zeigen. In der Bibel, die er zurückließ, war ein Lesezeichen. Er hatte am Morgen vor der Klettertour im Judasbrief gelesen, und der 24. Vers war angestrichen: »Dem aber, der euch vor dem Straucheln behüten kann und euch untadelig stellen vor das Angesicht seiner Herrlichkeit mit Freuden...« Gott war fähig, ihn vor dem Sturz zu bewahren. Wie konnte er trotzdem abstürzen? Warum?

Gerade schrieb ich an die Eltern eines Neunzehnjährigen, der Krebs im Endstadium hat. Einige Zeit schien die Krankheit überwunden, aber dann flammte sie erneut auf, und es besteht keine Hoffnung mehr. Warum dieser Rückfall? Warum?

Warum? Der Brief davor ging an eine junge Frau, die aus dem Fenster gesprungen war, um ihrem Leben ein Ende zu machen. Warum brach sie sich nur den Rücken und die Knöchel? Warum starb sie nicht? Warum?

John und Betty Stam waren jahrelang zur Bibelschule gegangen. Dann waren sie aufs Missionsfeld nach China gefahren, hatten die Sprache erlernt und waren nun bestens vorbereitet für ihren Dienst. Sie waren das ideale Missionarsehepaar, und lange, fruchtbare Jahre schienen vor ihnen zu liegen. Aber dann – es war Mitte der dreißiger Jahre – wurden sie von einer kommunistischen Teenagerbande überfallen. Die Kommunisten fesselten ihnen die Hände auf den Rücken, schleiften sie in ihrer Unterwäsche durch die Straßen und schlugen ihnen den Kopf ab.

Betty hatte dieses Gedicht geschrieben:

Angst – wovor?
Zu fühlen, wie der Geist wird frei,
wie Schmerz zu tiefer Ruhe wird,
des Lebens Müh und Last hört auf?
Angst – davor?

Angst – wovor?
Das Antlitz des Erlösers sehn,
die ausgestreckte Hand, den Glanz
der Wunden seiner Herrlichkeit?
Angst – davor?

Angst – wovor?
Ein Blick, ein Krach, ein Stoß durchs Herz,
Dunkel – dann Licht und himmelwärts!
Durch seine Wunden völlig heil!
Angst – davor?

Angst – wovor?
Des Lebens Same sein im Tod,
ein Blut, das Steine fruchtbar macht,
daß Seelen wachsen hin zu Gott?
Angst – davor?

Ein Gedicht voll tiefer Wahrheit. Aber warum mußte es im Leben dieses jungen Paares, für das doch so viele Menschen gebetet hatten, so früh Realität werden? Warum? Ihr Baby hatten sie in dem Raum zurücklassen müssen, wo man sie für die Nacht gefangenhielt. Wie kam es, daß ein alter chinesischer Christ bereitwillig seinen Kopf hinhielt, damit das Kind am Leben blieb? Ein Leben für ein Leben – und zwei andere abgeschnitten. Warum?

Baronin Christa von Mirbach summte eine Melodie vor sich hin, während sie sich zum Ausgehen fertigmachte. Sie wollte ein paar Besorgungen erledigen und sich dann mit ihrem Mann zum Mittagessen treffen. Ihr Summen war nicht leichtsinnig, denn sie kannte sehr wohl die Gefahren, die das Leben in einer Botschaft in unserer so haßerfüllten und gewalttätigen Zeit mit sich bringt, und betete jeden Tag treu darum, daß Gott ihren Mann bewahren möge. Baron von Mirbach war Militärattachè in der Deutschen Botschaft in Stockholm. Auch er war Christ, und er hatte Gott gebeten, ihm und seiner Frau zu zeigen, ob sie ihm vielleicht nicht an einem anderen Platz dienen sollten. Sie hatten lange auf Gottes Führung gewartet.

Nun, an jenem Morgen wurde die Botschaft von Baader-Meinhof-Terroristen überfallen. Mit vorgehaltener Pistole nahmen sie Sekretärinnen und andere Mitarbeiter gefangen. Ihre Forderung:»Laßt unsere gefangenen Genossen frei, dann lassen wir diese Leute frei; sonst erschießen wir alle 15 Minuten eine Geisel.« Warum mußte der Baron als erster sterben? Vielleicht wegen seiner militärischen und edlen Haltung, seiner ruhigen, natürlichen Autorität? Oder war es sein Adelstitel? Was immer der Grund war, wenig später wurde sein Körper, von sieben Kugeln durchbohrt, die Treppe hinuntergeworfen.

Baronin von Mirbach war zu diesem Zeitpunkt möglicherweise die einzige, die nicht vor dem Radio oder Fernseher saß. Sie wartete an dem vereinbarten Treffpunkt auf ihren Mann. Er hatte gesagt: »Wenn ich nach 20 Minuten noch nicht da bin, habe ich eine andere Verabredung.« Als er nicht kam, war sie daher nicht beunruhigt, sondern ging weiter ihren Besorgungen nach. Wie Christa und ihre Zwillinge, ein zwölfjähriger Junge und seine Schwester, einige Zeit später die Kraft bekamen, die Todesnachricht zu hören und trotzdem an ihrem Vertrauen und ihrer Liebe zu Gott festzuhalten, ist ein Geheimnis, das sich in der Geschichte der Familie Gottes immer wieder wiederholt. Es ist Gnade in größten Krisen. Was nicht bedeutet, daß Baronin von Mirbach und ihre Kinder, die Eltern des ermordeten Mädchens in Lausanne oder die anderen, über die ich gesprochen habe, nicht auch immer wieder Wellen der Trauer und Depression erleben. Wir sind Menschen, wir dürfen nicht erwarten, daß wir ungerührt über der Frage »Warum?« stehen.

Und die Frage ist groß und furchtbar. Es schreit in dieser Welt: Warum dieses Töten und Morden, warum all dieser Terror? Warum können ausgerechnet Leute, die sich Pazifisten nennen, die perversesten Mörder sein? Was ist los mit dieser Welt? Woher kommt das alles?

Wir waren nach Philadelphia gerufen worden, weil meine Schwiegermutter einen Schlaganfall erlitten hatte, den sie nach Meinung des Arztes nicht überleben würde. Aber es gelang uns, sie ins Leben zurückzupflegen, und nach sieben Wochen war sie gesund genug, um zu uns in die Schweiz zu kommen, wo wir sie im Chalet les Mélézes noch sieben Jahre betreut haben. Mit 89 stürzte sie im Chalet und brach sich den Oberschenkel und die Hüfte. Aber die lange Operation in dem kleinen Krankenhaus in Aigle war erfolgreich, und einige Zeit konnte Großmutter sich sogar mit einer Gehhilfe selbständig fortbewegen. Nach dem nächsten Schlaganfall konnte sie nicht mehr sprechen, und nach und nach mußten wir sie in ihrem Krankenhausbett, das wir in einem

14

Zimmer im Obergeschoß aufgestellt hatten, rund um die Uhr betreuen. Monatelang flößten wir ihr mit einem Löffel Nahrung ein, die sie mochte und schlucken konnte. Dann kamen lange Wochen, in denen sie nicht mehr schlucken konnte; Atmung und Herz waren aber noch stark. Dann wurde aus dem Atmen ein Keuchen, aber das Herz schlug immer noch stark. Ja, die Trennung von Geist und Körper erfolgt nicht immer schnell, und der »natürliche Tod« ist nicht immer so natürlich. Wie kann das sein? Warum? Mein eigener Vater wurde 101 Jahre alt. An seinem 100. Geburtstag versetzte er die Verwandten, die anwesend sein konnten – Kinder, Enkel, Urenkel – mit seinen Wortspielen und treffenden Bemerkungen, die ein großes Wissen in Politik, Sport, Familienangelegenheiten und anderen Dingen verrieten, in nicht geringes Erstaunen. Sein Geist war alles andere als verkalkt – aber er war in einem Körper gefangen, der ihm immer mehr zum Ärgernis wurde. Man merkte es an dem Widerwillen, mit dem er auf seine Fingergelenke schaute, die fast nicht mehr bewegen konnte; man merkte es daran, daß er mit einem Stock gehen mußte oder plötzlich einschlief, wenn er eigentlich weiterreden wollte.

Sein »Ich habe immer davon geträumt, 100 Jahre alt zu werden, aber ich glaube, das war ein Fehler!« klang recht amüsant, aber in Wirklichkeit war es sehr ernst. Er wußte jetzt, was es hieß, »lebendig zu sterben« – so ganz allmählich seine Beweglichkeit, Kreativität, Kontrolle zu verlieren. An die Stelle der Angst vor dem Tod war die Angst vor dem abbröckelnden Leben getreten.

Wann ist der Tod überhaupt »natürlich«? Wann ist er passend? Wann kommt er zur rechten Zeit für den Sterbenden, für seine Familie, für seine Freunde? Wann ist der Tod nicht ein Schock? Wann ist er »normal«? Was ist der Tod?

Die Geschichte bewegt sich nur in eine Richtung. Auf die Ursache folgt die Wirkung. Wenn ich etwas bereue und am liebsten wieder ungeschehen machen würde, kann ich nicht einfach die Zeit (ob es nun Minuten, Tage oder Jahre sind) zurückdrehen und die anstößige Situation noch einmal neu durchleben. Die Worte »Hätte ich nur …!« oder »Hätte ich nur nicht …!« können immer nur Wunschträume bleiben. Nun, auch das Eintreten des Todes in diese Welt ist die Wirkung einer Ursache – das Ergebnis einer ganz bestimmten Handlung, die wiederum auf eine ganz bestimmte Entscheidung folgte. Seit dieser Handlung ist der Tod für alle Menschen ein Muß – bis zu jenem wunderbaren Augenblick in der Zukunft, wo die verheißene Wiederkunft Christi Wirklichkeit wird und dem Tode die Macht nimmt.

Der erste Tod war eine »Wirkung«. Die Ursache kam nicht von irgendwo her, sondern war eine bewußte Entscheidung eines bestimmten Menschen, den Gott ausdrücklich davor gewarnt hatte, von den Früchten eines bestimmten Baumes im Garten zu essen, denn sobald er davon äße, würde der Tod folgen. Gott hatte den Menschen, Mann und Frau, nicht dafür geschaffen, zu sterben. Körper und Geist waren als Einheit gedacht und nicht dazu, auseinandergerissen zu werden. Der Körper des Menschen – diese wunderbare Schöpfung, komplizierter als alles andere im Universum – ist etwas ungeheuer Wertvolles, und das nicht nur für uns, sondern auch für Gott. Wir haben ihn bekommen, um uns voll als Menschen entfalten zu können. Mit ihm können wir schmecken, riechen, fühlen, hören, sehen, denken, lieben, sprechen, Entscheidungen treffen und kreativ sein. Der Körper ist keine bloße Hülle, kein minderwertiges Anhängsel. Er gehört zur Ganzheit der Persönlichkeit, er ist ein fester Teil des Ichs mit all seinem gewaltigen Potential in Arbeit und Freizeit, Wissenschaft und Literatur, Kunst und Musik und in allen anderen Bereichen unseres Lebens, das Gott uns geschenkt hat. Die Augen können Liebe und Zorn, Zustimmung und Abscheu ausdrücken. Die Stimmbänder, Zunge und Lippen können eine fantastische Skala von Gedanken, Bildern, Gefühlen kommunizieren. Die Hände können Werkzeuge und Kunstwerke herstellen und die Hand eines Kindes führen. Und doch – durch den Tod wird all dies zunichte gemacht. Wir stehen neben der leblosen Form, und obwohl alle Teile rein äußerlich noch intakt aussehen mögen, wissen wir doch, daß dieser Mensch nicht mehr da ist, wie es selbst jene Fünfjährige so schnell begriff. Die Person ist fort, vor uns liegt ein Leichnam.

Obwohl Kain noch nie zuvor einen toten Menschenkörper gesehen hatte, wußte er doch sofort, als er seinen toten Bruder vor sich liegen sah, daß er nicht mehr da war. Er konnte Abel nichts mehr sagen, und Abel konnte ihm nichts mehr antworten. Und Kain sah, welche furchtbaren Folgen die Rebellion seiner Eltern gegen Gott hatte. Jetzt wußte ein Mensch zum ersten Mal, was die Trennung des Geistes vom Körper bedeutete: Tod.

Doch schon vor diesem ersten körperlichen Tod hatten die Menschen einen anderen Tod kennengelernt: die Vertreibung aus Gottes Gegenwart. Adam und Eva waren ausgewiesen worden aus dem Ort, wo sie mit Gott in der Kühle des Abends spazierengehen und mit ihm sprechen konnten. Sie hatten den Fall der Schöpfung erlebt, den Übergang von einer vollkommenen in eine verdorbene Welt. Sie waren die einzigen, die auf Grund persönlicher Erfahrung den Unterschied zwischen einem »normalen« und einem »unnormalen« Menschen, zwischen einer »normalen« und einer »unnormalen« Welt kannten. Weil sie der Lüge Satans mehr geglaubt hatten als den Worten Gottes, wurde die Welt unnormal, verdreht, gefallen. Wir leben in einer verdorbenen Welt; hinter uns liegt eine vieltausendjährige Kette von bösen Ursachen und bösen Wirkungen. Wenn heute der Tod als etwas Normales oder Natürliches angesehen wird, dann nur, weil es ihn schon so lange gibt. Alle, selbst Adam und Methusalem, sind gestorben; nur Elia und Henoch wurden direkt vom Herrn aufgenommen.

Satans Verführungsworte an Eva waren ein Vernichtungsangriff auf die gute Schöpfung Gottes. Dieser Angriff war Teil eines Kampfes, der schon seit einiger Zeit (wie lange, wissen wir nicht) tobte. Der Kampf hatte begonnen, als Satan noch Luzifer hieß und der höchste und schönste der Engel war (vgl. Jesaja 14). Wie alle anderen geschaffenen Engel auch, hatte er einen freien Willen. Die Probezeit war noch nicht vorüber, da verlangte er danach, Gott gleich zu sein, und startete zusammen mit anderen Engeln eine Revolte im Himmel. Es war ein realer Kampf, und er hatte Folgen nach dem Prinzip von Ursache und Wirkung: Luzifer und die mit ihm verbündeten Engel wurden aus dem Himmel gestoßen; sie waren nun keine Engel mehr, sondern wurden zu Satan und seinen Dämonen.

Der Wunsch, Gott gleich zu sein, war damit aber offenbar nicht zu Ende, und der Kampf ging weiter. Luzifer sagte Eva, daß sie nicht sterben würde, wenn sie von dem Baum äße; aber er wußte nur zu gut, daß nicht nur sie und ihr Mann, sondern auch ihre Söhne und Töchter und Enkel und alle weiteren Generationen sterben würden. Satans falsche Versprechungen enden in Zerstörung und Leid. Eva mußte den toten Körper ihres eigenen Sohnes sehen, als erste reale körperliche Erfahrung dessen, was es heißt, »des Todes zu sterben«. Nun sah sie, wie es war, von einem Menschen getrennt zu werden, weil dessen Geist und Körper getrennt waren. Wahrscheinlich weinte sie laut auf: »Abel ist nicht mehr!« und hatte jenes Gefühl tiefer Verzweiflung, das einen angesichts der Endgültigkeit der Folgen einer einmal getroffenen falschen Entscheidung befällt.

Die Trennung ihres eigenen Geistes von ihrem Körper stand ihr erst noch bevor, aber die schmerzvolle Realität solcher Trennung gehörte nun zu ihren Erfahrungen. Sie sah, was der Fall der Schöpfung für die menschlichen Beziehungen bedeutete. Schon ihre Beziehung zu Adam war ja nicht mehr vollkommen, und jetzt mußte sie erkennen, daß auch Kain und Abel nicht in Eintracht gelebt hatten. Sehr wahrscheinlich war diese Bluttat nur der Endpunkt einer ganzen Kette von Streitigkeiten.

Abel war der erste Märtyrer. Er starb, weil er Gott das Lamm in der von Gott eingesetzten Weise als Opfer darbrachte – als Vorgriff auf den ganzen Rest der Heiligen Schrift. Kain tötete Abel, weil Abel Gott in der richtigen Weise die Ehre gab und seine eigene, falsche Art, ihn anzubeten, nicht angenommen wurde. Kain wollte sich auf seine eigenen Werke, die Früchte seiner Feldarbeit, verlassen. Ob Eva all das verstanden hat, darüber können wir nur spekulieren. Aber sicher hat sie sich daran erinnert, wie sie selbst Gottes Gebot und Warnung mißachtet hatte. Es muß ihr bewußt geworden sein, daß da vor ihr in dem blutverkrusteten Körper ihres Sohnes der Tod war, der Tod, der von nun an zum Menschsein gehören sollte, der aber doch *nicht* normal war, der ein häßliches Auseinanderreißen dessen war, was eigentlich zusammenbleiben sollte. Durch Satans Sieg über Adam und Eva hielt die anomale Realität des Todes Einzug in die Welt; und mit ihm kamen all die vielen »kleinen Tode«, wo Teile unseres Körpers durch Bazillen oder Viren, Unfälle oder vorsätzliche Gewalt zerstört werden.

In 1. Korinther 15,26 lesen wir: »Der letzte Feind, der vernichtet wird, ist der Tod.« Und in Jesaja 25,8 erhalten wir diese feste Verheißung: »Er wird den Tod verschlingen auf ewig. Und Gott der Herr wird die Tränen von allen Angesichtern abwischen und wird aufheben die Schmach seines Volks in allen Landen;

denn der Herr hat's gesagt.« Das sollten wir unbedingt verstehen, das sollte uns in Fleisch und Blut übergehen: Der Tod ist ein Feind, und Gott haßt ihn. Der Tod gehört zu dem großen Kampf zwischen Satan und Gott – und der letzte Sieg wird Gott gehören. Der Tod wird in den Sieg verschlungen werden – den Sieg Gottes, die Antwort auf Satans Vernichtungsangriff.

Als Jesus am Grab des Lazarus stand, weinte er. Er weinte, weil er zornig war über den Tod, aber auch, weil ihn – wie auch Martha und Maria – diese Trennung so sehr schmerzte. Weinen ist *nicht* etwas, das eines Christen nicht würdig wäre. Es ist nichts Falsches, wenn wir auf unserem Lebensweg heiße Tränen vergießen. Erst wenn der letzte Feind zerstört und der letzte Sieg gewonnen ist, werden alle Tränen abgewischt werden. Bis das geschieht, sollen wir uns mit den Fröhlichen freuen und mit den Weinenden weinen.

Es ist hart, lieblos und unnatürlich, wenn wir als Christen einem Trauernden sagen: »…wie schön und friedlich.« Nein, das leere Zimmer, der kalte Sarg – das ist *nicht* schön, und es ist (im Sinne der Bibel) nur natürlich, wenn wir über den Tod weinen. Gott ist es, der alle Tränen abwischen wird, und nicht einer unserer Mitmenschen. Es wartet etwas völlig Neues auf uns: der Tag, wo der Sieg, den Christus am Kreuz erkauft hat, übergeht in den vollen Endsieg Gottes. Es ist ein Unterschied zwischen dem Vorher und dem Nachher, zwischen Verheißung und Erfüllung. Noch warten wir.

»Zu der Zeit wird man sagen: Siehe, das ist unser Gott, auf den wir hofften, daß er uns helfe. Das ist der Herr, auf den wir hofften; laßt uns jubeln und fröhlich sein über sein Heil« (Jes 25,9). Minute um Minute, Stunde um Stunde, Tag um Tag, Woche um Woche, Jahr um Jahr verlängert sich die Zeit des Wartens. Die Geschichte zieht an uns vorüber, Menschen und Nationen gestalten ihre Zeit. Aber dieses Warten ist nicht wie das Warten im Vorzimmer eines Arztes, das man mit nervösem Nichtstun oder ziellosem Blättern in den Illustrierten verbringt. Das Warten auf die Erfüllung der Verheißungen Gottes ist ein bewußtes, aktives Warten, das auf all unser Tun und Handeln abfärbt. Es ist ein Hören und Sich-leiten-lassen, so wie sich ein Ballettänzer von der Musik leiten läßt. Wer eine Hoffnung hat, wie die Christen sie haben, lebt, denkt und handelt *anders*. Und die Hoffnung der Christen ist nichts anderes als die Wiederkunft Christi, so wie die Hoffnung des alttestamentlichen Gottesvolkes sein erstes Kommen war.

Wahre Hoffnung gibt Trost im Leiden, aber sie löscht das Leid nicht aus. Der Tod ist keine »Erlösung«, sondern der Feind, der die Seele vom Körper scheidet und Menschen voneinander trennt. Er verunstaltet die gute Schöpfung Gottes. Er ist solch ein Urfeind, daß Gott sagt, daß er ein großes Lösegeld zahlen will, um uns aus der Gewalt des Todes zu befreien: »Aber ich will sie aus dem Totenreich erlösen und vom Tod erretten. Tod, ich will dir ein Gift sein; Totenreich, ich will dir eine Pest sein...« (Hos 13,14). Das Lösegeld beginnt sich schon in jenen Versen des ersten Mosebuchs abzuzeichnen, wo Gott Adam und Eva verspricht, jemanden zu senden, der den Kopf Satans zertreten wird. Der Tod wird aufgehoben werden – aber es wird den Tod der zweiten Person der Dreieinigkeit, des Sohnes Gottes, kosten:

> Weil nun die Kinder von Fleisch und Blut sind, hat auch er (Christus) die gleiche Art angenommen, um durch seinen Tod den zu vernichten, der die Macht über den Tod hat, das ist der Teufel, und um die zu erlösen, die durch Todesfurcht ihr Leben lang Sklaven sein mußten. Denn er nimmt sich ja nicht der Engel an, sondern der Kinder Abrahams nimmt er sich an. (Hebr 2, 14-16)

»Das Wort ward Fleisch und wohnte unter uns«, lesen wir in Johannes 1,14 und in Philipper 2, 7-8 erklärt uns Paulus:

> Er entäußerte sich selbst und nahm Knechtsgestalt an, wurde den Menschen gleich und durch seine ganze Erscheinung als Mensch erwiesen. Er erniedrigte sich selbst und wurde gehorsam bis zum Tode, ja zum Tode am Kreuz.

Was für ein schrecklicher Feind ist doch der Tod, daß er nur durch die völlige Erniedrigung, ja das Sterben des Sohnes Gottes überwunden werden konnte! Um dem Tod den Stachel nehmen und unsere Sünde sühnen zu können, mußte Jesus die Trennung von Gott dem Vater durchmachen. Um dem Tod die Macht zu nehmen und uns das Licht des unvergänglichen Evangeliums zu bringen (2 Tim 1,10), mußte er selbst den Tod erleiden.

Nein, wir brauchen uns nicht vorzumachen, daß es »schön« sein soll, wenn wir plötzlich mit jemandem nicht mehr sprechen können, wenn seine Hände kalt und steif und seine Augen leer sind. Wir dürfen auf den Teufel, den Sündenfall, das Böse in der Welt zornig sein, wir dürfen weinen. Nein, der Tod ist nicht »besser« als das Leben, und der Selbstmörder, der das denkt, ist Satan auf den Leim gegangen.

Der Teufel ist derjenige, der den Tod in die Welt gebracht hat. Die Bibel sagt, daß er die »Gewalt über den Tod hat« und die Menschen in vielen Ängsten gefangenhält. Aber Gott ist stärker; er kann aus den Ketten Satans erlösen, und er hat den Preis für diese Erlösung bezahlt – einen Preis, vor dem wir nur schaudernd und anbetend dastehen können. Wer die Realität des Todes als Feind herunterspielt, der schmälert damit auch das Wunder des Sieges über die Sünde und den Tod. Eines Tages werden der Tod und der Satan für immer ausgestoßen werden und mit ihnen all die, die Gott abgelehnt haben und Satan nachgefolgt sind; dies wird am Ende der Offenbarung des Johannes als »zweiter Tod« bezeichnet. Mit diesem zweiten Tod werden die Menschen, die durch Christi stellvertretenden Tod in Gottes Familie hineingeboren sind, nichts zu tun haben, denn der zweite Tod hat keine Macht über die, die eine *zweite Geburt* erlebt haben. Der Sieg wird vollständig und ewig sein.

Für ein Kind Gottes ist der Tod nicht nur ein echtes *Fort*gehen, sondern auch ein *Hin*gehen. Die Seele hat den Körper verlassen, um an einen anderen Ort zu gehen: in die Gegenwart Gottes. Der Verstorbene ist nicht irgendwo; er ist beim Herrn. »Wir sind aber getrost und möchten am liebsten den Leib verlassen und beim Herrn daheim sein«, kann Paulus in 2. Korinther 5,8 sagen. Und in Philipper 1,23-24 schreibt er: »Ich sehne mich danach, aus der Welt zu scheiden und bei Christus zu sein, was auch viel besser wäre; aber um euretwillen ist es nötiger, daß ich weiterlebe.« Paulus spricht hier von einem »Scheiden«, vom Verlassen des Körpers und der Welt; aber dieses Scheiden bringt den Sterbenden, wenn er ein Kind Gottes ist, in Gottes Gegenwart. Dies ist der

Trost, mit dem wir uns einander aufrichten können, wenn wir den Schmerz der Trennung spüren. Aber in diesem Trost liegt auch ein ganz reales Warten, nicht nur ein Warten darauf, daß auch wir selbst dereinst »gehen«, sondern auch ein Warten auf die Wiederkunft Jesu, die dem unnormalen Zustand, daß der Körper sich an einem anderen Ort befindet als der Geist, ein Ende bereiten wird.

Wir warten auf die volle Wiederherstellung der Einheit von Seele und Leib. Wir warten auf die Auferstehung, in der Christus uns vorangegangen ist. Wir warten auf das, was uns so herrlich beschrieben wird:

> Denn der Herr selbst wird mit befehlendem Wort, mit der Stimme des Erzengels und mit der Posaune Gottes vom Himmel herabkommen, und zuerst werden die Toten, die in Christus gestorben sind, auferstehen. Danach werden wir, die wir noch am Leben sind, zugleich mit ihnen auf den Wolken in die Luft entrückt werden, dem Herrn entgegen; und so werden wir beim Herrn sein für alle Zeit. So tröstet einander mit diesen Worten (1 Thes 4, 16-18).

Der große Trost liegt in der *Wahrheit* der Bibel, der Zuverlässigkeit ihrer Berichte wie auch ihrer Prophezeiungen und Verheißungen. Wenn wir mit Tränen an einem Grab stehen, haben wir doch die sichere Hoffnung, daß das Grab nicht für immer das Gefängnis dieses Körpers sein wird. Es wird aufbrechen; und wenn wir uns dann noch in unserem Körper befinden, werden wir selbst nicht den Tod erleben, sondern unsere Körper werden sofort umgewandelt werden, so wie sich der auferstandene Leib Christi verwandelt hat. Lesen Sie einmal 1. Korinther 15, 51-55. Und wenn Sie musikalisch sind, dann hören Sie sich dazu aus dem dritten Teil von Händels »Messias« die Baßarie »Vernehmt, ich künd' ein Geheimnis an ... Sie schallt, die Posaun ...« an; dies hilft Ihnen vielleicht, sich die Wirklichkeit dieser Verheißung lebendiger vor Augen zu führen.

> Siehe, ich sage euch ein Geheimnis: Wir werden nicht alle entschlafen, wir werden aber alle verwandelt werden; und das plötzlich, in einem Augenblick, zur Zeit der letzten

Posaune. Denn es wird die Posaune erschallen, und die Toten werden auferstehen unverweslich, und wir werden verwandelt werden. Denn dies Verwesliche muß anziehen die Unverweslichkeit, und dies Sterbliche muß anziehen die Unsterblichkeit. Wenn aber dies Verwesliche anziehen wird die Unverweslichkeit und dies Sterbliche anziehen wird die Unsterblichkeit, dann wird erfüllt werden das Wort, das geschrieben steht: »Der Tod ist verschlungen vom Sieg. Tod, wo ist dein Stachel? Hölle, wo ist dein Sieg?«

»Glaubst du das?« So werden wir mit Martha gefragt, als Jesus zu ihr spricht, bevor er Lazarus von den Toten auferweckt. Er hat ihr gerade gesagt, daß Lazarus auferstehen wird, und dann fährt er fort: »Ich bin die Auferstehung und das Leben. Wer an mich glaubt, der wird leben, auch wenn er stirbt; und wer da lebt und glaubt an mich, der wird nimmermehr sterben. Glaubst du das?« (Joh 11, 25-26) Er fragt Martha und uns alle, ob wir wirklich glauben, daß er einem jeden von uns diese sichere Hoffnung geben kann – die Gewißheit, daß wir einen neuen, verwandelten Leib bekommen werden, über den der Tod keine Macht hat. Unser Körper, ja, dieser unser Körper, wird auferweckt werden von den Toten und so aussehen wie der Leib Christi nach seiner Auferstehung. Der, der uns nach seinem Bilde geschaffen hat, kam in einem Körper in diese Welt, wie wir ihn haben. Dieser Körper ist für uns gestorben und auferstanden. Wir wissen, wie unser Auferstehungsleib sein wird: nach dem Bilde des auferstandenen Christus.

Dies ist das, was wir meinen, wenn wir sagen, daß Christen nicht so trauern wie die, die keine Hoffnung haben. Was nicht heißt, daß sie gar nicht trauern. Noch leben wir im »Vorher«, noch müssen wir einander trösten, und es ist wichtig, daß dieser Trost nicht aus frommen Phrasen besteht. Wenn wir zu einem Kind, dem der Zahnarzt ganz nah am Nerv bohren muß, sagen: »Es tut ja gar nicht weh ...«, wird es nur noch nervöser werden. Und wenn man einer Christin, deren Mann gerade von einer Terroristenbande umgebracht worden ist, sagt: »Du brauchst doch nicht zu weinen!«, dann vergrößert man ihr Leid nur noch. Gott hat uns die Tränen gegeben, damit wir den Schmerz über die Wunden in unserem Leben besser ausdrücken können. Unser Trost besteht nicht in einem »Es ist ja nicht so schlimm«, sondern darin, daß diese Welt seit dem Sündenfall unnormal ist und daß *sie wieder heil werden wird.* »Halte durch, bis er kommt!« lautet die Parole. Aber *wie* macht man das, dieses Durchhalten? Wir werden unten noch eingehender darüber sprechen.

Zurück zu den Beispielen am Anfang dieses Kapitels. Wir müssen ganz klar festhalten, daß wir die *Warum*-Frage mit unserem begrenzten Verstand nicht beantworten können, es sei denn, wir ordnen sie in den Kontext des Sündenfalls und all seiner Konsequenzen ein. Und eine *detaillierte* Erklärung gibt Gott uns überhaupt nicht. Er gab sie auch Hiob nicht. Seine Antwort an Hiob bestand ja zum Teil gerade darin, daß jemand, der nicht nachvollziehen kann, wie die Schöpfung zustande kam oder wie auch nur das fantastische Muster einer Schneeflocke entsteht, auch nicht die komplizierten Zusammenhänge des totalen Kampfes verstehen kann, den Gott mit Satan führt und in dem Hiob sozusagen das Kampffeld geworden war. Gott bietet uns in seinem Wort Hilfe und Trost für unser Leid. Es wird uns aber niemals gelingen (zumindest nicht in diesem Leben), eine präzise Erklärung dafür zu bekommen, warum der kleine Philip ersticken mußte, warum der Geistesgestörte Anne-Françoise mit dem Messer niedermetzelte, warum David bei seiner Kletterei genau an diesem lockeren Felsvorsprung Halt suchte, warum ein Virus oder Krebs genau diesen Menschen zu dieser Zeit zerstörte oder warum der Tod für den einen schnell kommt, sich bei dem anderen aber endlos lange hinzieht. Aber als Kinder, die einen Vater haben, der sie versteht, können wir doch erstaunlich viel Hilfe bekommen – in seiner Botschaft an uns, in seinem Wort. Deshalb haben wir es nicht nötig, uns von »Hiobströstern« bearbeiten zu lassen, die uns Phrasen statt Hilfe bieten, wenn wir vor Schmerz, Schock und Leid zu zerbrechen drohen.

Wir leben nicht in der Welt des fatalistischen Moslems. Der unendlich große, persönliche, lebendige Gott ist da, und er wirkt in einer Weise, die über unseren Verstand weit hinausgeht. Wenn wir all das verstehen könnten, was Gott versteht, wären wir keine Menschen mehr. Solches Verstehen zu fordern, wäre Rebellion gegen den uns zugewiesenen Platz als Geschöpfe. Wir wären dann wie Luzifer, der ja auch mit Gott auf der gleichen Stufe stehen wollte. In der gleichen Versuchung stehen wir, wenn wir alles auf eine Formel zu bringen versuchen und mit weisem Kopfnicken sagen: »O ja, ich verstehe das schon: Gott hat die Engel und die Menschen mit einem freien Willen geschaffen, aber seine Allmacht läßt er sich trotzdem nicht nehmen, das ist ja klar.« Wir müssen uns vielmehr der *Wahrheit* beugen, die Gott uns *offenbart*, und uns mit den Erklärungen zufriedengeben, die *er* uns gibt. Wir müssen Gott Gott sein lassen und unsere Stellung als menschliche Geschöpfe annehmen. Es ist nicht nötig, daß wir sagen: »Gott hat es zugelassen, daß die Terroristen in dieses Gebäude eindrangen, meinen Mann als ersten der Geiseln erschossen und ihn dann die Treppe hinunterwarfen.« Gott verlangt von uns nicht, dergleichen Erklärungen zu erfinden, wenn in Wirklichkeit Abgesandte Satans das Werk oder die Boten Gottes attackieren. Der Tod von Märtyrern muß als das erkannt werden, was er ist: Teil des Kampfes, in dem Satan mit allen Mitteln versucht, die Ausbreitung der Wahrheit zu verhindern. Dies gilt für China 1935, für den Tschad 1975, für Uganda und Kambodscha – überall. Es findet ein Kampf statt, und dieser Kampf ist echt. Die Geschichte ist kein Marionettentheater. Doch Gott ist allmächtig, und ihm gehört der Sieg.

Was heißt dies nun ganz praktisch, wenn wir bei der Mutter des kleinen Jungen sitzen und mit ihr weinen, oder bei der Ehefrau des ermordeten Diplomaten, bei den Eltern des abgestürzten jungen Mannes, bei der Familie des so brutal ermordeten Mädchens oder bei den Verwandten des sterbenden Krebskranken? Es heißt, daß wir erkennen müssen, daß wir nicht alles verstehen können, daß uns aber die Bibel Leitung, Hilfe und Trost gibt. Gehen wir also zum Wort Gottes, und bitten wir den Herrn dabei, uns ein sehendes Auge und ein hörendes Ohr zu schenken (auch wenn wir nie vollkommen hören und sehen können; Vollkommenheit gibt es für uns erst, wenn Jesus wiederkommt). Dreschen wir keine Phrasen, wenn wir mit Leid und Tod, Krankheit und Niedergang konfrontiert werden, sondern forschen wir in den Tatsachen und Beispielen, die der Herr uns gegeben hat, und versuchen wir, die tiefen Zusammenhänge zu erkennen. Es ist dabei auch wichtig, daß wir nie so tun, als gehe es nur um das Leid oder das Problem des anderen; auch wir selbst sind gemeint. Wir sollen das Wort Gottes nicht nur *durch* uns, sondern vor allem auch *zu* uns sprechen lassen. Diese Einstellung ist unerläßlich, wenn wir Antworten finden wollen; es geht ja um Antworten, die wir auch selbst brauchen, die schon im nächsten Jahr, am nächsten Tag, in der nächsten Minute uns betreffen können. Das Leid hat viele Aspekte, so wie eine Sinfonie viele Instrumentenstimmen hat. Wer sich nur auf ein Instrument konzentriert, wird taub für das Ganze.

Wir sollen Gottes Wort unser Leben lang betrachten und immer besser, wenn auch nie perfekt, verstehen. Kein Mensch kann je behaupten: »Hier ist sie, die endgültige und vollständige Erklärung für all unser Leid.« Wir können uns aber gegenseitig helfen, Gott zu vertrauen und auch am nächsten Tag noch mit dem Willen aufzuwachen, weiterzumachen, an Gottes Hand zu bleiben, durch alle Angriffe Satans hindurch. Wir müssen einander helfen zu »überwinden«. In der Offenbarung des Johannes können wir lesen, wie der Geist Gottes den Gemeinden sagt, wie notwendig dieses »Überwinden« ist. »Und sie haben ihn überwunden durch des Lammes Blut und durch das Wort ihres Zeugnisses und haben ihr Leben nicht geliebt, bis hin zum Tod« (Offb 12, 11). Mit »ihn« ist hier Satan gemeint, und wir werden weiter unten noch näher auf diesen Abschnitt eingehen. Aber soviel schon jetzt: Es geht bei unserer ganzen Beschäftigung mit dem Leid letztlich darum, daß wir lernen, wie notwendig dieses *Überwinden durch das Blut des Lammes* ist. Dazu müssen wir uns bewußt werden, was eigentlich vor sich geht, wenn wir in Leid geraten und einsehen, daß wir den um Hilfe anrufen müssen, der uns versprochen hat, uns in unserer Schwachheit mit seiner Macht zu helfen.

Jeder von uns muß sich mit dem Leid auseinandersetzen. Man kann keinen Urlaub nehmen von dieser gefallenen Welt. Verfolgung und Leiden sind im Leben des Christen etwas *Normales*. Es braucht uns weder zu überraschen noch zu beschämen, wenn unsere Arbeit, unsere Familie, unsere Kirche oder wir selbst von Leiden heimgesucht werden. Der Teufel kämpft nicht gegen sich selbst. Es sollte uns nicht wundern, wenn diejenigen, die falschen Göttern und Religionen folgen, oft ein offenbar viel leichteres Leben haben.

Es ist auch wichtig, daß wir uns nicht ständig mit anderen vergleichen, um herauszufinden, ob wir nach dem Willen Gottes leben. Gott hat für jedes seiner Kinder einen ganz eigenen, individuellen Plan, und die Versuche Satans, uns von diesem Plan abzubringen, sind genauso verschieden. Armut kann ein Angriff Satans sein, aber auch Reichtum. Schwierigkeiten können ein Angriff sein, aber auch ein leichtes Leben. Wenn wir einen geliebten Menschen verloren haben, können wir versucht werden, in Bitterkeit zu verfallen – aber auch, das Leid in falscher Weise zu verdecken.

Kein Sieg ohne Kampf. Und der Kampf tobt überall, an der Oberfläche und in den versteckten Tiefen unseres Lebens, in den großen Krisenzeiten und im ganz einfachen Alltag. Der Christ steht immer in Gefahr, an dem vorbeizuleben, was er erfahren (und auch begreifen) soll, weil er nicht erkennt, was eigentlich vor sich geht. Wir stehen auch in Gefahr, Gott unsere Liebe und unser Vertrauen nicht genug zu zeigen in dieser viel zu kurzen Zeit, die uns gegeben ist, um an dem Kampf Gottes teilzunehmen. Nur zu leicht weichen wir dem Kampf aus und denken nur daran, wie wir »glücklich werden« und von unserem Christentum »etwas haben«. »... und haben ihr Leben nicht geliebt, bis hin zum Tod« – das ist die Entschiedenheit, die uns auf die Seite des Siegers stellt.

Gib mir Kraft, Herr, auch in dieser Situation zu deiner Ehre zu leben. Gib du mir die ganze Bereitschaft, meinen Preis zu zahlen, mein Teil zum Kampf beizutragen. Danke, daß Christus für mich gestorben und auferstanden ist und daß ich deswegen auch jetzt weitermachen kann.

»Warum?« Wir wissen nicht, warum dieser Unfall oder jener Tod sein mußte; wir wissen aber, daß wir in einem Kampf stehen. Und wir wissen, daß der Sieg sicher ist und absolut sein wird. Der Tod *wird* seinen Stachel verlieren, er *wird* vom Sieg verschlungen werden.

Was hatte David Koop vor seinem tödlichen Absturz in seiner Bibel gelesen? »Dem aber, der euch vor dem Straucheln behüten kann und euch untadelig stellen kann vor das Angesicht seiner Herrlichkeit mit Freuden...« Hielt Gott diese Verheißung nicht? Doch, dieser Vers erfüllte sich an jenem Tag sogar buchstäblich! David wurde, in der Kraft des Blutes Christi, untadelig vor den Thron des lebendigen Gottes gestellt.

Und das können alle erleben, ob Baby, ob Kleinkind, ob neun-
jähriges Mädchen, Teenager, Mann im besten Alter oder Greis. Es
ist eine Realität. Jesus, der über Jerusalem und über den Tod des
Lazarus weinte, und Gott der Vater, der uns so plastisch erklärt,
daß er keinen Gefallen am Tode des Gottlosen hat (Hes 33, 11),
versprechen uns Herrlichkeit und Freude. »...mit Freuden ...«
Wessen Freude ist hier gemeint? Es ist *Jesu* Freude – seine Freude
darüber, daß er uns so »untadelig hinstellen« kann, weil er sein
eigenes Blut vergossen hat und wir dieses Blut angenommen
haben. Welch ein Sieg! Wir dürfen mit Martin Luther singen:
»Nehmen sie den Leib, Gut, Ehr, Kind und Weib, laß fahren dahin
... das Reich muß uns doch bleiben.«

Der Feind, der Tod, wird vernichtet werden. Satans Versuche,
jeden Menschen von Gott und von seinem Körper zu trennen,
werden mißlingen. Der Tod kann weder den Geist zerstören noch
die Wahrheit; diese beiden bleiben unversehrt. Und eines Tages
wird der Tod selbst aufhören. Wir werden diesen Tag erleben – in
unseren neuen Leibern.

Stephanus und Paulus

Werden Sie, wenn Sie gerade ein tragisches Ereignis verarbeiten müssen, auch so bedrängt wie Hiob von seinen Freunden? »Mit deinem Gebetsleben muß etwas nicht stimmen.« Oder: »Gott möchte in deinem Leben bestimmt eine schreckliche Sünde aufdecken. Prüfe dich.« Oder: »Dein Kind würde bestimmt geheilt werden, wenn du mehr Glauben hättest.« Oder: »Wenn du dich nur von Jesus führen läßt, wird bestimmt alles gut werden.« Oder: »Was du brauchst, ist ein richtiges Erlebnis mit Gott. Dann wirst du keine Probleme mehr haben und jeden Tag nur Freude erleben.« Jeder dieser Sätze ist eine Kritik oder ein Vergleich.

Immer wieder kommen Menschen zu uns in die Seelsorge, die völlig entmutigt sind, weil jemand ihnen eingeredet hat, daß sie nur dann in Gemeinschaft mit dem Herrn und nach seinem Willen leben, wenn alles gutgeht, ohne jede Störung oder Enttäuschung. Aber die Bibel denkt hier ganz anders. Mit großem Realismus sagt sie uns, daß Leid ein ganz normaler Teil des Lebens mit Gott ist, und hilft uns auch, andere zu verstehen, die dieselben (oder schlimmere) Nöte durchmachen wie wir.

Kato, ein brillanter junger schwarzer Theologe und Verteidiger der Wahrheit des Wortes Gottes in Nigeria, ertrank im letzten Sommer. Der Aufschrei »Wie sinnlos!« lag jedem auf der Zunge. Soweit wir wissen, wurde er nicht ermordet. Aber sein Tod – als Ehemann und Vater und auch als führender Mitarbeiter seiner Kirche – war ein Tod, über den Satan sich nur freuen konnte. Wir brauchen in unserer Welt doch so dringend Christen, die stark sind und mit Überzeugung und Gewißheit predigen können! Wie konnte dieses furchtbare Unglück nur passieren? Lag es nicht vielleicht doch an den Christen um Kato? Hatten sie nicht genug gebetet oder nicht im rechten Glauben?

Nun, in der Bibel finden wir zwar nicht den »Fall Kato«, aber wir finden den »Fall Stephanus«. Sie können ihn im sechsten und siebten Kapitel der Apostelgeschichte nachlesen. Es geschah zur Zeit der Urgemeinde, in einer Zeit also, wo Prediger und Lehrer knapp waren und wo Christsein ein Wagnis war. Die zwölf Apostel hatten die Gabe, wahre Wunder zu vollbringen und mit großer Vollmacht zu lehren und zu predigen. Aber sie mußten auch Verhöre und Mißhandlungen über sich ergehen lassen, und diese waren ebenso echt wie die Wunder. Als sie fröhlich vom Hohen Rat fortgingen, weil sie würdig gewesen waren, für Jesus zu leiden (Apg 5, 41), hatten sie nicht eine Serie wunderbarer Bewahrungen hinter sich, sondern eine Geißelung. Sie akzeptierten das. Sie hatten Jesus leiden gesehen und wußten, daß er für sie so gelitten hatte und für die, denen sie predigten. Sie wußten um den Preis des Evangeliums, das sie nun jedem weitergeben konnten. Leiden – ganz konkrete, körperliche Leiden – waren für sie nichts Außergewöhnliches.

Wir lesen in Apostelgeschichte 6, daß die Zahl der Gläubigen so rasch wuchs, daß es zu Problemen kam. Die griechischsprechenden Gemeindeglieder fühlten sich in bezug auf die Betreuung der Witwen und sonstigen Bedürftigen benachteiligt, worauf man sieben »Armenpfleger« wählte, darunter auch Stephanus. Er war ein Mann »voll Glauben und heiligen Geistes«, also ein vorbildlicher Christ, der sehr eng mit seinem Herrn verbunden war. Unter Gebet und Handauflegung segneten die Apostel Stephanus und die anderen Armenpfleger für ihren Dienst ein.

Weil Stephanus mit großer Vollmacht predigte, fingen einige Männer an, mit ihm zu streiten und versuchten, ihn zu widerlegen. Es gelang ihnen nicht. Darauf griffen sie zur Lüge und brachten ihn schließlich vor den Hohen Rat, um ihm wegen Gotteslästerung den Prozeß machen zu lassen. Die Anklage wird vorgebracht (Apg 6, 13 f.), und aller Augen richten sich auf Stephanus, der sich nun zu verteidigen hat. Was steht im Gesicht des Stephanus geschrieben? Angst? Resignation? Nein, genau das Gegenteil: Sein Gesicht leuchtet wie das eines Engels (V. 15). Innerer Friede und Gelassenheit, Kraft, die aus dem Geist Gottes kommt.

Stephanus gibt nun einen grandiosen Kurzüberblick über die jüdische Geschichte. Er erzählt dem Gericht von Abraham, Joseph, Mose und den Ereignissen in Ägypten, die zur Befreiung des Volkes führten, weiter von der Wüstenwanderung, vom Goldenen Kalb, der Stiftshütte, David und dem Tempel Salomos. Er erwähnt auch, wie die Israeliten durch all die Jahrhunderte hindurch die Propheten und Diener Gottes immer wieder verfolgt haben. Seine Zuhörer geraten in Wut. Als er dann auch noch behauptet, den Himmel offen und Jesus zur Rechten Gottes stehen zu sehen, halten sie es nicht mehr aus. Sie zerren ihn zur Stadt hinaus und steinigen ihn.

Und Stephanus stirbt. Die Steine werden nicht von einer unsichtbaren Hand umgelenkt, sie verwandeln sich nicht in harmlosen Kies. Eine Wunde nach der anderen reißt den Körper des Gotteszeugen auf, Schmerz häuft sich auf Schmerz, bis nur noch ein regloser Leichnam daliegt. Warum das? Hat Gott die Gebete des Stephanus nicht erhört? Hat er die Gebete der anderen Christen nicht erhört? Einer der begabtesten Mitarbeiter der jungen Gemeinde tot – ist das nicht ein großer Sieg Satans?

Wir können natürlich bei keiner Begebenheit alle Zusammenhänge erkennen. Aber etwas wird aus dem Bericht über die Steinigung des Stephanus und ihre Folgen ganz klar: Der Sieg lag hier ganz auf der Seite Gottes. Stephanus errang während seiner Steinigung mehrere Siege, die wichtiger und größer waren, als wenn er von seinen Verletzungen geheilt worden oder gar von den Toten auferstanden wäre. Erstens, Stephanus hielt auch jetzt, als von allen Seiten die Steine auf ihn niederprasselten, an seiner Liebe und seinem Vertrauen zu Gott fest. Er jammerte nicht, er fluchte nicht, er *betete*. Zweitens, für wen betete er? Nicht für sich selbst, noch nicht einmal für die anderen Christen, sondern für die Menschen, die gerade dabei waren, ihn umzubringen. Er betete mit lauter Stimme: »Herr, rechne ihnen diese Sünde nicht an!« (Apg 7, 60)

Nun wissen wir (und Stephanus wußte das natürlich auch), daß dieses Gebet nur auf eine Art erhört werden konnte: Diese Männer mußten sich zu Jesus bekehren und an ihn glauben. Dies war das Wunder, für das Stephanus betete, ein Wunder, das viel »unmöglicher« war, als geheilt oder von den Toten auferweckt zu werden. Erinnern wir uns, was Jesus sagte, als er einem Gelähmten die Sünden vergeben hatte und die Schriftgelehrten ihn deswegen ergriffen? »Was ist leichter? zu sagen: Dir sind deine Sünden vergeben, – oder zu sagen: Steh auf und geh!« (Mt 9,5) Jesus lehrte klar, daß das Wunder, das er Nikodemus mit den Worten »Du mußt von neuem geboren werden« beschrieb, das größte von allen ist. Und hier betete also Stephanus mit seinen letzten Atemzügen für die Wiedergeburt seiner Mörder.

Und diese letzte »Tat« des Stephanus, dieses Gebet, wurde in einer Weise beanwortet, die die ganze Geschichte des Christentums tief beeinflussen sollte. Unter den Zuschauern bei der Steinigung befand sich auch ein junger Mann, bei dem einige der Männer ihre Obergewänder ablegten, um die schweren Steine besser aufheben und mit ihnen ausholen zu können. Dieser Kleiderwächter war Saulus, und er hatte nicht nur »Gefallen« am Tod des Stephanus (Apg 8,1), sondern machte gleich weiter und beteiligte sich nach Kräften an der Verfolgung, die nun über die junge Gemeinde hereinbrach. Er »suchte, die Gemeinde zu zerschlagen, ging von Haus zu Haus, schleppte Männer und Frauen fort und lieferte sie ins Gefängnis ein« (8,3). Der Erfolg kann nicht besonders groß gewesen sein, denn da die Christen, die durch diese Verfolgung in die umliegenden Gegenden zerstreut wurden, fleißig weiter das Evangelium predigten (V. 1 und 4), verbreitete sich die Botschaft von Jesus Christus wie ein Feuer auf einer trockenen Wiese. Saulus versuchte, ihnen nachzusetzen, und reiste zu diesem Zweck nach Damaskus, »um Anhänger der neuen Lehre, Männer und Frauen, wenn er sie dort fände, gebunden nach Jerusalem führen zu können« (9,2). Und jetzt kommt das große Wunder: die Erhörung des Gebets des Stephanus. Saulus wird auf seiner Reise abrupt unterbrochen:

> Als er aber auf dem Weg war und in die Nähe von Damaskus kam, umleuchtete ihn plötzlich ein Licht vom Himmel; und er fiel auf die Erde und hörte eine Stimme, die sagte zu ihm: Saul, Saul, was verfolgst du mich? Er aber fragte: Herr, wer bist du? Der Herr antwortete: Ich bin Jesus, den du verfolgst. Steh auf und geh in die Stadt; da wird man dir sagen, was du tun sollst. (Apg 9,3-6)

Saulus, einer der gebildetsten und brillantesten jüdischen Gegner der jungen Christen, begegnet Jesus Christus und erfährt: dieser Jesus ist der Messias und Retter! Nach drei Tagen Blindheit und Fasten sucht er die Gemeinschaft der anderen Gläubigen. Ein Wunder hat stattgefunden, das die Welt aus den Angeln hebt:

Alle aber, die es hörten, waren entsetzt und sagten: Ist das nicht der Mann, der in Jerusalem alle vernichten wollte, die diesen Namen anrufen? War er nicht deshalb hierhergekommen, um sie gebunden zu den Hohenpriestern zu führen? Saulus aber redete immer kraftvoller und trieb die Juden in die Enge, die in Damaskus wohnten, und bewies, daß Jesus der Christus ist. (Apg 9,21-22)

Bald darauf ereigneten sich zwei Dinge. Die Juden trachteten danach, Saulus zu töten. Die Christen in Jerusalem andererseits hatten Angst, ihn in ihrer Mitte aufzunehmen. Sie konnten einfach nicht glauben, daß er sich so geändert haben sollte. Es brauchte einen Barnabas, um sie zu überzeugen. Aus dem Verfolger Saulus war der Glaubenszeuge Paulus geworden – was für eine Gebetserhörung! Es war ein Sieg, der größer war, als wenn Stephanus unversehrt aus dem Steinhagel aufgestanden wäre. Es war ein Sieg, der Gott die Ehre gab, ja ein Sieg, der die Welt veränderte. Und dieser Sieg begann durch ein Gebet, das in einer Situation gesprochen wurde, die sich äußerlich nicht veränderte; der Steinhagel hörte ja nicht auf, eher im Gegenteil. Es war ein Sieg unerschütterlichen Glaubens, der sich selbst durch den Tod nicht schrecken läßt, und wir werden über solche Siege im Hebräerbrief noch mehr hören. Stephanus wußte um diesen Sieg. Er selbst starb, aber der Kampf war gewonnen, Satan hatte verloren.

In dem Bericht in der Apostelgeschichte steht eine Einzelheit, die uns noch deutlicher macht, worum es in diesem Kampf geht. Es sind die Worte Jesu an Saulus: »Ich bin Jesus, den du verfolgst.« Was sagt Jesus hier? Daß jemand, der die Christen verfolgt, damit auch ihn selbst, Jesus, verfolgt. Es ist das Gegenstück zu der Aussage: »Was ihr einem von diesen meinen geringsten Brüdern getan habt, das habt ihr mir getan« (Mt 25,40). Ja, so sieht der Kampf aus. Satan versucht nicht nur, die Liebe der Christen zu zerstören und sie verbittert gegen Gott zu machen; er versucht auch, Gott selbst zu treffen. Gott leidet mit, wenn seine Kinder leiden. Jesaja sagt:

Sie sind ja mein Volk, Söhne, die nicht falsch sind. Darum ward er ihr Heiland in aller ihrer Not. Nicht ein Engel und nicht ein Bote, sondern sein Angesicht half ihnen. Er erlöste sie, weil er sie liebte und Erbarmen mit ihnen hatte. Er nahm sie auf und trug sie allezeit von alters her. (Jes 63,8-9)

Dies sagt uns nicht nur, daß der Herr unser Leid in Liebe mitfühlt, sondern auch, daß die Angriffe Satans auf uns auch ihn treffen. Unser persönliches Leid hat mit dem lebendigen Gott zu tun. Satan kann Gott nur angreifen, indem er seine Diener angreift. Und wir können in diesen Angriffen nur dann bestehen und siegen, wenn wir zu Gott um Hilfe rufen, wenn uns seine Kraft in unserer Schwachheit geschenkt wird.

Doch, es gibt etwas zu sagen auf die Frage »Warum?«. Keine hingezauberten Patentantworten, aber die Realität der Geschichte und die absolute Ehrlichkeit des Wortes Gottes mit seinen so lebendigen Beispielen. Wir dürfen wissen, daß wir keine Marionetten oder Teile einer Maschine sind, sondern Personen mit ihrer ganz individuellen Situation. Und wir dürfen wissen, daß wir nicht die einzigen sind, die unter Schmerzen, Schicksalsschlägen oder Verfolgung zu leiden haben. Wir stehen nicht allein in unserem Kampf, wir sind von einer wahren »Wolke von Zeugen« (Hebr 12,1) umgeben, und diese Zeugen können uns helfen – nicht, weil sie das goldene Leben gehabt hätten, sondern weil auch sie etwas von der vielfältigen Bedeutung des Leidens und den bittersüßen Möglichkeiten des Sieges im Leiden erkannt haben.

Vor mir saß auf einem Hocker ein rothaariges, jungverheiratetes Mädchen mit Sommersprossengesicht und tiefblauen Augen, die Arme um die Knie geschlungen. Wir knabberten Rosinen und Nüsse und tranken Tee. Sie hatte mir ihr Herz ausgeschüttet, und die Geschichte, die da herauskam, schien voll von diesem Schrei: »Wie konnte das nur geschehen? Warum?«, auch wenn sie diese Worte nicht gebrauchte. Ihr Ehemann war schwer erkrankt und hatte von seinen Ärzten gehört, daß er nur noch kurze Zeit zu leben habe. Was geschah? Seine Persönlichkeit änderte sich total. Aus dem scheinbar reifen Christen und Ehemann wurde plötzlich ein verbitterter Gotteslästerer. Den Rest seiner Lebenszeit verbrachte er damit, sich wie wild auszutoben und seine Ehe zu ruinieren.

Die Worte der jungen Frau sprachen von schlaflosen Nächten, stundenlangem Beten und der Bereitschaft, zu verstehen und zu vergeben. Und dann war der berühmte Tropfen gekommen, der das Faß zum Überlaufen bringt: gläubige Freunde, einer nach dem anderen, die ihr schön fromm und wohlmeinend vorschlugen, doch mehr zu beten, mehr Glauben zu haben usw. Die Frage »Warum betest du nicht?« ist für jemanden, der bereits schlaflose Stunden im Gebet verbringt, geradezu eine Beleidigung. »Wenn du mehr Glauben hättest ...« ist ein Urteil, das nur Gott zusteht; genauso: »In deinem Leben muß etwas nicht stimmen«, oder (womit man seinem Opfer gar die Bekehrung und Wiedergeburt abspricht): »Wenn du den Heiligen Geist hättest ...«

Wiedergeboren sein heißt, eine persönliche Beziehung zu Gott haben. Wenn sich ein Mensch in aller Ehrlichkeit vor Gott demütigt, seine Sünden erkennt und merkt, daß er Vergebung und Reinigung braucht, wenn er ferner Christus als seinen Heiland erkennt, der für ihn persönlich gestorben ist – dann nimmt Gott, Gott persönlich, ihn in seine Familie auf. Er schreibt seinen Namen in das Buch des Lebens, und das ist die Namensliste, die zählt. Und er gibt ihm als Bestätigung oder »Unterpfand« seiner Erlösung den Heiligen Geist: »Gott ist's aber, der uns samt euch in Christus fest macht und der uns gesalbt und versiegelt und den Geist als Unterpfand in unsre Herzen gegeben hat« (2 Kor 1, 21-22).

Das Wort *Unterpfand* taucht in Epheser 1,13-14 wieder auf:

> Auch ihr, die ihr das Wort der Wahrheit gehört habt, nämlich das Evangelium von eurer Rettung, seid in ihm mit dem verheißenen heiligen Geist versiegelt worden, als ihr zum Glauben kamt. Er ist das Unterpfand des Erbes, das wir erhalten sollen, der Erlösung, durch die wir sein Eigentum werden, zum Lob seiner Herrlichkeit.

Ein *Unterpfand* war eine Art Siegel, das den Kauf eines Feldes bestätigte. Man nahm etwas Erde von dem Stück Land und gab es dem Käufer, und diese Erde wurde als *Unterpfand* bezeichnet und diente als Bestätigung der durchgeführten Transaktion. In ähnlicher Weise ist der Heilige Geist Gottes Unterpfand an *jeden,* der an seinen Sohn glaubt und ihn als Herrn und Heiland angenommen hat. Dieses Geschenk ist eine objektive Tatsache und nicht zu verwechseln mit bestimmten Gefühlen oder auch pausenlosen Gebetserhörungen; auch nicht mit den »Früchten des Geistes« (Gal 5,22) in Leben und Charakter des Christen, denn es ist möglich, das Wirken des Heiligen Geistes in uns oder durch uns zu behindern.

Den ganzen Nachmittag sprach ich mit jener gequälten jungen Frau, bis die Sonne hinter den Alpengipfeln untergegangen war. Vieles von dem, was ich in diesem Buch schreibe, habe ich ihr damals dargelegt. Nachdem wir noch zusammen gebetet hatten, umarmte sie mich kurz und seufzte erleichtert: »Bitte, bitte schreiben Sie darüber doch ein Buch, damit ich es immer wieder lesen kann!«

Ein Brief aus Deutschland liegt auf meinem Tisch, der von einem ähnlichen Fall von frommem Unverständnis und trostlosem Trost berichtet:

Mein Mann kam an einer englischen Universität zum Glauben. Wir heirateten dann und wanderten nach Kanada aus. Gesellschaftlich gesehen kamen wir dort gut voran. Mein Mann ist jetzt Chemieprofessor, und wir haben eine zehn Jahre alte Tochter und zwei Söhne, ein Zwillingspaar von sieben Jahren. Zur Zeit sind wir in Deutschland, wo mein Mann einen Forschungsurlaub hat. ... Gott hat uns gezwungen, auch geistlich voranzukommen. Schon bald nach der Geburt mußten wir feststellen, daß unsere Söhne hirngeschädigt sind. David ist in seiner Entwicklung sehr zurück und wird nur das geistige Niveau eines Vier- bis Fünfjährigen erreichen. John ist noch schwerer behindert – eher eine Pflanze als ein Mensch, wie die Ärzte sagen ... Ich brauche wohl nicht extra zu erwähnen, daß wir, unsere Verwandten und unsere Freunde durch diese Kinder mit vielen tiefen Fragen konfrontiert sind – Fragen über Gottes Allmacht und Willen, über das Böse, über die Möglichkeit und den Zeitpunkt einer Heilung usw. Es ist uns schon mehr als einmal passiert, daß wohlmeinende Freunde fest davon überzeugt waren, *jetzt* sei die Zeit da für eine Heilung, und dann die

Welt nicht mehr verstanden, wenn die Heilung ausblieb. Oder wir müssen uns anhören, daß diese Behinderung eine Strafe für unsere Sünden sei oder ein Zeichen, daß wir keinen Glauben hätten. Ich kann jetzt mit Hiob sagen: Früher habe ich von Gott nur gehört, aber jetzt kenne ich ihn persönlich – als den einzigen Felsen, auf den ich mich in solchen Krisen stützen kann. Mein Mann hat Probleme mit Kollegen, die einfach nicht verstehen, daß die Aussagen der Wissenschaft und die der Bibel einander nicht ausschließen, sondern daß sie einander illustrieren und erklären. Er erfährt viel Kritik und Ablehnung um Christi willen.

Auch in diesem Beispiel wird der Weg der Betroffenen erschwert durch christliche Freunde, die einfach nicht verstehen, welch ein Kampf zwischen Gott und Satan tobt und wie unterschiedlich Gottes Siege in diesem Kampf aussehen können. Denn dieser Brief erzählt von großartigen Siegen! Aber die landläufige Einstellung ist halt, daß ein Christ dann gesiegt hat, wenn die Krankheit geheilt oder die Not spurlos beseitigt worden ist. Solche falschen Erwartungen haben schon viele Menschen in Verzweiflung gestürzt und anderen den Blick dafür genommen, was eigentlich vor sich geht.

Zurück zu Paulus. Nach seiner großen Lebensrevolution machte er, der einstige Christenverfolger, selbst alle möglichen Kämpfe und Verfolgungen durch. Für jeden, der in Schwierigkeiten oder Nöten steckt und Orientierung und Trost braucht, ist das Leben des Paulus eine große Hilfe. Wenn wir neue Stärkung brauchen, wenn uns Fragen an den Kopf geworfen werden, die unser Leid noch vergrößern, dann ist es Zeit, einmal den ersten und zweiten Korintherbrief zu lesen – aber nicht lesen als unbeteiligte Beobachter, sondern als Menschen, die sich mit Paulus identifizieren und die wissen, daß derselbe Heilige Geist, der in Paulus wohnte, auch in ihnen wohnt, daß derselbe himmlische Vater, der sein Schreien erhörte, auch sie hört, daß derselbe Herr Jesus Christus, der sein Herr und Fürsprecher war, auch ihr Herr und Fürsprecher beim Vater ist.

Im vierten Kapitel des ersten Briefes an die Korinther zeigt uns Paulus, daß wir »Haushalter [Verwalter] über Gottes Geheimnisse« (V.1) sind (also über all das, was Gott uns im Laufe unseres Lebens durch sein Wort zeigt und lehrt) und daß wir darin treu zu sein haben. Er ermahnt uns weiter, nicht überheblich zu sein, und erinnert uns daran, daß all das Gute, das wir haben – Gesundheit, Kraft, Essen, Wohnung, Frieden und vieles andere – ein Geschenk von Gott ist, das wir eben dazu bekommen haben, es in unserer Situation treu zu verwalten (V. 6-7). Und dann kommt er auf ein neues Thema: das Leid, das er und die anderen Apostel durchzumachen haben. Er schreibt:

Denn mir scheint, Gott hat uns Apostel auf den letzten Platz gestellt, wie zum Tode Verurteilte. Denn wir sind ein Schauspiel geworden für die Welt, für Engel und Menschen. Wir sind Narren um Christi willen, ihr aber seid klug in Christus; wir schwach, ihr aber stark; ihr herrlich, wir aber verachtet. Bis auf diese Stunde leiden wir Hunger und Durst, sind dürftig gekleidet, werden geschlagen und haben keine feste Bleibe und mühen uns ab mit unsrer Hände Arbeit. Man schmäht uns, so segnen wir; man verfolgt uns, so dulden wir's; man beschimpft uns, so reden wir freundlich. Wir sind wie der Abschaum der Menschheit geworden, jedermanns Kehricht, bis heute. Nicht um euch zu beschämen, schreibe ich dies; sondern ich ermahne euch als meine lieben Kinder. (1 Kor 4,9-14)

Damit sagt Paulus auch uns: »Seid ihr der Meinung, daß ihr mehr Glauben habt, näher beim Herrn lebt und mehr Gebetserhörungen erfahrt, weil ihr ein bequemeres Leben habt und weniger Krankheit, Schwierigkeiten, Verfolgung und böse Kritik, weniger Angriffe des Satans erdulden müßt? Wenn die Apostel Narren um Christi willen sind, glaubt ihr dann, daß ihr geistlicher seid, weil ihr als weise geltet? Wenn die Apostel schwach sind und das auch zugeben, kommt ihr euch dann gut vor, wenn ihr euch als stark bezeichnet? Wenn die Apostel von allen Seiten verachtet werden, seid ihr dann stolz darauf, so viel geehrt zu werden? Wenn ihr satt zu essen und zu trinken und schöne Häuser habt, könnt ihr dann wirklich auf die Apostel herabsehen, die dem Herrn ganz nahe sind und hungern und dürsten und kein festes Zuhause haben?« Durften die Korinther selbstgefällig sein, weil sie nicht wie Paulus und die anderen Apostel verleumdet und verfolgt wurden? Dürfen wir es? Was ist der Prüfstein für treue Haushalterschaft und ein reifes Christenleben? Ein Strom von wunderbaren Bewahrungen? Oder ist es nicht etwas ganz anderes und Tieferes? Paulus hat seine Siege mitten in *unveränderten* Situationen erlebt. Er hat uns etwas zu sagen. Hören wir darauf!

Im zweiten Korintherbrief warnt uns Paulus mit diesen Worten vor den Schlichen falscher Apostel:

> Denn diese Leute sind falsche Apostel, unehrliche Arbeiter, und verkleiden sich als Apostel Christi. Und das ist auch kein Wunder; denn der Satan selbst verkleidet sich als Engel des Lichts. Darum ist es nichts Besonderes, wenn sich auch seine Diener als Prediger der Gerechtigkeit verkleiden. Ihr Ende wird ihren Taten entsprechen. (2 Kor 11,13-15)

Obwohl wir uns noch in der Frühgeschichte der Kirche befinden, treten also schon falsche Christen auf. Der Teufel kann auch »von innen« angreifen. Durch scheinbar kleine Veränderungen und Betonungen kann er nach und nach das Wort Gottes unterwandern und die Wahrheit verzerren. Irrlehren können klein anfangen.

Nach dieser Warnung schildert Paulus seinen bisherigen Dienst:

> Sie sind Hebräer – ich auch! Sie sind Israeliten – ich auch! Sie sind Abrahams Kinder – ich auch! Sie sind Diener Christi – ich rede töricht: ich bin's weit mehr! Ich habe mehr gearbeitet, ich bin öfter gefangen gewesen, ich habe mehr Schläge erlitten, ich bin oft in Todesnöten gewesen. Fünfmal habe ich von den Juden vierzig Geißelhiebe weniger einen erhalten; dreimal bin ich mit Stöcken geschlagen und einmal gesteinigt worden; dreimal habe ich Schiffbruch erlitten, einen Tag und eine Nacht trieb ich auf hoher See. Ich habe weite Strecken zurückgelegt, ich bin in

Gefahr gewesen durch Flüsse, in Gefahr unter Räubern, in Gefahr unter Juden, in Gefahr unter Heiden, in Gefahr in Städten, in Gefahr in Wüsten, in Gefahr auf dem Meer, in Gefahr unter falschen Brüdern; in Mühe und Arbeit, in viel Wachen, in Hunger und Durst, in viel Fasten, in Frost und Blöße; und außer allem andern noch das, was täglich auf mich einstürmt, und die Sorge für alle Gemeinden. Wer ist schwach, und ich werde nicht schwach? Wer kommt zu Fall, und ich brenne nicht? Wenn ich mich also rühmen soll, will ich mich meiner Schwachheit rühmen. Gott, der Vater des Herrn Jesus, der gelobt sei in Ewigkeit, weiß, daß ich nicht lüge. (2 Kor 11,22-31)

Als Beweis dafür, daß er ein wahrer Diener Gottes und Verkündiger der Wahrheit ist, streicht Paulus nicht die Wunder heraus, die Gottes Hand durch ihn bewirkt hat. Er spricht auch nicht von seinen gewaltigen Predigten noch von den großen Gebetserhörungen, die er erlebt hatte (und er hatte viele erlebt). Statt dessen erinnert er seine Leser an den unaufhörlichen Strom von Verfolgung und Leid, den er erduldet hat. Er betont, daß er mitten in einem harten Kampf steht und echte und schmerzende Wunden davongetragen hat; sein eigener Körper hat als Kampfplatz dienen müssen. Wenn er trotz all dieser »unmöglichen« Anfechtungen und Leiden seine Arbeit fortführen kann, dann nur, weil er in Gottes Dienst steht und von ihm die Kraft bekommt.

Führen wir uns doch einmal vor Augen, was Paulus bis zu diesem Brief an die Korinther alles durchgemacht hat: Er hat hart gearbeitet, durch lange, schlaflose Nächte hindurch. Er ist ausgepeitscht worden, und die Hiebe haben ihm nicht weniger ins Fleisch geschnitten als anderen Menschen auch. Er kennt den Schmerz des blutenden, rohen Fleisches, das sich allmählich mit einer harten, juckenden Kruste überzieht. Er weiß von Fieber und Schweißausbrüchen – aber nicht in einem sauberen Krankenbett und mit liebevoller Pflege, wohlgemerkt. Er weiß, wie es in den damaligen Gefängnissen aussieht, die noch von keiner »Reformbewegung« erfaßt worden sind. Er kennt Ungeziefer, Infektionen und die Qual, mit zerschlagener und zerschundener Haut auf einem Bett aus Steinen zu schlafen. Er weiß, wie es ist, wenn man so von Schlägen oder Steinen gezeichnet ist, daß die Leute meinen, man würde nie wieder aufstehen. Fünfmal hat er 39 Geißelhiebe bekommen – eine Tortur, wie man sie fast nur noch mit der Grausamkeit in den Folterkammern der heutigen Diktaturen vergleichen kann. Ja, Paulus hat die Grausamkeit von Menschen gegen Menschen, diese furchtbare Folge des Sündenfalles, am eigenen Leibe erlebt. Und er wurde *nicht* durch Wunder aus ihr herausgeholt, aber er wurde *in* ihr bewahrt, um seinem Herrn auch weiterhin im Lande der Lebendigen dienen zu können.

Dreimal wurde er mit Stöcken geschlagen, was möglicherweise noch schlimmer als die Geißelhiebe war. Einmal, in Lystra, wurde er gar gesteinigt (Apg 14,19). Ob er an Stephanus dachte, als die Steine auf ihn niederprasselten? Als er dann aus der Stadt geschleift und für tot liegengelassen wurde, war er sicher bewußtlos und wußte nicht, daß dies doch nicht das Ende seines Lebens sein würde. In diesen Minuten der Steinigung war er so willig, als Märtyrer zu sterben, wie es Stephanus gewesen war. Da können wir nur beten: *Herr, hilf uns, dir treu zu sein. Hilf uns, nicht nachzugeben, weder im Kleinen noch im Großen, in keiner Verfolgung und keinem Leid. Hilf uns, dich von ganzem Herzen zu lieben, so konsequent wie Paulus es tat.*

Dreimal erlebte er Schiffbruch: sturmbewegte Wellen, aufgeweichte Haut, Muskeln, die nicht mehr gehorchen wollten, Angst vor dem Ertrinken. Lesen Sie einmal Apostelgeschichte 27, wo einer dieser Schiffbrüche beschrieben wird. Sicher, in diesem einen Fall wußte Paulus, daß er gerettet würde. Trotzdem dürften 14 Tage Fasten nicht sehr bequem gewesen sein. Der Konflikt mit den Seeleuten, die sich heimlich im Beiboot davonmachen wollten, war echt. Als das Schiff dann auf eine Sandbank auffuhr und auseinanderbrach, da waren das Wasser und die Wellen kein Bühnenschauspiel; die Gefahr war echt. Und das Herumtreiben auf einem vom Schiff abgebrochenen Stück Holz war mit Sicherheit nicht so komfortabel wie das Fahren in einem gutausgerüsteten Rettungsboot.

Obwohl Paulus besondere Offenbarungen von Gott bekam und einer der Verfasser der Bibel wurde, lebte er sein Leben nicht in einer Glaskugel, blieben ihm Kämpfe und Sorgen und das Auf und Ab der Gefühle nicht erspart. Gott möchte, daß wir durch Paulus'

Erfahrungen ermutigt werden. Er möchte auch, daß wir verstehen, daß unsere Schwierigkeiten, unsere ganz persönlichen Probleme, Enttäuschungen, bösen Überraschungen und niederschmetternden Telegramme nicht etwas Unnormales sind, das nicht in das Leben eines Christen hineingehört. Gott ermahnt uns, den »guten Kampf« bzw. Wettlauf (2 Tim 4,7) nicht aufzugeben. Wir befinden uns in einem Krieg. Der Kampf wird durch schlechtes Wetter, unwegsames Gelände und gezielte Maßnahmen des Feindes behindert. Nur zu leicht sind wir versucht, aufzugeben, weil wir völlig erschöpft sind und es uns ganz unmöglich erscheint, jemals über die Ziellinie zu kommen.

Paulus schreibt weiter, daß er viel reiste. Das hervorragende römische Straßennetz, das bis in unsere Jahrhunderte hinein seinesgleichen suchte, leistete ihm dabei gute Dienste. Es ist sicher kein Zufall, daß Gott seine Gemeinde zu einer Zeit beginnen ließ, als zum ersten Mal in der Geschichte der Menschheit die ganze zivilisierte Welt unter einer Zentralmacht (dem Römischen Reich) vereinigt und relativ sicheres Reisen für jedermann möglich war. Unter dieser einzigartigen Konstellation konnte das Evangelium sich wie ein Lauffeuer verbreiten. Und doch: ein Zuckerlecken waren die Reisen des Paulus nicht. Einen Wagen oder auch nur ein Pferd konnten sich nur die Reicheren leisten, und so mußte Paulus viele lange, heiße, eintönige Meilen zu Fuß zurücklegen und dabei so manche Gefahr durch Menschen oder Naturgewalten bestehen.

Und dann schließlich noch die Gefahren durch »falsche Brüder«, die für Paulus nicht weniger real sind als die körperlichen Gefahren. Er warnt vor den Irrlehrern, die ihre menschlichen Gedankengebäude für Gottes Wahrheit ausgeben und die Gemeinde verführen wollen, so wie im Paradies die Schlange Eva verführte. Es geht um die Bewahrung der ganzen Wahrheit – ein Kampf, der dem Apostel Mühe und Arbeit und schlaflose Nächte gebracht hat. Magen- und Kopfschmerzen, Erkältungen, Fieber, Erbrechen – all das wird ihm nicht unbekannt gewesen sein. Das Wohl der Menschen, die er zum Herrn geführt hatte, lag ihm so am Herzen, daß er auf Nahrung und Schlaf verzichtete, um für ihr inneres Wachstum und ihre Bewahrung vor falscher Lehre zu beten. Und dann zu guter Letzt noch »was täglich auf mich einstürmt, um die Sorge für alle Gemeinden« – keine weltliche, unnötige Sorge, sondern die Sorge um das Wohlergehen der neugeborenen Gotteskinder.

Paulus endet damit, daß er zugibt, daß auch er schwach ist und stolpern kann. Er sagt ganz klar, daß es keinen magischen geistlichen Gipfel gibt, auf dem man über allen Schwierigkeiten und Schmerzen, über aller Schwachheit und allem Stolpern steht. Den vollkommenen Christen gibt es nicht.

Aber nun, bevor wir zum nächsten Kapitel gehen, zurück zu unserer eigenen Situation. Wie verhält es sich mit unserem endlosen Strom von Schwierigkeiten – mit unserer Müdigkeit und Erschöpfung, unserer Grippe, unserem Kopfweh, unseren Rückenschmerzen, unserer Kinderlähmung, unserem gebrochenen Bein, unserer Arthritis? Fangen wir an, schlechter zu hören oder zu sehen? Müssen wir ständig zum Zahnarzt? Vielleicht haben wir Krebs, und eine Brust mußte uns abgenommen werden. Oder der Krebs ist wiedergekommen, und wir wissen, daß wir nicht mehr lange zu leben haben. Wie werden wir mit Geburtsfehlern und Unfällen, mit dem Älterwerden und dem Nachlassen unserer Energie fertig? Wie mit böser Kritik und falschen Verdächtigungen? Wie werden wir mit Angriffen aus unserer eigenen Verwandtschaft fertig – oder aus der Familie des lebendigen Gottes? Was ist mit unseren Depressionen und Nervenzusammenbrüchen? Was ist, wenn sich strahlende Träume in bittere Enttäuschungen verwandeln oder wir zum »unpassendsten« Augenblick einen geliebten Menschen verlieren? Wie verhält es sich mit dem Unterschied zwischen meinem Leben als Kind Gottes und dem Leben eines Menschen, der noch in der Dunkelheit lebt? Hat das Christenleben eine Kette *sichtbarer* Segnungen zu sein, so daß jeder Nichtchrist sofort merkt, daß dies der bessere Weg ist? Läßt sich das Leid mit einer einzigen Formel erklären? Oder gibt es nicht doch mehrere Gesichtspunkte?

Wenn jemals jemand einen tiefen Glauben hatte, dann Paulus. Wenn jemals einer erfuhr, was das Gebet zu Gott bewirken kann, dann Paulus. Wenn jemals einer ein »geistlicher« Christ war, voll des Heiligen Geistes, dann Paulus. Und doch steht er uns ganz nahe, und das gerade dort, wo wir Leid und Not durchmachen. Er hatte viel mehr Einsamkeit, Mißverständnisse und Gewalt zu ertragen, als die meisten von uns je werden durchmachen müssen.

Seine Worte und sein Leben sind eine einzige Predigt gegen die Auffassung, daß im Leben eines Christen etwas nicht in Ordnung sein muß, wenn nicht alle Schwierigkeiten umgehend beseitigt werden. Ob Paulus sich wohl jemals mit dem Gedanken herumquälte, ob sein Leben auch »erfüllt« genug sei? Ob er überhaupt Zeit hatte, darüber nachzudenken, ob seine Erfahrungen mit Gott auch immer tiefer und spektakulärer wurden?

Das Christenleben des Paulus begann mit einem großen Höhepunkt, mit gleißendem Licht und der Stimme des Herrn. Aber gleich darauf folgte das erste »Tal«, mit Blindheit und Fasten. »Blut, Schweiß und Tränen« standen bei Paulus öfter auf der Tagesordnung als »entrückende« Augenblicke.

Ein Blick durch den Vorhang

Werfen wir nun einen Blick ins Alte Testament, und schauen wir uns Hiob an. Hiob ist für die Sinnfrage des Lebens eine ausgesprochene Schlüsselfigur. Wenn wir uns die gesamte menschliche Geschichte als ein Webstück vorstellen – sagen wir, als Teppich –, dann ist das Leben Hiobs einer der Hauptschußfäden, die das ganze Muster bestimmen. Hiob war ein Pionier – ein Pionier im Kampf zwischen Gott und Satan. Und wie viele andere Pioniere auch hatte er es schwerer als die Menschen, die nach ihm kamen. Er konnte sich keinen Trost aus den Briefen des Paulus holen, als er mit Geschwüren bedeckt in der Asche saß – und auch keinen Trost aus dem Buch Hiob ... Von seinen Freunden bekam er nur verständnislose Kritik zu hören. Wir haben Hiob viel zu danken! Er segelte durch unbekannte Meere und hielt den Kurs!

Hiob, so erfahren wir im 1. Kapitel seines Buches, war einer der ganz Reichen und Großen seiner Zeit. Riesige Ländereien und Tausende von Schafen und Kamelen gehörten ihm. Er hatte sieben Söhne und drei Töchter. Wir lesen auch, daß er Gott im besten Sinne des Wortes »fürchtete« und sein tägliches Leben von ihm bestimmen ließ.

Und dann wird der schwere Vorhang ein Stück zur Seite gezogen, und wir sehen ein wenig von dem, was im Himmel vor sich geht. Gottes Feind, der Satan, tritt vor Gott und verkündet herausfordernd, daß er »die Erde hin und her durchzogen« hat. (In 1. Petrus 5,8 lernen wir, daß das eine seiner Lieblingsbeschäftigungen ist: »Seid nüchtern und wacht; denn euer Widersacher, der Teufel, geht umher wie ein brüllender Löwe und sucht, wen er verschlingen kann.«) Darauf fragt Gott ihn, ob er auch Hiob gesehen habe; »denn es ist seinesgleichen nicht auf Erden, fromm und rechtschaffen ...« Man sollte über diese Zeilen nicht hinweglesen, denn sie zeigen uns etwas enorm Wichtiges: Der Mensch Hiob ist dem unendlichen, allmächtigen, lebendigen Gott nicht egal. Hiob ist keine Nummer, kein Staubkorn im All, sondern eine *Person*. Es bedeutet Gott etwas, daß hier jemand ist, der ihn liebt, der an ihn glaubt, der ihn an die erste Stelle setzt und sein Leben bewußt vor seinen Augen führt. Hiob – das ist ein Sieg im Kampf Gottes gegen den Satan, ein Lichtblick in einer Welt, in der die Menschen so gründlich ohne und gegen Gott leben.

Was für eine gewaltige Offenbarung! Wir sind dem lebendigen Gott nicht egal. Wir sind Personen, wir zählen, wir kommen in den Gesprächen des Himmels vor. Aber – wir sind auch dem Teufel nicht egal!

Der Teufel entgegnet Gott, daß Hiobs Frömmigkeit bestimmt nur äußerlich sei. Daß ein so reicher, zufriedener, wohlbehüteter, in allem gesegneter Mensch Gott fürchtet – wen wundert's? »Aber strecke deine Hand aus und taste alles an, was er hat – er wird dir ins Angesicht absagen!« Gott nimmt diese Herausforderung an und gibt alles, was Hiob besitzt, in Satans Hand; nur ihn selbst darf er nicht anrühren. Und der Teufel verläßt Gott und beginnt sein Zerstörungswerk.

Eine Sintflut von Katastrophen bricht über Hiob herein. Ein Schlag folgt dem anderen (siehe Hi 1,13-19): zunächst ein brutaler Überfall auf seine Viehherden und Knechte, der für uns an Terroranschläge gewöhnte Leser des 20. Jahrhunderts etwas bedrückend Bekanntes hat. Satan ist wahrlich fähig, Menschen als seine Werkzeuge zu benutzen. Dann ein Blitzschlag, der Schafe und Hirten tötet, ein Überfall auf die Kamelherden und schließlich der Tod sämtlicher Kinder Hiobs in den Trümmern eines von einem Wirbelsturm zerstörten Hauses. Hiob steht vor dem Nichts. Sein Vieh, seine Knechte, seine Kinder, sein hart erarbeiteter Reichtum – alles ist fort.

Was wird Hiob nun tun? Wird er wirklich, wie der Teufel es vorausgesagt hat, Gott verfluchen und absagen? Er weiß ja nichts von dem Gespräch zwischen Gott und Satan, ahnt nicht, worum es geht.

Er sagt Gott nicht ab! Statt dessen demütigt er sich vor ihm, so tief er kann: Er zerreißt seine Kleider, schneidet sein Haar ab und fällt auf sein Gesicht nieder. Welch ein Sieg! Hiob betet Gott an. Und er kann dabei keine Bibelverse zitieren, keine Gebete nachsprechen, die andere vorformuliert haben. Was er sagt, kommt aus seinem tiefsten Herzen: »Ich bin nackt von meiner Mutter Leibe gekommen, nackt werde ich wieder dahinfahren. Der Herr hat's gegeben, der Herr hat's genommen; der Name des Herrn sei gelobt!«(Hi 1,21) Er erkennt, daß all sein Reichtum und Wohlergehen letztlich von Gott kam, daß Gott ihn bisher »ringsumher beschützt« (Vers 10) hatte. Mehr kann er freilich nicht erkennen; er weiß nicht, was wir wissen, hat keinen Blick durch den himmlischen Vorhang werfen dürfen. Er sitzt gleichsam in einem dunklen Nebel. Aber auch wenn er nichts sehen kann – er vertraut Gott. »In diesem allen sündigte Hiob nicht und tat nichts Törichtes wider Gott« (V. 22).

Zweites Kapitel, zweiter Akt. Wieder erscheint der Satan vor Gott, und wieder stellt er Hiobs Liebe zu Gott in Frage. Noch hat Hiob seine Gesundheit, aber wenn er die auch noch verliert, wird er dann nicht Gott absagen? Wieder sagt Gott: »Er sei in deiner Hand«, wieder nimmt er seinen Schutzwall fort. Beachten wir jedoch, daß die Plagen selbst *nicht* von Gott sind. Sie kommen vom Satan, der damit Hiob von Gott abbringen will. Dies ist Satans Methode im Kampf gegen Gott; wir tun gut daran, das zu erkennen.

Der Teufel hat als »Fürst dieser Welt« ein gewisses Maß an Macht. Er kann Kriege, Morde, Gewalttaten und wohl auch Wirbelstürme und Erdbeben entfesseln. Bei Hiob sendet er eine schwere Krankheit: »böse Geschwüre von der Fußsohle an bis auf seinen Scheitel« (2,7). Und so sitzt Hiob in der Asche und kratzt sich mit einer Scherbe, um wenigstens den unerträglichen Juckreiz zu lindern. Ein Bild völligen Elends. Der Ratschlag seiner Frau: »Sage Gott ab und stirb!« Aber auch jetzt hält er fest an seinem Vertrauen zu Gott. Er »versündigte sich nicht mit seinen Lippen«. Er hält aus, er bleibt auch im größten Leiden treu. Selbst die Nadelstiche seiner Freunde, die bald die Bühne des Geschehens betreten, können ihn nicht von Gott abbringen. Und vergessen wir dabei nie, daß er sich keinen Trost aus dem Buch Hiob holen konnte ...

Was für eine gewaltige Rolle hatte Hiob in dem himmlischen Kampf zwischen Gott und dem Teufel – und das nicht nur in der Schlacht, an der er selbst beteiligt war, sondern auch in allen, die noch kommen sollten! Hiob konnte sich nicht in seinen kühnsten Träumen vorstellen, wieviel Sieg es bedeutete, daß er da in der Asche saß. Beneidenswert war seine Rolle sicherlich nicht. Wer möchte schon schwer krank werden, all seine Kinder verlieren, von seinem Ehepartner und seinen besten Freunden unverstanden sein und miterleben, wie die Frucht eines ganzen Lebens sich in Stunden in nichts verwandelt? Aber in all diesem Elend errang Hiob einen unsichtbaren Sieg, der gar nicht überschätzt werden kann. Wer vermag zu ermessen, wieviel Segensströme aus Hiobs Sieg geflossen sind und aus der Offenbarung, die Gott dem Verfasser dieses Buches gab, als er ihn hinter den himmlischen Vorhang blicken ließ?

Kapitel 3 zeigt uns die Klage Hiobs. Er sieht keinen Sinn mehr in seinem Leben und verflucht den Tag, an dem er geboren wurde. Aber selbst jetzt kein Wort der Anklage gegen Gott. Und es ist auch sehr bezeichnend, daß Gott ihm den Wunsch, am liebsten zu sterben, nicht zum Vorwurf macht. Es ist ein Unterschied zwischen Verzweiflung und Depression und Gotteslästerung. Hiobs Hoffnungslosigkeit für sein irdisches Leben bedeutet nicht, daß er keine Hoffnung auf eine Auferstehung und ein ewiges Leben hat.

30 Kapitel lang dauert das folgende Streitgespräch zwischen Hiob und seinen Freunden. Für die Freunde ist die Sache sehr einfach: Hiob muß irgendeine schwere Sünde begangen haben, für die er nun bestraft wird; er braucht nur diese Sünde zu bekennen (11,13 ff.), und schon wird alles gut werden. Anders kann es gar nicht sein, denn, wie Bildad es in Kapitel 8 auf einen Nenner bringt: In diesem Leben wird der Sünder immer bestraft und der Gerechte immer belohnt.

Aber Hiob sieht, daß es den Übeltätern oft gut geht (12,6) und daß das Leben des Menschen »voll Unruhe« ist (14,1). Und dann kommen Verse, die auf eine Lösung und Erlösung hindeuten:

Ach daß du mich im Totenreich verwahren und verbergen wolltest, bis dein Zorn sich legt, und mir ein Ziel setzen und dann an mich denken wolltest! Meinst du, ein toter Mensch wird wieder leben? Alle Tage meines Dienstes wollte ich harren, bis meine Ablösung kommt. (Hi 14,13-14)

Aber ich weiß, daß mein Erlöser lebt, und als der letzte wird er über dem Staub sich erheben. Und ist meine Haut noch so zerschlagen und mein Fleisch dahingeschwunden, so werde ich doch Gott sehen. Ich selbst werde ihn sehen, meine Augen werden ihn schauen und kein Fremder. Danach sehnt sich mein Herz in meiner Brust. (Hi 19,25-27)

Hiob spürt, daß erst die Auferstehung die große Lösung, die letzte Antwort gibt. David betet in Psalm 17,15 ganz ähnlich:»Ich aber will schauen dein Antlitz in Gerechtigkeit, ich will satt werden, wenn ich erwache, an deinem Bilde.« Und in Psalm 49, 16-18 heißt es:»Aber Gott wird mich erlösen aus des Todes Gewalt; denn er nimmt mich auf. Laß es dich nicht anfechten, wenn einer reich wird, wenn die Herrlichkeit seines Hauses groß wird. Denn er wird nichts bei seinem Sterben mitnehmen, und seine Herrlichkeit wird ihm nicht nachfahren.«
Das Streitgespräch mit Hiobs Freunden will fast kein Ende nehmen. Das Leitthema der Freunde ist: Die Bösen werden in diesem irdischen Leben bestraft. Hiob entgegnet, daß Böse wie Gute ein glückliches oder unglückliches Leben, einen sanften oder schlimmen Tod haben können. Am Anfang von Kapitel 22 sagt Elifas gar, daß der Mensch Gott doch eigentlich egal sein könne. Aber die ganze Geschichte Hiobs zeigt, daß wir Gott *nicht* egal sind, daß wir eine zentrale Rolle in dem großen himmlischen Kampf haben, daß wir keine Roboter sind, sondern Personen, die Gott etwas wert sind.
Elihu ist weiser als die anderen. Er spricht nicht nur von Züchtigung und Strafe, sondern auch von Gnade. Aber auch er sagt nichts von der dritten Möglichkeit: daß hier nämlich ein Kampf vor sich geht, ein Kampf, der Ergebnisse hat, der den Lauf der Geschichte verändert – und daß Hiob an diesem Kampf beteiligt ist. Wir sahen schon, daß auch Hiob selbst keine Augen für diesen Kampf hat. Er kann sich nicht vorstellen, wieviel *seine* Not, *seine* Anfechtungen, *seine* Verzweiflung und *sein* Gottvertrauen für künftige Generationen bedeuten werden. Er ruft aus:»Ach daß meine Reden aufgeschrieben würden ... zu ewigem Gedächtnis in einen Fels gehauen!« (19,23f.) – und ahnt nicht, daß genau das geschehen wird.
Es gibt viele Pioniere und Helden, viele Menschen, von denen

wir lernen können, und wir brauchen sie. Eine der wichtigsten
Lehrmethoden Gottes ist eben das Leben selbst, das Er-Leben der
Realität. Aber Gott weiß auch, daß es für die späteren Generationen sehr hilfreich und wegweisend ist, wenn das Erlebte in
Worte gefaßt, die erfahrene Wahrheit niedergeschrieben und aus-
formuliert wird. Und so ließ er auch das Buch Hiob schreiben. Von
nun an konnten die Menschen, wenn die Wellen der Not über
ihnen zusammenschlugen, sagen: »Wie bei Hiob...«; sie konnten
sich vorstellen, wie Satan vor Gott tritt und ihn herausfordert.
Nicht, daß sie immer von dieser Lehre Gebrauch gemacht haben;
nur zu leicht fällt man in einseitige Patentlösungen zurück und hält
es mit Hiobs Freunden.

Schließlich spricht Gott zu Hiob. Er hält ihm nicht seine Sünden vor, wohl aber, daß er keinen hinreichenden Blick für die
Größe Gottes hat. Stellen wir uns neben Hiob und hören wir zu,
denn Gott spricht hier auch zu uns. Beugen wir uns wirklich als
Geschöpfe vor unserem Schöpfer? Lassen wir Gott wirklich Gott
sein? Lassen wir uns so von seinem Wort korrigieren, daß wir
nicht hochmütig werden? Gott sagt, daß Hiob einfach nicht
genug weiß, um sehen zu können, wo sein Platz in dem großen
Ganzen der Geschichte ist. Wenn man schon Gottes Schöpfung
nicht ergründen kann, wie will man dann die tieferen Dinge verstehen?

Wer ist's, der den Ratschluß verdunkelt mit Worten ohne
Verstand? ... Wo warst du, als ich die Erde gründete? ...
Weißt du, wer ihr das Maß gesetzt hat oder wer über sie die
Richtschnur gezogen hat? Worauf sind ihre Pfeile einge-
senkt, oder wer hat ihren Eckstein gelegt, als mich die Mor-
gensterne miteinander lobten und jauchzten alle Gottes-
söhne? ... Hast du zu deiner Zeit dem Morgen geboten
und der Morgenröte ihren Ort gezeigt? ... Bist du
gewesen, wo der Schnee herkommt, oder hast du gesehen,
wo der Hagel herkommt? ... Fliegt der Falke empor dank
deiner Einsicht und breitet seine Flügel aus dem Süden zu?
(Hi 38,2-7.22; 39,26)

Gott sagt hier soviel wie: »Wenn du die Wunder der Schöpfung nicht verstehen kannst, wenn dazu dein Wissen und Verstand nicht ausreicht, dann kannst du erst recht nicht erwarten, daß du das, was dir jetzt in deinem Leben geschieht, verstehen kannst!«

Und Hiob beugt sich vor Gott und gibt zu, daß es ihm nicht zusteht, zu beurteilen, was nur Gott beurteilen kann. Er erkennt jetzt, daß er total Geschöpf und Gott total der Schöpfer ist. Und dann wendet Gott sich zu seinen Freunden Elifas, Bildad und Zofar (nicht zu Elihu) und sagt:»Ihr habt nicht recht von mir geredet wie mein Knecht Hiob. So ... geht hin zu meinem Knecht Hiob und opfert Brandopfer für euch; aber mein Knecht Hiob soll für euch Fürbitte tun«(42,7-8). Mit anderen Worten: Hiob wird zu einem Vermittler zwischen seinen Freunden und Gott, zu einem Priester. Es ist erstaunlich, wie bereitwillig er dieses Amt übernimmt – wie er seinen Freunden vergibt, anstatt sich in hämischer Schadenfreude zu ergehen. Sollten wir nicht davon lernen? Sollten wir nicht auch für die Menschen beten, die uns weh getan haben? Freilich nicht rechthaberisch und hochmütig beten (mit dem heimlichen Wunsch, daß Gott »es ihnen einmal zeigen soll«), sondern in dem ehrlichen Verlangen, daß sie Gott und seine Wahrheit und sein Wort kennenlernen.

Die Freunde befolgten Gottes Gebot und gaben zu, daß sie im Unrecht waren. Hiob betete für sie, und seine innere Haltung dabei muß Gott gefallen haben, denn wir lesen weiter:»Und der Herr wandte das Geschick Hiobs, als er für seine Freunde Fürbitte tat«(42,10).

Hiob hat Gott auf eine ganz neue, tiefere Weise kennengelernt, und damit vertieften sich auch seine Liebe und sein Vertrauen zu ihm.»Ich hatte von dir nur vom Hörensagen vernommen; aber nun hat mein Auge dich gesehen«(42,5) - das ist ein Satz, der wenige Kapitel vorher noch undenkbar gewesen wäre. Ein klein wenig von der Realität dieser Aussagen kann man nachempfinden, wenn man beispielsweise sein Leben lang von den Alpen gehört hat und dann eines klaren Sonnentages vor den schneegekrönten Gipfeln steht, zum ersten Mal den fast zu blauen Himmel, die schroffen Felsen, das Grün der Wälder und Wiesen sieht, zum ersten Mal das Geläute der Kuhherden hört, zum ersten Mal entdeckt, wie der Enzian sich zwischen den Steinen hervorzwängt – und dann tief Luft holt und sagt:»Ich habe mir ja manches vorgestellt, aber daß es *so* schön ist ... *jetzt* weiß ich, was die Alpen sind.«

Er läßt sich kaum in Worte fassen, dieser Unterschied zwischen dem bloß theoretischen Wissen und dem wirklichen Kennen und Erkennen. Als Hiob ihn erlebte, fühlte er sich schuldig und tat Buße in Staub und Asche. Warum? Weil es ihm jetzt leid tat, daß er Gott nicht *noch mehr* vertraut hatte, nicht *noch* williger durch all die Anfechtungen und Leiden jener Wochen und Monate gegangen war. Man kann seine Buße etwa in folgende Worte fassen:

> O Herr, mein lieber himmlischer Vater, ich hatte nicht gewußt, wie groß und gewaltig du bist. Du bist so wunderbar, soviel größer als alle meine Vorstellungen von dir. O ja, ich habe dich angebetet und dir vertraut, aber es war doch so wenig – viel zu wenig, wenn ich bedenke, wer du bist. O du Gott des Weltalls, du Meister und Schöpfer, es gibt nicht genügend Worte, um den Unterschied zwischen dir und mir auszudrücken, aber irgendwie muß ich ihn ausdrücken, ich muß, und darum zerreiße ich meine Kleider und streue Staub auf meinen Kopf – damit ich deutlicher fühle, wie winzig klein ich bin und wie unendlich groß du bist.

Hiob war ein Pionier im Leiden. Er war ein Soldat Gottes in dem himmlischen Kampf, und die Schlacht, die er zu bestehen hatte, war sehr schwer. Er ging durch Tiefen, die vielleicht niemand von uns wird durchmachen müssen. Aber in diesen Tiefen erlebte er Dinge, die Generationen von Gläubigen bis zu uns heute eine große Hilfe geworden sind. Und dann durfte er seinem Gott und Heiland begegnen und so gleichsam das vorwegnehmen, was wir alle erleben werden, wenn wir im Tod unseren Herrn von Angesicht zu Angesicht sehen – oder auch dann, wenn wir bei der Wiederkunft Christi noch leben und »in einem Augenblick verwandelt« werden. Hiob durfte eine Gotteserkenntnis bekommen, die uns nicht weniger hilfreich ist als sein Leidenserleben.

Als »Belohnung« für seinen Einsatz im Kampf Gottes durfte Hiob die Stimme Gottes hören und ihn ganz neu erkennen. Er durfte auch erleben, wie seine Freunde ihn um Fürbitte und Vergebung baten und wie diese Fürbitte und Vergebung ihm zusätzlich innere Heilung schenkte. Und dann kam noch ein Heilungsschritt: Gott »wandte das Geschick Hiobs« und gab ihm »doppelt soviel, wie er gehabt hatte« (42,10). Gott hatte Hiob das Wichtigste zuerst gegeben: geistliches Verständnis und Weisheit. Danach konnte er ihn mit irdischen Dingen segnen und seine furchtbaren Verluste wiedergutmachen.

Gott »wandte das Geschick« – das heißt, daß er Satan nicht mehr erlaubte, Hiob mit seinen Brandpfeilen zu beschießen. Er legte wieder seinen Schutzwall um Hiob. Und er gab ihm neuen Reichtum. Verwandte, die sich in der schwersten Not nicht hatten blicken lassen, kamen, um Hiob zu trösten, und brachten ihm Geschenke. Hiob bekam neue, riesige Viehherden – genau doppelt soviel, wie er früher hatte.

Warum doppelt soviel? Mir scheint, daß wir hier noch einen Schimmer von dem sehen, was einmal auf uns wartet. Will ich damit sagen, daß wir nach bestandener Schlacht als Entschädigung für unsere Ängste, Schmerzen, Krankheiten und Verluste Geld und Güter, Gesundheit und Kraft, Verwandte und Freunde in doppelter Zahl bekommen? Nein. *Nicht in diesem Leben.* Eine *irdische* Kopie der Belohnung Hiobs wird uns nirgends verheißen. Denn was wir im Buch Hiob finden, ist eine Lücke in der Wand, die Erde und Himmel, irdisches Leben und Leben nach dem Tod trennt. Hiob durfte *in diesem irdischen Leben* für einen Augenblick Gott sehen, in diesem irdischen Leben ein Stück der großen Erklärung aller Dinge bekommen. Hiobs Leben ist ein Symbol für das *Ganze:* Leben und Ewigkeit, Erde und Himmel. Die Belohnung, die er so greifbar und exemplarisch auf dieser Erde bekam, werden wir im Himmel bekommen – mit dem Unterschied freilich, daß sie unendlich mehr als »doppelt soviel« sein wird.

Wir dürfen uns auf eine Zeit freuen, wo wir nicht mehr »ein dunkles Bild wie durch einen Spiegel« sehen, sondern »von Angesicht zu Angesicht« (1 Kor 13,12). Wir dürfen uns auf eine Zeit freuen, wo die Not, die wir durchgemacht haben, nichts ist im Vergleich zu dem, was Gott für uns bereitet hat. Das will uns Hiobs doppelte Belohnung zeigen. Seine Geschichte will uns ermutigen, weiterzumachen, nicht aufzugeben, wie hart der Kampf auch sein mag.

Es ist interessant, daß Hiob sogar zehn neue Kinder bekommt – drei Töchter und sieben Söhne. Wie muß er sich über sie gefreut haben! Es wäre jedoch falsch, sie als »Ersatz« für die zehn umgekommenen Kinder zu sehen. Wenn ein Kind von uns im Himmel ist, hat es deswegen nicht aufgehört, unser Kind zu sein! Eines Tages wird die ganze »Doppelfamilie«, werden alle 20 Kinder Hiobs (falls sie alle gläubig waren) ihre Auferstehungskörper bekommen und demonstrieren, daß Gott, der nichts übersieht, auch hier Hiob »doppelt soviel« gegeben hatte.

Hiob lebte dann noch 140 Jahre – mit doppelter Gesundheit und Lebenserwartung gewissermaßen. Er »sah Kinder und Kindeskinder bis in das vierte Glied« (42, 17) - vier Generationen statt der üblichen zwei. Und als er starb, war er nicht krank und verbittert, sondern »lebenssatt«. Die großen Erdrutsche seines Lebens lagen bewältigt hinter ihm.

Wir haben in der Schweiz ganz buchstäbliche Erdrutsche erlebt. Wir wissen, wie klein, hilflos und gelähmt man sich fühlt, wenn eine Lawine aus Erde, Schlamm, Felsbrocken und Bäumen den Abhang herunterdonnert. Wir haben auch Erdrutsche im übertragenen Sinne durchgemacht. Die Zeit scheint stillzustehen, wenn man voll Angst und Ungewißheit ins Dunkel horcht und sich fragt, was wohl als Nächstes kommt. Sekunden werden zu Stunden, Wochen zu Monaten und Jahren, wenn die Schwierigkeiten sich auftürmen, die Angst und der Schmerz nicht mehr auszuhalten sind, die Trauer einem die Besinnung rauben will. Es ist schwer, ruhig zu bleiben, wenn der Boden unter den Füßen wankt oder das Schiff wie ein Stückchen Holz hin und her geworfen wird. Es ist schwer, den Blick für das Ganze, die göttliche Perspektive zu bewahren, wenn Freundschaften und Familien, Regierungen und Institutionen zu krachen und zu bröckeln beginnen.

Hiob ist keine Romanfigur, keine Reißbrettzeichnung, kein bloßes Bild. Hiobs Leben war Realität; der Angriff Satans auf ihn fand tatsächlich statt. Gott hat in seiner Weisheit dafür gesorgt, daß in die Bibel genau die Begebenheiten der Geschichte aufgenommen wurden, die wir kennen müssen, um den Angriffen Satans in unserem eigenen Leben widerstehen zu können. Gott hat uns so viel geoffenbart, daß wir leben können; in der Ewigkeit werden wir noch unendlich mehr lernen.

Der Bericht über Hiobs Leben ist uns zur Warnung geschrieben. Wir sollen die Gefahren sehen, die in schweren Zeiten auf uns lauern. Wir sollen begreifen, daß gerade auch die großen Durststrecken unseres Lebens wertvoll sind, daß unser Dasein immer – wie wild der Sturm auch toben mag – einen Sinn und ein Ziel hat. Wir, und alle anderen Menschen mit uns, sind Teilnehmer in dem großen Kampf zwischen Gott und dem Teufel.

Unsere Worte und Taten, Einstellungen und Reaktionen können nicht nur ein Stück Geschichte verändern, sondern auch Gott preisen. Wenn es in Psalm 50,23 heißt: »Wer Dank opfert, der preiset mich ...«, so ist damit kein bloßes Lippenbekenntnis gemeint, sondern ein (inneres wie äußeres) Verhalten, das Gott Ehre bringt. Es klingt unglaublich, aber wir unvollkommenen, sündigen, schwachen Geschöpfe haben die Möglichkeit, den lebendigen Gott, den Schöpfer des Universums, zu verherrlichen. Es gibt so viel, was wir für ihn tun können. Vielleicht wollen wir das herrlichste Bild malen oder die gewaltigste Sinfonie schreiben, das schönste Gebäude entwerfen oder bauen. Oder wir verwandeln ein heruntergekommenes Stück Land in einen blühenden Garten oder bauen armen und verzweifelten Menschen eine neue Existenz auf. Vielleicht müssen wir uns mit bescheideneren Projekten begnügen; ein Rollstuhl, ein Krankenbett, eine Gefängniszelle, aber auch einfach Mangel an Begabung oder an Geld können Hemmschuhe sein. Aber selbst das ärmste und einfachste Leben birgt tausend Möglichkeiten, Gott zu ehren – Augenblick für Augenblick, Stunde um Stunde, Tag für Tag, in jeder Situation.

Wie ehren wir Gott? Nicht dadurch, daß unsere Lippen immer wieder bestimmte Formeln und Sätze hersagen, während unsere Gedanken womöglich mit ganz anderen Dingen gefüllt sind, sondern dadurch, daß wir Gott lieben und ihm bedingungslos vertrauen – gerade auch da, wo Menschen oder Umstände solches Vertrauen sinnlos oder unmöglich erscheinen lassen. Das ist ja gerade die Hauptlektion, die wir aus dem Buch Hiob lernen können. Selbst wenn Gott nicht mit Hiob gesprochen, selbst wenn er ihm nicht alles doppelt wiedergegeben hätte – diese Treue Hiobs allein macht seine Geschichte schon unendlich wertvoll. Generationen von Menschen haben von Hiob gelernt, was es heißt, Gott in jeder Lage zu preisen und zu ehren.

Wir dürfen uns bei diesem Lernen nicht von den Ablenkungsmanövern Satans irritieren lassen. Nur zu gern versucht er uns in den Nebel schaler Gesetzlichkeit zu führen, unsere Aufmerksamkeit auf kleinliche Regeln und mechanische fromme Gewohnheiten zu richten, so daß wir nicht bemerken, an welcher Front er wirklich angreift. Wir haben es mit einem listigen Feind zu tun. Er versuchte sogar Jesus zu Fall zu bringen, ihn mit aus dem Zusammenhang gerissenen Bibelversen zu Handlungen zu verleiten, die Sünde gewesen wären. Er versucht das auch bei uns – und bei uns sind die Erfolgsaussichten wesentlich größer! Jesus konterte die Versuchung, indem er Satan mit anderen, im rechten Zusammenhang stehenden Bibelversen antwortete. Jesus kannte seine Bibel, und auch wir müssen sie kennen, wollen wir nicht auf Satans Fälschungen hereinfallen und genau das tun, wozu er uns verleiten will.

Satan versucht unser Vertrauen auf Gott umzubiegen und zu einem Vertrauen auf irgendeine »Sache« zu machen. »Wenn du nur dies oder jenes tust, dieses oder jenes Erlebnis hast«, so lautet die falsche Versprechung, »dann wird alles gut werden; es ist doch so einfach!« So meinten Hiobs Freunde, daß er dann, wenn er nur kräftig Buße täte, automatisch wieder ein glücklicher Mann werden würde. Willst du gesund werden, reich, gesegnet, zufrieden? Hier ist das Rezept …

Genauso versuchte Satan es, als er in der Wüste mit Jesus sprach:

> Bist du Gottes Sohn, so sprich, daß diese Steine Brot werden. … Bist du Gottes Sohn, so wirf dich hinab; denn es steht geschrieben: »Er wird seinen Engeln deinetwegen Befehl geben; und sie werden dich auf den Händen tragen, damit du deinen Fuß nicht an einen Stein stößt.« … Darauf führte ihn der Teufel mit sich auf einen sehr hohen Berg und zeigte ihm alle Reiche der Welt und ihre Herrlichkeit und sprach zu ihm: Das alles will ich dir geben, wenn du niederfällst und mich anbetest. (Mt 4,3.6.8-9)

Man beachte, daß es sich hier um Versprechungen von Dingen handelt, von denen Satan annahm, daß Jesus sie wollte. Er versuchte ihm »Abkürzungen« zu allerlei attraktiven Sachen zu bieten, und mit raffiniert ausgewählten, an und für sich wahren Bibelstellen sowie mit seinem ständigen, aufstachelnden »Bist du Gottes Sohn ...« versuchte er geschickt, diese Abkürzungen gut und fromm erscheinen zu lassen.

So versucht er es auch bei uns, und das immer und immer wieder. Es ist eine seiner Kampfstrategien. So greift er uns mit einem gut ausgesuchten Leiden an und flüstert uns dann ein, daß wir sofort frei davon werden können, wenn wir nur vor einem anderen Gott »niederfallen« oder unser Vertrauen auf irgendeine Patentformel oder Person setzen. Was hatte Satan behauptet, als er mit Gott über Hiob sprach? Daß Hiob nur die Segnungen Gottes liebe, aber nicht Gott selbst. Die gleiche Meinung hat er von allen anderen Menschen, auch von uns. »Wenn du ein guter Christ bist«, lautet seine Devise, »hast du es nicht nötig, zu leiden.«

Jesus wußte, was der Teufel mit ihm vorhatte. Er wußte auch, daß das Wort Gottes uns ganz klar vor »Abkürzungen« und falschen Wegen warnt. Er kannte die Stelle aus dem fünften Buch Mose, wo es heißt:

> Wenn ein Prophet oder Träumer unter euch aufsteht und dir ein Zeichen oder Wunder ankündigt und das Zeichen oder Wunder trifft ein, von dem er dir gesagt hat, und er spricht: Laß uns anderen Göttern folgen, die ihr nicht kennt, und ihnen dienen, so sollst du nicht gehorchen den Worten eines solchen Propheten oder Träumers; denn der Herr, euer Gott, versucht euch, um zu erfahren, ob ihr ihn von ganzem Herzen und von ganzer Seele liebhabt. Dem Herrn, eurem Gott, sollt ihr folgen und ihn fürchten und seine Gebote halten und seiner Stimme gehorchen und ihm dienen und ihm anhangen. (5 Mo 13,2-5)

Der Teufel kann seinen Dienern also die Kraft geben, »Wunder« zu tun. Das ist wichtig zu wissen in einer Zeit, die von falschen Propheten nur so wimmelt. Alle möglichen Sekten und Kulte versprechen uns das große Heil. Wir versuchen unsere Depressionen durch Transzendentale Meditation loszuwerden oder werden süchtig nach »besonderen« religiösen Gefühlen und Erlebnissen. Die Gefahr, Gott in Notlagen nicht zu verherrlichen, ist stärker als je in unserer »nachchristlichen« Kultur, wo jede Zeitung, jede Illustrierte unsere Entschlossenheit, die »Waffenrüstung Gottes« anzuziehen, mit der wir »bestehen können gegen die listigen Anschläge des Teufels« (Eph 6,11), schwächt. Mit den »listigen Anschlägen« des Teufels hatte Hiob es zu tun, und sie gehen heute weiter. Der Teufel greift uns doppelt an: mit dem Leiden und mit einem falschen Ausweg aus dem Leiden, so daß wir gleich zweifach versucht werden: gegen Gott aufzubegehren und uns von ihm ab- und einer scheinbar besseren Lösung zuzuwenden.

Jesus hat den Satan für uns überwunden. Er widerstand der Sünde, und dieser Widerstand wird uns zugerechnet (gerade so, als ob wir selbst erfolgreich widerstanden hätten), wenn wir nur an Jesus und seinen stellvertretenden Tod für uns glauben und ihm ganz vertrauen. Jesus vergoß sein Blut für uns, damit wir ewiges Leben haben, aber auch, damit wir bereits in diesem irdischen Leben in gewissem Maße »überwinden« können. Auch Hiob überwand den Satan. Wie machte er das? Indem er – so wie er es damals, seinem begrenzten Verständnis nach, konnte – auf den Erlöser schaute. Denn nur mit dem »Blut des Lammes« kann ein Mensch je den Teufel überwinden: »Und sie haben ihn überwunden durch des Lammes Blut und durch das Wort ihres Zeugnisses und haben ihr Leben nicht geliebt, bis hin zum Tod« (Offb 12,11). Eines Tages werden diese Worte zu einem gewaltigen Chor werden – dann, wenn wir zusammen mit all den Erlösten und den Engeln Gottes vor dem Lamm stehen.

Und jetzt, bevor Sie das nächste Kapitel lesen, schalten Sie einmal ganz ab, und denken Sie nach über die absolute Güte und Treue Gottes und wie er jetzt und bis in Ewigkeit jeden einzelnen von uns ganz persönlich führt.

Das Museum im Himmel: Saal A

Es war ein heller Frühlingstag in Holland. Licht und Blumen-
duft lagen über den Straßen und Kanälen von Amsterdam, hellten
selbst die dunkelsten Winkel auf. Es war in den Tagen vor der Dro-
genszene, und die Schönheit der Altstadt war noch unverdorben.
Wir, mein Mann Francis und ich, gingen die Stufen zum Eingang
des Krankenhauses hinauf und betraten den schummrig-stillen,
vage nach Desinfektionsmitteln riechenden Flur. Wir fragten uns
zu dem Zimmer durch und öffneten vorsichtig die Tür. Ja, richtig:
Frau Van der Weiden stand an einem der Fenster, und im Bett lag
ihr Mann. Er drehte seinen fest bandagierten Kopf ein klein wenig
in unsere Richtung, in seinen Augen glimmte ein kurzer Willkom-
mensgruß auf.

Wenige Wochen vorher waren die beiden noch fröhliche Stu-
diengäste bei uns in L'Abri gewesen. Wir erinnerten uns noch gut
an das letzte gemeinsame Abendessen, das wir mit ihnen in
unserem Chalet gehabt hatten, bevor sie wegen der ständigen
Kopfschmerzen von Herrn Van der Weiden zurück nach Holland
fuhren. Sie tippten auf einen hartnäckigen Stirnhöhlenkatarrh.
Aber der Hausarzt schickte Herrn Van der Weiden zum Neuro-
logen, und dessen Diagnose lautete: Gehirntumor. Jetzt war die
Operation vorbei, und das Ergebnis war ein Todesurteil: Die
Geschwulst war Krebs in fortgeschrittenem Stadium. Noch ein
paar Tage hatte Herr Van der Weiden zu leben.

Wir traten neben sein Bett und nahmen sanft seine Hand. Seine
Lippen begannen sich zu bewegen; er wollte uns etwas sagen. Die
Worte kamen ruckartig, krächzend, mühsam, aber sie waren gut
zu verstehen: »Früher – konnte ich – alles. – Jetzt – nichts.« Es war
der letzte Satz, den er sprach, bevor er drei Tage später starb. Es
war klar, woran er dachte: Bei wie vielen christlichen Diskussions-
abenden mit Studenten und Dozenten der Universität Amsterdam
waren seine Frau und er nicht die perfekten Gastgeber gewesen!
Wenn wir in Holland waren, trafen wir uns gewöhnlich in der Wohnung von Professor Rookmaaker mit Studenten von der Univer-

sität Leiden, und dann ging es nach Amsterdam zu einem Abend im Dekorationsgeschäft der Van der Weidens. Mit schönen skandinavischen Möbeln improvisierten sie ein gemütliches »Wohnzimmer« für die Teilnehmer. Es gab Kaffee und Plätzchen und später, gegen Mitternacht, Tee und Käsegebäck und andere Leckereien. Kerzenlicht und Blumen vervollständigten die Atmosphäre, die an die Abende in L'Abri erinnern sollte. Und jetzt – jetzt lag Herr Van der Weiden im Sterben. Ende. Was, so dachte er sichtlich, kann ich jetzt noch für Gott tun? Und ich wollte doch noch so viel tun! Und er versuchte noch einmal, etwas zu sagen. »Ich – wollte –«, fing er an.

Dieses Elend ... Gab es denn gar nichts, was man diesem Mann sagen konnte – gar nichts, das mehr war als das übliche sinnlose »Es wird schon gut werden«? Und dann kam es mir – es war wie eine plötzliche Erleuchtung: Herr Van der Weiden konnte ja doch noch etwas für seinen Herrn tun! Die nächsten Stunden und Tage waren gar kein bloßes leeres Warten auf den Tod, sondern vielleicht die wichtigsten Stunden und Tage seines Lebens. Jetzt, jetzt konnte er in dem großen Kampf gegen den Teufel vielleicht seinen größten Sieg erringen. Natürlich, das war es! Wie gütig war Gott, daß er mir das zeigte! Ich mußte es Herrn Van der Weiden erklären, solange noch Zeit war!

Ich öffnete meine Handtasche, nahm zwei saubere Taschentücher heraus und breitete sie auf der Bettdecke vor dem Kinn des Kranken aus. Wir lagerten behutsam seinen Kopf etwas höher, so daß er sie sehen konnte. Und dann begann ich zu reden.

Ich gab dem Sterbenden eine Wegzehrung für seine letzten Lebenstage – eine Waffe, mit der er Satans Angriffe auf seine Liebe zu Gott abwehren konnte; denn diese Angriffe würden kommen, gerade bei einem Mann, der viel zu früh mit 50 Jahren starb und neun Kinder hinterließ. Aber was ich da Herrn Van der Weiden gab, gab ich gleichzeitig auch mir selbst. Ich wußte es damals noch nicht, aber die beiden Taschentücher auf dem Krankenbett sollten der Grundstock werden für zahlreiche Vorträge und Gespräche auf der ganzen Welt: in der persönlichen Seelsorge, in kleinen Gruppen, in Gemeindehäusern und Hörsälen. »Die beiden Bilder« hieß das Thema, oder auch: »Das Museum im Himmel«. Ich malte die Bilder auf Tafeln, zeichnete sie auf Papier oder Projektionsfolie oder benutzte einfach zwei Papierblätter oder auch Taschentücher, wie damals an jenem Nachmittag in dem Krankenhaus in Amsterdam.

Wenn wir Gott bitten: »Herr, hilf mir, die richtigen Worte zu finden für diese Person, für diese Situation, gib mir in meiner Schwachheit deine Kraft«, dann ist seine Antwort so oft mehr als Hilfe für den bloßen Augenblick. Er legt einen Samen des Verstehens in unser Denken, der keimt und wächst und zu einem mächtigen Baum werden kann. Dies ist eines der Gebiete, wo ich in meinem Leben erfahren durfte, daß Gott uns wirklich »voll einschenkt« (Ps 23,5). Hilfe, die wir eigentlich nur für den Augenblick erbeten haben, läuft gleichsam über, wird fruchtbar in Situationen, an die wir noch gar nicht gedacht haben.

Und nun zu den beiden Bildern. Für meinen Versuch, möchte ich sie als Ausgangspunkt benutzen, das Problem »Leiden und

Bild A

Bild B

Verfolgung« ausgewogen darzustellen und zu erklären. Ich glaube, daß diese Bilder uns wirklich eine Hilfe sein können. Sie sind als Veranschaulichung dessen gedacht, was wir aus dem Buch Hiob, Hebräer 11 und einem wichtigen Vers der Offenbarung des Johannes lernen können, und in der Hauptsache geht es dabei um die Schlüsselstellung, die der Kampf zwischen Gott und dem Teufel (und unsere Rolle in diesem Kampf) für das Problem des Leidens hat. Diese Schlüsselstellung müssen wir kennen, wollen wir nicht, bildlich gesprochen, unsere Lebensreise in einem Auto unternehmen, das nur auf einer Seite Räder hat, oder in einem Schiff, das ständig schwere Schlagseite hat.

Jedes der beiden Bilder soll sämtliche Orte und Zeiten der menschlichen Geschichte darstellen, von den ersten Menschen bis zum Jüngsten Gericht. Die Figuren in den beiden Bildern stellen alle Gotteskinder dar: alle Menschen aller Zeiten, die im rechten Vertrauen zu Gott gekommen sind, heute zu ihm kommen und noch zu ihm kommen werden, von Abel und Abraham über Petrus, Paulus und Stephanus bis hin zu uns heute, die wir durch das Kreuz und die Auferstehung Christi die Wiedergeburt erfahren durften, und noch über uns hinaus bis zu den letzten Menschen, die vor der Wiederkunft Jesu Christen werden. Wir alle, die wir Jesus kennen und angenommen haben, sind mit in diesen beiden Bildern.

Die beiden Zeichnungen sehen identisch aus; sie stellen die gleichen Orte, die gleiche Zeit und die gleichen Personen dar. Jeder von uns ist im Laufe seines Lebens in beiden Bildern vertreten, mal in A, mal in B. Die beiden Bilder stellen nämlich die beiden verschiedenen Arten von Siegen dar, die Gotteskinder in ihrem Kampf gegen den Satan erringen können. Zeichnung A, die wir in diesem Kapitel untersuchen werden, die inmitten äußerlich unveränderter Umstände errungen werden. Der große Punkt links oben über der Zeichnung steht für Gott, der über Raum und Zeit steht und alle Menschen, die ihn lieben und ihm vertrauen, sieht. Der kleine Punkt steht für den Teufel, unseren »Ankläger«, wie er zu verschiedenen Zeiten unseres Lebens vor Gott tritt und sagt: »Der da/die da liebt dich doch gar nicht wirklich, Gott. Er/sie liebt nur seine/ihre Bequemlichkeit (Geld, Haus, Gesundheit usw.). Wenn ich ihm/ihr das und das antue, wird er/sie schleunigst aufhören, dich zu lieben.« Er klagt uns ganz individuell an: »Warte nur, was passiert, wenn ich Peter an Magenkrebs erkranken lasse!« – »Warte nur, was Anita tun wird, wenn ich ihr ihren Mann nehme!« usw.

Es ist genau wie bei Hiob. Der Satan will uns dazu bringen, gegen Gott aufzubegehren und verbittert zu werden, ihm das Vertrauen aufzukündigen. Und unsere Aufgabe besteht darin, diese Angriffe zu »überwinden«, abzuwehren. Es geht niemals nur um uns persönlich. Wir sind, jeder einzelne von uns, Fäden in dem großen Bildteppich Gottes, und Gott möchte, daß dieser Teppich makellos und vollständig wird, ohne Löcher und lose Fäden; der Teufel soll nicht sagen können: »Aber *das* hält kein Gotteskind aus, hier werden sie alle an Gott irre.«

Wir wissen, daß der Kampf eines Tages vorbei sein wird. Eines Tages wird der letzte Sieg errungen, der Bildteppich fertig sein. Eines Tages wird Satan nicht mehr vor Gott treten und uns anklagen können. Die Offenbarung des Johannes spricht von diesem großen Tag mit diesen Worten:

Und es wurde hinausgeworfen der große Drache, die alte Schlange, die da heißt:Teufel und Satan, der die ganzeWelt verführt, und er wurde auf die Erde geworfen, und seine Engel wurden mit ihm dahin geworfen. Und ich hörte eine große Stimme, die sprach im Himmel: Nun ist das Heil und die Kraft und das Reich unseres Gottes geworden und die Macht seines Christus; denn derVerkläger unserer Brüder ist verworfen, der sie verklagteTag und Nacht vor unserm Gott. Und sie haben ihn überwunden durch des Lammes Blut und durch das Wort ihres Zeugnisses und haben ihr Leben nicht geliebt, bis hin zumTod. (Offb 12,9-11)

Auf diesenTag dürfen wir uns freuen. Aber noch liegt er in der Zukunft, noch stehen wir im Heute, und die Aufgabe lautet hier: Überwinden durch das Blut des Lammes. Und »Überwinden«, das heißt eben: Satans Versuchungen widerstehen, uns nicht in Sünde ziehen lassen, nicht Gott anklagen oder verfluchen, nicht sagen:»Gott, das ist nicht fair!«

»Gott, das ist nicht fair!« – vielleicht lag das Petrus auf der Zunge, als Jesus nach seiner Auferstehung mit ihm sprach (Joh 21). Dreimal hatte Petrus beteuert, daß er Jesus liebhabe, und was tat Jesus? Er sagte ihm voraus, daß er den Märtyrertod sterben würde. Ob Petrus damit gerechnet hatte? Sein Kopf war doch voll von der Freude über Jesu Auferstehung, vom Sieg über den Tod, von der kommenden Herrlichkeit; gerade eben hatte er mit dem auferstandenen Herrn essen und reden dürfen. Nein, an Verfolgung und Leiden, geschweige denn an den Märtyrertod, dachte Petrus nicht. Sieg undTriumph – ja, aber doch nicht durch Leiden hindurch … Und Petrus wandte sich zu Johannes um und fragte Jesus:»Herr, was wird aber mit diesem?«Was wird er durch-machen? Oder wird er es besser haben als ich? Jesus antwortete ihm (und uns) sehr bestimmt:»Wenn ich will, daß er bleibt, bis ich komme, was geht es dich an? Folge du mir nach!« (Joh 21,23) Er sagte damit nicht, daß Johannes noch am Leben sein würde, wenn er (Jesus) wiederkäme, sondern einfach:»Selbst wenn ich wollte, daß er so lange lebt, was geht es dich an?«

Was Petrus zu tun hatte, war eben dies, und nur dies: Jesus folgen, ganz persönlich, auf dem Lebensweg, der speziell ihm,

Petrus, vorgezeichnet war und zu dem unter anderem der Märtyrertod gehörte. Dies war der Siegesweg, wie ihn *nur* Petrus gehen konnte. Denn Gott kennt keine Schablonen, ihm geht es immer um den einzelnen. Petrus konnte keine Kopie des Lebens des Johannes bekommen, weil kein Mensch eine Kopie ist, sondern ein Original. Jeder von uns ist ein Individuum, das einen ganz bestimmten Platz im Ablauf der Geschichte hat. Wir sind alle unendlich wichtig; unser Leben kann kein anderer leben, unseren Tod kein anderer sterben, unsere Freuden und Schmerzen niemand anderes haben – und unsere Siege kein anderer erringen. Satan greift uns einzeln an, und jeder von uns muß seinen eigenen Kampf durchstehen und ganz persönlich zu Gott rufen und ihn um Hilfe bitten. Der Sieg über den Satan besteht darin, daß jedes einzelne Gotteskind in seiner ganz persönlichen Situation an Gott festhält.

Als ich damals am Krankenbett von Herrn Van der Weiden saß, habe ich ihm diese Wahrheit ungefähr mit diesen Worten erklärt:

> Herr Van der Weiden, es gibt keinen Menschen, der in seinem Leben genau dasselbe erlebt und durchgemacht hat wie Sie. Kein anderer hat genau Ihr Geschäft, Ihren Gehirntumor, Ihre Frau und Ihre neun Kinder. Sie sind keine Nummer in den Statistiken, Sie sind für Gott ein Individuum, eine Person; Sie sind es aber auch für den Satan. Die nächsten Stunden und Tage sind vielleicht die wichtigsten Ihres ganzen Lebens, denn in ihnen werden Sie gegen die Versuchung kämpfen müssen, gegen Ihren frühen Tod aufzubegehren oder Gott anzuklagen. Gewinnen Sie diesen Kampf! Sagen Sie Gott, daß Sie ihm voll und ganz vertrauen und ihn lieben, auch jetzt! Das ist ein Sieg über den Teufel, den nur Sie erringen können.

Ich glaube, daß es (trotz aller Ähnlichkeiten, die es geben mag) keine zwei Menschen gibt, die genau den gleichen Lebensweg haben, exakt die gleichen Schwierigkeiten durchmachen müssen. Ich stelle mir vor, wie in unserem Bild A der Teufel zu Gott sagt: »Eine Frau, die alle ihre fünf Söhne im Krieg verliert, muß dir doch wohl das Vertrauen aufkündigen.« Und Gott antwortet:

»Nein, die fünf Söhne von Frau... sind alle im Ersten Weltkrieg gefallen, und sie hat *nicht* aufgehört, mir zu vertrauen.« Als nächstes sagt der Satan vielleicht: »Schön, aber ein junger Missionar, der gleich im ersten Jahr auf dem Missionsfeld seine Frau und sein Kind verliert, kann dich doch unmöglich weiter lieben.« Gott antwortet: »Genau das ist 1906 Peter... in Afrika passiert, und er ist mir treu geblieben.«

Der Teufel weiter: »Aber wenn es sich um eine Frau handelt, und ihr erstes Kind wird tot geboren, und drei Wochen später stirbt ihr Mann ...« Gottes Antwort: »Im Jahre 1896 hat Jessie Green ihr Kind und ihren Mann verloren, und was tat sie? Sie ging auf die Bibelschule und wurde eine große Chinamissionarin.« – »Dann nehmen wir an, in Kambodscha erlebt ein junger Mann, wie seine Eltern und Freunde gefoltert und getötet werden, der kann doch unmöglich ...« – »Ich kenne einen jungen Mann, dem es so gegangen ist, und er hält nach wie vor zu mir.« Der Teufel versucht es noch einmal: »Aber eine gläubige Frau, die einen Alkoholiker zum Mann hat und 15 Jahre nur Schläge von ihm bekommt?« Und Gott erzählt ihm von Frau..., die auch dadurch nicht an ihm irre geworden ist.

Lesen Sie diesen Abschnitt sorgfältig durch, und denken Sie über ihn nach: Der Tod Jesu am Kreuz und seine Auferstehung geben jedem, der an ihn glaubt, vollen Sieg – genauer gesagt, drei verschiedene Arten von Sieg. Erstens: Wenn ein Mensch, nachdem er seine Schuld vor Gott und den Erlösungstod Christi erkannt hat, Jesus Christus als seinen Heiland annimmt, bekommt er *Sieg über die Strafe für die Sünde.* Er braucht die Strafe nicht mehr zu bezahlen, denn Christus hat sie bezahlt. Zweitens (chronologisch betrachtet, drittens) bekommt er *Sieg über die Gegenwart der Sünde:* Einmal, nämlich dann, wenn wir im Himmel bei Gott sind, im ewigen Leben, werden wir völlig frei von jeder Sünde sein. Dort, wo wir dann sind, wird es buchstäblich keine Sünde geben. Dessen dürfen wir absolut gewiß sein, denn durch seinen Tod und seine Auferstehung hat Christus das, was Satan damals im Garten Eden zerstörte, wiederhergestellt. Und drittens (chronologisch gesehen, zweitens) ermöglicht Christus uns den *Sieg in unserem Alltagsleben,* in unserem Kampf gegen Satan hier und jetzt; und dies immer wieder, solange wir auf dieser Erde leben. Christi

Tod und Auferstehung geben uns wahrlich völligen Sieg: volle Vergebung und Rechtfertigung bei unserer Bekehrung, Eingang in die Herrlichkeit Gottes bei unserem Tod und Sieg über die Versuchungen Satans, der uns immer wieder von Gott abbringen und unser Vertrauen zerstören will.

»Sie haben ihn überwunden durch des Lammes Blut ...« Ich glaube, daß der Sieg über den Satan in jeder Hinsicht vollständig sein wird. Am Ende der Geschichte werden alle sehen können, daß der Tod Christi mehr als ausreichend war, daß es keine Situation gibt, die nicht durch das Blut des Lammes »überwunden« werden kann. Es wird im Himmel niemanden geben, der in seinem Leben als Christ perfekt war, der Gott wirklich jede Stunde und Minute vertraute und liebte. Jeder von uns geht Satan hin und wieder in die Falle, der eine öfter, der andere weniger oft. Aber ich glaube, es wird am Ende der Zeiten keine Art Not oder Leiden geben, die nicht von irgend jemandem in der Kraft des Blutes Christi siegreich durchgestanden worden ist. Unsere persönlichen Leiden haben eine ungeheure Bedeutung, denn die Not, mit der Satan uns heute schlägt, ist immer einmalig und unwiederholbar. Kein anderer hat sie durchgemacht oder wird sie noch durchmachen. Unsere Leiden sind genauso individuell wie wir selbst; kein anderer hat sie je in genau diesen Umständen und genau in dieser Zusammensetzung erlebt.

Einmalig, unwiederholbar. Merken wir etwas? *Wir sind Gott nicht egal.* Unsere so schwachen, begrenzten menschlichen Handlungen und Reaktionen, unsere Einstellungen und Gefühle, unsere Gedanken und Stoßgebete – *sie zählen.* Im Krankenbett und im Rollstuhl, in einer unglücklichen Ehe und im Gefängnis, als ausgebeuteter Schwerarbeiter und in einem ungerechten Prozeß, in körperlicher und seelischer Mißhandlung, mit dem vernichtenden Telegramm oder dem Todesurteil des Krebsarztes in der Hand – überall können wir für Gott kämpfen, ihm Freude machen, den Teufel besiegen. Überall, in absolut jeder Lage können wir flüstern: *Herr, ich verstehe das nicht, aber ich liebe dich und vertraue dir. Herr, hilf mir, jetzt durchzuhalten. Hilf mir, daß ich dir Ehre mache.*

Für mich ist dies die Entdeckung aller Entdeckungen: Gott ist also so gerecht und gütig, daß er jedem von uns Gelegenheit gibt, an seinem Sieg mitzuarbeiten. Wir dürfen mithelfen, den Teufel, den großen Zerstörer und Verräter und Ankläger, niederzuringen! Jeder von uns, jeder aus dem ganzen großen Volk Gottes aller Orte und Zeiten, darf dabei seinen ganz besonderen, persönlichen Beitrag leisten, und jeder Beitrag ist wichtig. Dies ist eine Wahrheit, die weit über jedes Verstehen und Begreifen geht. Aber Gott hat uns in seiner unbegreiflichen Güte in seinem Wort hier und da kleine Fenster der Offenbarung gegeben, läßt uns ein Stückchen hinter den Vorhang schauen, so daß wir wissen dürfen: Jawohl, selbst der allerletzte Sklave in dem allerunbekanntesten Straflager der Welt kann in dem himmlischen Kampf Siege bekommen, die die Welt aus den Angeln hebt.

Wir Menschen vermögen nicht zu beurteilen, wie »groß« oder wie »klein« die verschiedenen Siege sind. An dem großen Tag, an dem Gott die Gläubigen für ihre Arbeit in seinem Reich belohnen wird, werden wir uns sicher wundern, was bei Gott alles als »groß« und was als »klein« gilt. Es gibt keine Situation, keinen Wohnort, keinen Beruf, keinen Zustand, in denen wir nicht für Gott siegen können. Und niemand von uns weiß, wann und wo und wie in seinem Leben die größte und wichtigste Gelegenheit kommen wird, Gott zu vertrauen und in diesem Vertrauen den Satan zu besiegen. Krankheit, Operation, chronische Kopfschmerzen, Arbeitslosigkeit, Tod des Ehepartners, Naturkatastrophen, böse Nachbarn? Wir wissen es nicht im voraus. Die große Krise kann ohne jede Vorankündigung kommen, wie ein Dieb in der Nacht. Auf einmal ist sie da, sind wir gefordert, und nur Gott weiß, worum es geht – und der Teufel.

Es geht nicht darum, das »Größte« für Gott zu tun (oder auch das »Demütigste«). Es geht darum, einfach treu den Weg zu gehen, auf dem Gott uns haben will, und stets nach seinem Willen zu fragen. Mit welchem Pfeil uns Satan als nächstes beschießen wird und wie spitz dieser Pfeil ist, das können wir nicht voraussehen. Manchmal erkennen wir überhaupt nicht, daß er uns angreift – und wie wichtig es ist, daß wir ihn besiegen.

Aber wie geheim und unbemerkt der Kampf auch sein mag, es ist ein Kampf vor Zuschauern. Wie viele Zuschauer es sind und wie oft sie uns beobachten, erfahren wir nicht, aber die Bibel sagt uns, daß es diese Zuschauer gibt. Wir lesen im Hebräerbrief:

Darum auch wir: Weil wir eine solche Wolke von Zeugen um uns haben, laßt uns ablegen alles, was uns beschwert, und die Sünde, die uns ständig umstrickt, und laßt uns laufen mit Geduld in dem Kampf, der uns bestimmt ist, und aufsehen zu Jesus, dem Anfänger und Vollender des Glaubens. (Hebr 12,1-2)

»Eine Wolke von Zeugen« – man kann sich das als eine Art Sportstadion vorstellen, wo wir über die Aschenbahn laufen und die Zuschauer diejenigen sind, die den Wettlauf bereits hinter sich haben und nun sehen wollen, ob die, die nach ihnen starten, es auch schaffen. Das »Darum« zu Beginn des Satzes knüpft ganz offenbar an das vorangehende Kapitel 11 des Hebräerbriefes an, und gerade dieses Kapitel paßt hervorragend zu meinen beiden Bildern A und B – oder genauer gesagt: Diese Bilder entstanden in mir, als ich dort am Bett von Herrn Van der Weiden stand und an Hebräer 11 denken mußte. Dieses Kapitel gibt die bekannte Liste der »Glaubenshelden« des Alten Testamentes:

Durch den Glauben hat *Abel* Gott ein besseres Opfer dargebracht als Kain; deshalb wurde ihm bezeugt, daß er gerecht sei . . . Durch den Glauben wurde *Abraham* gehorsam, als er berufen wurde, in ein Land zu ziehen, das er erben sollte; und er zog aus und wußte nicht, wo er hinkäme. ... Durch den Glauben gingen sie durchs Rote Meer wie über trockenes Land; das versuchten die Ägypter auch und ertranken. Durch den Glauben fielen die Mauern Jerichos, als Israel sieben Tage um sie herumgezogen war. Durch den Glauben kam ihre Hure *Rahab* nicht mit den Ungehorsamen um, weil sie die Kundschafter freundlich aufgenommen hatte. Und was soll ich noch mehr sagen? Die Zeit würde mir zu kurz, wenn ich erzählen sollte von Gideon und Barak und Simson und Jeftah und David und Samuel und den Propheten. Diese haben durch den Glauben Königreiche bezwungen, Gerechtigkeit geübt, Verheißungen erlangt, Löwen den Rachen gestopft, des Feuers Kraft ausgelöscht, sind der Schärfe des Schwertes entronnen, aus der Schwachheit zu Kräften gekommen, sind stark geworden im Kampf und haben fremde Heere in die Flucht geschlagen. Frauen haben ihre Toten durch Auferstehung wiederbekommen. (Hebr 11,4.8. 29-35)

Eine eindrucksvolle Liste. Ist Glaube an Gott also etwas, das spektakuläre Hilfe und Rettung bringt, Hindernisse beseitigt, Gefängnistüren öffnet, den sicheren Tod verhindert? Ist Glaube überall dort, wo durch Beten die Umstände schlagartig besser werden, und ist es mithin Unglaube, wenn sie gleichbleiben oder gar noch schlimmer werden? Nun, die Liste aus Hebräer 11 ist noch nicht zu Ende. Sie geht ohne Pause so weiter:

> Andere aber sind gemartert worden und haben die Freilassung nicht angenommen, damit sie die Auferstehung, die besser ist, erlangten. Andere haben Spott und Geißelung erlitten, dazu Fesseln und Gefängnis. Sie sind gesteinigt, zersägt, durchs Schwert getötet worden; sie sind umhergezogen in Schafpelzen und Ziegenfellen; sie haben Mangel, Bedrängnis, Mißhandlung erduldet. Sie, deren die Welt nicht wert war, sind umhergeirrt in Wüsten, auf Bergen, in Höhlen und Erdlöchern. Diese alle haben durch den Glauben Gottes Zeugnis empfangen . . . (Hebr 11,35-39)

Auch das ist also Glaube: Feststehen mitten im Leiden, ohne verbittert zu werden; vor Gott, vor den Engeln, vor dem Satan und wem auch immer zeigen, daß man Gott liebt und auf ihn vertraut, wie schlimm die Not auch sein und wie lange sie auch dauern mag.

Ich glaube, wenn es in der Bibel heißt, daß Gottes Gnade ausreicht für uns, daß Christi Blut uns Sieg gibt im Kampf gegen den Satan, dann ist das nicht bloß eine Erklärung für die Theologen, sondern etwas, was sich im ganz realen Lebensalltag bewahrheitet. Die Kraft Christi *kann* uns nicht nur durch jede Lage hindurchtragen, ohne daß wir Gott zu lästern beginnen, sie tut es tatsächlich, sie hat es gestern getan, sie tut es heute, sie wird es morgen tun. Die vielen einzelnen Lebensschicksale in meinem Bild A, die zahllosen Beispiele dafür, wie Menschen trotz allem an Gott festhielten, bilden zusammen einen überwältigenden Gegen-

70

beweis gegen Satans Anklage, einen totalen Sieg. Der Teufel wird am Ende der Zeiten buchstäblich nichts finden können, wofür die Gnade Gottes nicht mindestens bei einem Menschen ausreichend gewesen ist.

Ich stelle mir vor, daß es im Himmel vielleicht so etwas wie ein Museum gibt, ein »Siegesmuseum«, in dem alle Siege ausgestellt sind, die im Laufe der gesamten menschlichen Geschichte von Menschen über den Teufel errungen wurden. Wie diese Ausstellung aufgebaut ist, weiß ich nicht, aber auf jeden Fall wird sie ganz anschaulich darstellen, wie vollkommen der Sieg Christi ist und wie es Satan nicht gelungen ist, die Kinder Gottes in ihrer Liebe zum Vater irrezumachen. In Römer 8,35-39 lesen wir, daß uns nichts von der Liebe Gottes zu uns trennen kann. Nun, in jenem Museum wird bewiesen werden, daß das Gegenteil ebenso gilt: daß nichts Gott von unserer Liebe zu ihm trennen kann, daß wir es nicht nötig haben, mit unserem Vertrauen zu Gott aufzuhören, egal in welcher Situation wir gerade stecken. Natürlich wird niemand von uns Gott in absolut jeder Lage vollkommen lieben und vertrauen, aber der eine wird in der einen, der andere in der anderen Art von Situation die Probe bestehen.

Wer will uns scheiden von der Liebe Gottes? Trübsal oder Angst oder Verfolgung oder Hunger oder Blöße oder Gefahr oder Schwert? wie geschrieben steht: »Um deinetwillen werden wir getötet den ganzen Tag; wir sind geachtet wie Schlachtschafe.« Aber in dem allen überwinden wir (den Satan) weit durch den, der uns geliebt hat. Denn ich bin gewiß, daß weder Tod noch Leben, weder Engel noch Mächte noch Gewalten, weder Gegenwärtiges noch Zukünftiges, weder Hohes noch Tiefes noch keine andere Kreatur uns scheiden kann von der Liebe Gottes, die in Christus Jesus ist, unserm Herrn. (Röm 8,35-39)

Wenn wir diese Verse lesen, dürfen wir beten: »Danke, Herr, daß keines von diesen Dingen mich von dir trennen kann«, aber auch: »Bitte, Herr, hilf mir, dir treu zu bleiben, wenn diese Dinge in meinem Leben kommen. Hilf mir, Satan zu widerstehen.«

Und zusammen mit Römer 8,35-39 dürfen wir auch wieder Offenbarung 12,10-11 lesen: »Denn der Verkläger unserer Brüder ist verworfen, der sie verklagte Tag und Nacht vor unserm Gott. Und sie haben ihn überwunden durch des Lammes Blut und durch das Wort ihres Zeugnisses und haben ihr Leben nicht geliebt, bis hin zum Tod.«

Es wird riesig sein, dieses Museum, und wir werden nicht aufhören, über die Kraft des Blutes des Lammes zu staunen, wenn wir durch seine Säle gehen. Wir werden nicht nur die Leiden und Siege Hiobs und Jeremias und Davids und Josephs dort sehen, wir werden zum Beispiel auch endlich herausfinden, was der berühmte »Pfahl im Fleisch« war, der Paulus so plagte. Wir kennen ja die Stelle in 2. Korinther 12, wo Paulus von seiner Vision des Paradieses spricht und anschließend fortfährt:

> Und damit ich mich wegen der hohen Offenbarungen nicht überhebe, ist mir ein Pfahl ins Fleisch gegeben, nämlich der Engel des Satans, der mich mit Fäusten schlagen soll, damit ich mich nicht überhebe. Seinetwegen habe ich dreimal zum Herrn gefleht, daß er von mir ablassen möge. Aber er hat zu mir gesagt: Laß dir an meiner Gnade genügen; denn meine Kraft ist in den Schwachen mächtig. Darum will ich mich am allerliebsten meiner Schwachheit rühmen, damit die Kraft Christi in mir wohnt. (2 Kor 12,7-9)

Paulus, der schon wahrlich mehr als genug Leiden durchgemacht hat, bekommt also irgendeine Krankheit, die ihn förmlich zu Gott schreien läßt. Dreimal fleht er ihn an, ihn doch zu heilen, diese Geißel wegzunehmen, ihm Erleichterung zu geben. Aber das Leiden bleibt. Ja, hat Paulus vielleicht nicht genügend Glauben gehabt? Haben die anderen nicht genug für ihn gebetet? Hat irgend jemand irgend etwas falsch gemacht, so daß Gott das Gebet gar nicht gehört hat?

Nein, hundertmal nein! Gerade in dieser Situation des Paulus entstand einer der trostreichsten Sätze in der ganzen Bibel, ein Satz, der sowohl eine Feststellung als auch eine Verheißung ist und für den wir gar nicht genug danken können. »Laß dir an meiner

Gnade genügen; denn meine Kraft ist in den Schwachen mächtig«
– das ist für Paulus keine Notlösung, keine »zweite Wahl«, sondern
eine vollwertige Antwort auf sein Gebet. Sie ist für ihn nicht
weniger »wunderbar«, als eine Heilung es gewesen wäre. In
gewissem Sinne ist sie sogar das größere Wunder, kann Paulus
doch *mit* seiner Krankheit Gottes Kraft auf eine Weise demonstrieren, wie er es ohne sie nicht gekonnt hätte: »Darum bin ich
guten Mutes in Schwachheit, in Mißhandlungen, in Nöten, in Verfolgungen und Ängsten, um Christi willen; denn wenn ich schwach
bin, dann bin ich stark« (Vers 10).

Den »Pfahl« nicht weggenommen bekommen, aber genügend
Gnade und Kraft erhalten, um mit ihm leben zu können – das ist
das Siegesprinzip in unserer Zeichnung A. Der Sieg, den Paulus
hier bekam, war einer der wichtigsten seines ganzen Lebens. Wir
wissen, daß er diese Art Sieg buchstäblich bis zu seinem Tod wie-
derholen durfte: Er starb als Märtyrer (wahrscheinlich wurde er
geköpft).

Welchen Preis zahlte Jesus, um uns solche Siege zu ermöglichen? War es sein Leiden und Sterben am Kreuz? Ja, das auch;
aber gehen wir doch für einen Augenblick zurück zu einer Szene
im Garten Gethsemane. Dort machte Jesus – in geballter Form –
genau das durch, was wir durchmachen, wenn wir spüren, daß das
gefürchtete Unglück uns nicht erspart bleibt, daß Gott es uns nicht
wegnimmt. Er erlebte dort bis in die letzten Tiefen, wie es ist,
wenn man vor Angst nicht aus noch ein weiß, wenn man am liebsten weit wegrennen oder sich verstecken möchte und es doch
nicht kann, wenn die Verzweiflung vor dem Unausweichlichen
einen lähmen will. Es war ein echter, schmerzhafter Kampf für
Jesus, kein Schattenfechten. Sein Schweiß wurde wie Blut, und
dreimal flehte er seinen Vater an: »Wenn es möglich ist, dann laß
diesen Kelch an mir vorübergehen. Erspare mir dieses Leiden,
bitte!« In einem anderen Buch habe ich diese Worte so wiedergegeben: »Vater, gibt es denn keine andere Möglichkeit, sie zu
erlösen?« Ich glaube, daß Jesus hier eben diese Frage stellte, die
so vielen durch den Kopf geht: Gibt es nicht doch verschiedene
Wege zum Heil?

Es gibt nur einen Weg, und Jesus mußte ihn gehen, mußte die
Qualen und den Hohn der Verhöre, der Schläge, der Kreuzigung

auf sich nehmen. Er mußte erfahren, wie es ist, wenn die Antwort Gottes lautet:»Geh weiter, es gibt keinen anderen Weg.« Er tat dies, damit wir Vergebung der Sünde und ewiges Leben bekämen, aber auch, damit wir in *unserer* Schwachheit durch *seine* Kraft weitergehen und Gott treu bleiben können. Jesus hat den Satz »Laß dir an meiner Gnade genügen; denn meine Kraft ist in den Schwachen mächtig« möglich gemacht.

Er mußte dazu nicht nur die Qual der Kreuzigung und der Gottesferne durchmachen, sondern sich auch das sarkastisch-herausfordernde »Komm doch einfach herunter vom Kreuz, beweise uns, daß du Gottes Sohn bist!« der Spötter anhören. Eine schlimmere Versuchung hätte es für ihn in dieser Stunde wohl kaum geben können. Es ist eine ganz typische Versuchung, die der Teufel in abgewandelter Form auch bei leidgeprüften Christen anwendet. »Was, arbeitslos? Wie kann einem Kind Gottes so was passieren?« hören wir, oder: »Was, mitten im Urlaub ins Krankenhaus, weil der Blinddarm fast durchgebrochen ist? Kann Gott denn nicht besser für seine Kinder sorgen?« Oder: »Wie konntest du bloß ein mongoloides Kind bekommen? Kannst du nicht einfach beten, daß es geheilt wird? Du bist doch ein Christ!«

»Beweise es, daß du ein Christ bist, beweise es!« rufen tausend Stimmen. »Beweise es, daß du Gottes Sohn bist!« riefen sie Jesus zu. O ja, er hätte vom Kreuz herabsteigen, hätte Legionen von Engeln herbeirufen können, und die Leute wären ihm zu Füßen gefallen. Aber – das Ergebnis wäre die furchtbarste Niederlage der Geschichte gewesen. Die Errettung der Menschen, der Sieg über den Tod wäre unmöglich geworden. Jeder Gläubige vom Alten Testament bis in die letzten Tage der Erde hätte umsonst geglaubt.

Wenn *wir* der Versuchung, dem Leiden auszuweichen, nachgeben, wenn *wir* auf spektakuläre »Glaubenszeichen« setzen, statt Gott nach seinem Willen zu fragen und seine Kraft in unserer Schwachheit anzunehmen, ist auch das eine Niederlage – sicherlich eine unendlich kleinere, als es bei Jesus der Fall gewesen wäre, aber immer noch eine Niederlage. Wir leben und sterben nicht in einem Vakuum. Unsere Taten und Entscheidungen haben Auswirkungen. Wir sind wie Steine, die ins Wasser geworfen werden und weite und immer weitere Kreise ziehen. Gewiß, wir haben Gottes Vergebung, wir dürfen immer wieder neu anfangen, aber unsere

Sünden und unser Ungehorsam haben Folgen. Es ist sehr wichtig, das ganze Problem des Leidens auch unter diesem Gesichtspunkt zu sehen. Lassen wir die Antwort, die Gott uns im stillen Kämmerlein auf unser Gebet gegeben hat, nicht in dem lauten Rufen unserer Mitmenschen nach Wundern und »Beweisen« untergehen. Wenn Gott tatsächlich unseren »Pfahl im Fleisch« entfernt, dann sollen wir das dankbar und anbetend annehmen. Aber wenn er uns nicht von dem Pfahl befreit, uns jedoch genügend Kraft gibt, ihn zu tragen, Tag für Tag, Augenblick für Augenblick, dann sollen wir wie Jesus antworten: »Dein Wille geschehe; nicht wie ich will, sondern wie du willst.« – Und welches ist wohl der größere Sieg?

Ja, eines Tages werden wir es wissen, wo die größten Schlachten gewonnen wurden, die größten Wunder geschahen. Jeder von uns hat Zugang zu jenem »Museum im Himmel«, jeder kann siegen.

1950 kam Professor Wong aus China nach England. Er wollte an der Universität Cambridge studieren und anschließend wieder zurück an seine Universität in China gehen. Es war das Jahr der kommunistischen Machtübernahme, und Professor Wong sollte sein ganzes Leben lang nicht mehr in sein Heimatland zurückkommen, nie mehr seine Frau und seine Tochter sehen. Es war ein furchtbarer Schock, als er erfuhr, daß der Weg in die Heimat versperrt war und daß man seine Frau und seine Tochter wegen ihres Glaubens in ein Konzentrationslager gesteckt hatte. Nun, aus Professor Wong wurde Pastor Wong, und er begann in London eine winzige chinesische Gemeinde aufzubauen, die im Laufe der Jahre ein beachtliches Wachstum erlebte. Viele, viele Chinesen lernten hier die Wahrheit kennen, erlebten Gott und wurden Christen. Ohne Pastor Wong hätten sie vielleicht nie das Evangelium gehört. Auch in Paris und anderen europäischen Städten entstanden chinesische Gemeinden.

Als ich einmal mit Pastor Wong sprach, sagte er mir, daß es jetzt 20 Jahre her sei, daß er zum letzten Mal seine Frau gesehen habe. Sie war immer noch im Gefängnis, und ganz selten einmal, buchstäblich alle paar Jahre, bekam er ein Lebenszeichen von ihr. Aber sie vertraute und liebte Gott immer noch, lebte Stunde um Stunde aus seiner Kraft. Die Gefängnismauern konnten ihre Gebete nicht einsperren, und sie konnten auch nicht verhindern, daß die Gnade Gottes zu ihr kam und ihr genügend Kraft gab in Schmerzen,

Krankheit, Hunger, Einsamkeit. Das Gefängnis konnte sie nicht daran hindern, Satan zu besiegen und ihrem Herrn Freude und Ehre zu bringen, immer und immer wieder. Wer kann sagen, wieviel ihre Gebete für ihren Mann und seine Arbeit bewirkten (auch wenn sie überhaupt nicht wußte, was er tat)? Wer außer Gott weiß, welches ihr größter Glaubensakt war? Ist es nicht gewaltig, wie Gotteskinder durch dicke Gefängnismauern hindurch den Arm Gottes bewegen und über Tausende Kilometer hinweg Menschen, die sie erst im Himmel kennenlernen werden, zum Segen werden können? Wie unendlich gütig und fair ist Gott doch!

Wer hat wohl in jenen 20 Jahren die größeren Gelegenheiten bekommen, Gott zu dienen? Herr Wong, der trotz Einsamkeit und Trauer und Heimweh Tag für Tag Gott diente und sein Werkzeug in London war – oder Frau Wong, die im Gefängnis saß und betete, vielleicht anderen Gefangenen helfen konnte und durch bloßes Gottvertrauen unzählige Schlachten gewann? Wir wissen es nicht.

Nein, es gibt keinen Augenblick in unserem Leben, wo wir wirklich sagen können: »Jetzt kann ich nichts mehr tun.« Egal in welcher Lage Sie und ich jetzt sind, wir können Satan besiegen und Gott Ehre bringen. Wie? Erstens dadurch, daß wir ihm zuflüstern: »Ich liebe dich und vertraue dir« und ihn bitten, diese Liebe und das Vertrauen noch zu vermehren. Und zweitens dadurch, daß wir sagen: »Nicht mein Wille geschehe, sondern deiner« – auch jetzt, in *diesem* Augenblick, *dieser* Angst, *dieser* Nervenkrise, in *diesem* Gefängnis, *diesem* Rollstuhl, *diesem* Unfall, in *dieser* Enttäuschung, in *dieser* unaufgeräumten Küche, *diesem* Alltagsgrau, *dieser* unerträglichen Hektik. Wie immer unser »Jetzt« auch aussieht, unsere Gelegenheit, Gott zu dienen und zu verherrlichen, ist nicht »nachher«, nicht »wenn dies überstanden ist« – sondern jetzt!

Das Museum im Himmel: Saal B

Gehen wir nun zur zweiten Abteilung des himmlischen Museums über, zu meinem Bild B. Wie schon gesagt, es stellt die gleichen Personen und Situationen dar wie Bild A: alle Gotteskinder aller Orte und Zeiten. Und wieder stellt der große Punkt Gott dar und der kleine Satan. Was ist also der Unterschied zu Bild A?

Zum Sieg Jesu Christi am Kreuz gehört auch die Wiederherstellung der Gemeinschaft zwischen Gott und seinen Kindern, die durch den Sündenfall so gründlich zerstört worden war. Es muß herrlich gewesen sein, wenn Adam und Eva in der Abendkühle des Gartens Eden, inmitten einer perfekten Sinfonie aus Blüten, Blättern, Wasser und Vogelgesang, ohne Tod und Krankheit, ohne Waldsterben und Ungeziefer, mit Gott sprachen. Wir können uns das gar nicht vorstellen. Aber noch weniger können wir uns vorstellen, wie es sein wird, wenn Jesus zurückgekommen ist und wir in einem neuen Himmel und auf einer neuen Erde in der vollkommenen, ungebrochenen Gegenwart Gottes leben dürfen. Wir werden noch darüber staunen, wie »dunkel« und trübe der »Spiegel« (1 Kor 13,12) unserer Vorstellung vom Himmel gewesen ist. Diese neue, perfekte Gemeinschaft mit Gott in der Ewigkeit hat uns Jesus am Kreuz erkauft. Und gewissermaßen als Vorgeschmack auf sie bekommen wir jetzt, in diesem Leben schon, einen Zugang zum Vater. Alle, die Jesus als ihren Erlöser und Herrn angenommen haben, bekommen durch die Kraft des Heiligen Geistes, der ihnen gegeben wird, eine offene Tür zu Gott, können jederzeit mit allem, was ihnen auf dem Herzen liegt, zu Gott kommen und mit ihm darüber reden.

Die Zeichnungen A und B sind *beide* Demonstrationen dieses Zugangs zu Gott. Beide sind gleich wichtig. Beide stellen Menschen dar, die in ihrer Not zu Gott beten. Worin sie sich unterscheiden, sind die Antworten, die Gott gibt. In Bild A lautet die Antwort: »Warte!« Oder: »Vertraue mir einfach« oder: »Meine Gnade ist genug für dich; ich werde dir meine Kraft geben, aber deine Not wird äußerlich unverändert bleiben.« In Bild B besteht die Antwort darin, daß Gott die Not beseitigt. Beide Bilder sind Demonstrationen des Sieges, den Christus am Kreuz für uns errungen hat: A beweist, daß keine Not so schwer ist, daß wir in ihr nicht – in der Kraft, die Jesus uns gibt – an Gott festhalten könnten. B beweist, daß keine Not so schwer ist, daß Gott sie nicht beseitigen könnte; Gott ist nichts unmöglich, keine Bitte seiner Kinder ist ihm zu schwer.

Ich glaube, daß es keine Situation in Bild A gibt, die nicht in Bild B ihr genaues Gegenstück hat. Wo Gott dem Teufel einen Menschen zeigen kann, der bis zum letzten Atemzug in ungebrochener Liebe durch eine Steinigung ging, da kann er ihm gleichzeitig einen anderen zeigen, auf den genauso viele Steine herabgeprasselt sind – aber der die Steinigung unverletzt überstand. Wo eine Frau jahrzehntelang unter einem alkoholsüchtigen und gewalttätigen Mann leiden mußte und doch nicht bitter wurde gegen Gott, da durfte eine andere es erleben, wie ihr Mann zum Glauben an Jesus Christus fand und seinen Lebenswandel völlig änderte. Wo ein Familienvater an Krebs starb, wurde ein anderer auf seine Gebete hin geheilt. Und sehr wahrscheinlich gab es zur Zeit des Paulus jemanden, der den gleichen »Pfahl im Fleisch« hatte wie er – und davon befreit wurde (vielleicht, weil Paulus für ihn betete). Gottes Allmacht ist ja keine graue Theorie. Unsere Gebete können seinen Arm bewegen, Berge versetzen, den Lauf der Geschichte ändern. Christi Verheißung: »Alles, was ihr bitten werdet in meinem Namen, das will ich tun« (Joh 14,13) ist kein frommer Wunsch, sondern Realität.

»Alles, was ihr bitten werdet, das will ich tun« – an dieser Stelle stolpern wir vielleicht. Heißt das denn nicht, daß Gott buchstäblich alle unsere Bitten, die wir im Laufe unseres Lebens stellen, erfüllt; daß er uns von jeder Not befreit, die uns unerträglich erscheint? Ich glaube, nein. Denn erstens ist, wie wir schon gesehen haben, die »Kraft, die in den Schwachen mächtig ist«, kein geringeres Wunder als zum Beispiel eine Krebsheilung. Und zweitens scheint mir, daß das »Alles« nicht bedeutet, daß Gott *immer* die widrigen Umstände entfernt und uns *nie* die Antwort gibt: »Laß dir an meiner Gnade genügen.« Das »Alles« ist vielmehr gleichsam als Querschnitt zu verstehen durch sämtliche

Gebete aller Gotteskinder, an allen Orten und zu allen Zeiten. Am Ende der Weltgeschichte wird es feststehen, daß es buchstäblich keine Situation, keine Not, keine Katastrophe gibt, aus der Gott nicht retten kann. Aber es wird eben auch feststehen, daß es keine Situation gibt, durch die er nicht (bei äußerlich unveränderten Umständen) hindurchtragen kann. Der Sieg Christi wird vollständig sein – nicht in dem Sinne, daß wir Satan nie in die Falle gegangen wären, uns nie vom »Engel des Lichts« hätten blenden lassen, aber in dem Sinne, daß jede der Angriffsstrategien des Teufels irgendwo, in mindestens einem Menschenleben, abgewehrt worden ist. Bei all unserer Unvollkommenheit – Satan verliert, Jesus Christus siegt. Und er siegt eben auf jene beiden Arten. Wir alle sind in beiden Abteilungen des Museums vertreten; keiner von uns ist nur in Abteilung A oder nur in B. Jeder von uns erlebt es, wie sein Gebet Berge versetzt, aber auch, wie Berge bleiben und er sich an Gottes Gnade »genügen« lassen muß. Jeder geht in seinem Leben durch eine ganz persönliche, individuelle Kombination dieser beiden Arten von Gebetserhörung.

Wir können viel lernen aus dem Leben des Propheten Jeremia. Jeremia wußte, daß Gott nichts unmöglich ist:

> Und des Herrn Wort geschah zu Jeremia: Siehe, ich, der Herr, bin der Gott alles Fleisches, sollte mir etwas unmöglich sein? (Jer 32,26-27)
> (Jeremia betet:) Ach, Herr Herr, siehe, du hast Himmel und Erde gemacht durch deine große Kraft und durch deinen ausgereckten Arm, und es ist kein Ding vor dir unmöglich. (Jer 32,17)
> Und des Herrn Wort geschah zu Jeremia zum zweitenmal, als er noch im Wachthof gefangen war: So spricht der Herr, der alles macht, schafft und ausrichtet – Herr ist sein Name –: Rufe mich an, so will ich dir antworten und will dir kundtun große und unfaßbare Dinge, von denen du nichts weißt. (Jer 33,1-3)

Kein anderer Prophet des Alten Testaments mußte mehr Widerstand, Spott und Verfolgung erleben als Jeremia. Und gerade diesem Mann (und durch ihn uns) gab Gott diese mutmachenden

Worte – Worte, die uns direkt hinführen zu dem »Alles, was ihr mich bitten werdet …« Jesu Christi. Und Jeremia glaubte Gott. Er glaubte auch die folgende Verheißung, obwohl er ihre Erfüllung nicht mehr zu seinen Lebzeiten sehen sollte:

> So spricht der Herr: An diesem Ort, von dem ihr sagt: »Er ist wüst, ohne Menschen und Vieh« … wird man dennoch wieder hören den Jubel der Freude und Wonne, die Stimme des Bräutigams und der Braut und die Stimme derer, die da sagen: »Danket dem Herrn Zebaoth; denn er ist freundlich, und seine Güte währet ewiglich«, wenn sie Dankopfer bringen zum Hause des Herrn. Denn ich will das Geschick des Landes wenden, daß es werde, wie es am Anfang war, spricht der Herr. (Jer 33,10-11)

Was für eine gewaltige Hoffnung! Aber was lesen wir kurz darauf (Kapitel 38,6)? »Da nahmen sie Jeremia und warfen ihn in die Zisterne Malkias, des Königssohnes, die am Wachthof war, und ließen ihn an Seilen hinab. In der Zisterne aber war kein Wasser, sondern Schlamm, und Jeremia sank in den Schlamm.« Man muß sich das einmal ganz plastisch vor Augen führen: Schlamm, Dreck, Gestank, kein Trinkwasser, nichts zu essen, Schmerzen, Einsamkeit, Dunkelheit – unerträglich, fast wie bei Hiob. Kein Wunder, daß Jeremia in schwerste Depressionen und Kämpfe kommt, daß er nahe daran ist, aufzugeben. Es ist ein Kampf nicht unähnlich dem, den später Jesus im Garten Gethsemane hatte. Wir lesen in Jeremias Klageliedern:

> Ich bin der Mann, der Elend sehen muß durch die Rute des Grimmes Gottes. Er hat mich geführt und gehen lassen in die Finsternis und nicht ins Licht. Er hat seine Hand gewendet gegen mich und erhebt sie gegen mich Tag für Tag. Er hat mir Fleisch und Haut alt gemacht und mein Gebein zerschlagen. (Kla 3,1-4)
> Meine Seele ist aus dem Frieden vertrieben; ich habe das Gut vergessen. Ich sprach: Mein Ruhm und meine Hoffnung auf den Herrn sind dahin. Gedenke doch, wie ich so elend und verlassen, mit Wermut und Bitterkeit getränkt

bin! Du wirst ja daran gedenken, denn meine Seele sagt mir's. (Kla 3,17-20)

Können wir Jeremia das nachfühlen? Ist uns manchmal auch so elend zumute, daß wir die guten Zeiten buchstäblich vergessen? Ist um uns alles dunkel und unsere Hoffnung wie eine Kerzenflamme, die gerade verlöschen will? Können wir schon fast nicht mehr glauben, daß Gott Gebete erhört? Oder haben wir gar Angst, daß wir vielleicht gar nicht zu Gott gehören, weil doch ein Gotteskind nicht solche Depressionen, solch einen Gefühlstumult haben kann? Dann sollten wir das Buch Jeremia und die Klagelieder lesen.

Vergessen wir nicht, wer Jeremia war. Er war eine der größten Gestalten der biblischen Geschichte. Er hatte die Aufgabe, einem sündigen und störrischen, falschen Propheten und heidnischen Religionen ergebenen Volk Gottes Wahrheit und Gottes Gericht zu verkündigen. Er war der Mann, dem Gott sagte: »Ich kannte dich, ehe ich dich im Mutterleibe bereitete, und sonderte dich aus, ehe du von der Mutter geboren wurdest, und bestellte dich zum Propheten für die Völker.« (Jer 1,5) Und als er erwiderte, daß er doch nicht reden könne und viel zu jung sei, legte Gott seine Worte in seinen Mund und versprach ihm, immer bei ihm zu sein. Alles, was Gott ihm auftrug, sollte er mutig weitersagen, vor nichts und niemandem sollte er sich fürchten.

Und jetzt liegt er hilflos in dem ausgetrockneten Brunnen. Sehen wir den Kampf? Spüren wir die Wucht, mit der Satan ihn angreift? Hören wir, wie er ihm einflüstert: »Na, wo ist denn jetzt dein Gott?« Es ist etwas Tröstliches in der Offenheit, mit der Gottes Wort uns zeigt, wie selbst ein Jeremia dem Verzweifeln nahe war.

Aber Gott läßt ihn nicht in der Verzweiflung. Er erinnert ihn an seine Verheißungen und daran, wie er ihm in der Vergangenheit geholfen hat. Er schenkt es, daß Jeremia von seiner Not weg- und auf Gottes Durchtragen, seine Gnade und Macht und sein Erbarmen hinschauen kann. Denn so geht es nach seinem Verzweiflungsruf in Klagelieder 3 weiter:

Dies nehme ich zu Herzen, darum hoffe ich noch: Die Güte des Herrn ist's, daß wir nicht gar aus sind, seine

Barmherzigkeit hat noch kein Ende, sondern sie ist alle Morgen neu, und deine Treue ist groß. Der Herr ist mein Teil, spricht meine Seele; darum will ich auf ihn hoffen. Denn der Herr ist freundlich dem, der auf ihn harrt, und dem Menschen, der nach ihm fragt. Es ist ein köstlich Ding, geduldig sein und auf die Hilfe des Herrn hoffen ... Denn der Herr verstößt nicht ewig; sondern er betrübt wohl und erbarmt sich wieder nach seiner großen Güte. Denn nicht von Herzen plagt und betrübt er die Menschen. (Kla 3,21-26.31-33)

»Seine Barmherzigkeit ist alle Morgen neu ...« Das ist einer der »goldenen« Bibelverse. Wir kennen ihn aus Andachten, Liedern und schön verzierten Spruchkarten. Aber haben wir schon gewußt, in welcher Situation Jeremia ihn prägte? In dieser äußersten Verlassenheit, ohne sichtbare Aussicht auf Rettung, ohne Morgensonnenschein und Vogelgesang. Hier spricht nicht jemand, der es so gut und herrlich hat, daß er Gott einmal so richtig danken muß, sondern jemand, der sich in schwärzester Not an Gottes Treue und Macht und Verheißungen erinnert und trotz aller Widrigkeiten an Gottes Sieg glauben kann (ähnlich wie später Paulus und Silas in dem Gefängnis in Philippi).

Im gleichen Kapitel der Klagelieder finden wir dann Jeremias Gebet um Rettung und die Gewißheit, daß Gott ihn erhört:

Sie haben mein Leben in der Grube zunichte gemacht und Steine auf mich geworfen. Wasser hat mein Haupt überschwemmt; da sprach ich: Nun bin ich verloren. Ich rief aber deinen Namen an, Herr, unten aus der Grube, und du erhörtest meine Stimme: »Verbirg deine Ohren nicht vor meinem Seufzen und Schreien!« Du nahtest dich zu mir, als ich dich anrief, und sprachst: Fürchte dich nicht! Du führst, Herr, meine Sache und erlösest mein Leben. (Kla 3,53-58)

Und Gott erhört ihn tatsächlich. In Jeremia 38, 7-13 lesen wir, wie Ebed-Melech beim König wegen Jeremia vorstellig wird und daraufhin zusammen mit drei Helfern den Propheten aus der Zisterne ziehen kann.

Jeremia hat, wie Paulus, in seinem Leben viele Gebetserhörungen und viele klare Führungen Gottes erlebt. Aber (ebenfalls wie Paulus) er hat auch bis zu seinem Lebensende immer wieder Verfolgung und Kampf erlebt. Nach seiner Befreiung aus der Zisterne blieb er bis zum Fall Jerusalems imWachthof des Palastes gefangen. Dann wurde er nach Ägypten verschleppt, wo er weiter Gottes Gericht predigte und schließlich dafür den Märtyrertod erlitt. Nach einer Überlieferung wurde er gesteinigt, nach einer anderen lebendig zersägt. Wie es in Hebräer 11,37 heißt:»Sie sind gesteinigt, zersägt und durchs Schwert getötet worden ...«

Der dreieinige Gott, Vater, Sohn und Heiliger Geist, der uns nach seinem Bilde geschaffen hat, hat uns so viel über seine Majestät, Macht und Weisheit geoffenbart, daß wir wissen können: SeineVersprechen dürfen wir glauben, seine Befehle befolgen. Er sagte nicht nur Jeremia, daß nichts unmöglich für ihn sei, er sagt es immer und immer wieder in seinemWort:

... das wollen wir nicht verschweigen ihren Kindern; wir verkündigen dem kommenden Geschlecht den Ruhm des Herrn und seine Macht und seineWunder, die er getan hat. (Ps 78, 4)
Gebt Gott die Macht! Seine Herrlichkeit ist über Israel und seine Macht in denWolken. (Ps 68,35)

Ja, der Schöpfer des Universums kann alles. Jesus konnte den stolzen Pharisäern, die sich etwas auf ihre Abstammung einbildeten, sagen:»Denkt nur nicht, daß ihr bei euch sagen könnt:Wir haben Abraham zum Vater. Denn ich sage euch: Gott vermag Abraham aus diesen Steinen Kinder zu erwecken.« (Mt 3,9) Als Blinde zu ihm kamen, um geheilt zu werden, fragte er sie:»Glaubt ihr, daß ich das tun kann?« (Mt 9,28) Römer 4,20-21 erinnert uns an den felsenfesten Glauben Abrahams:»Denn er zweifelte nicht an derVerheißung Gottes durch Unglauben, sondern wurde stark im Glauben und gab Gott die Ehre und wußte aufs allergewisseste: Was Gott verheißt, das kann er auch tun.«
Als die Jünger Jesus fragten, warum sie nicht in der Lage waren, ein besessenes Kind zu heilen, antwortete er ihnen:»Wegen eures

Kleinglaubens. Denn wahrlich, ich sage euch: Wenn ihr Glauben habt wie ein Senfkorn, so könnt ihr sagen zu diesem Berge: Heb dich dorthin!, so wird er sich heben; und euch wird nichts unmöglich sein.« (Mt 17, 20) Wie kann das sein, daß einem Menschen »nichts unmöglich« ist? Ich glaube, es verhält sich hier genauso wie mit dem »Alles, was ihr bitten werdet, das will ich tun« aus Johannes 14, 13. Gottes Macht *ist* unbegrenzt. Es gibt nichts, worum wir ihn nicht bitten dürfen. Er ist nie zu schwach oder zu beschäftigt oder zu müde. Aber er erhört nicht jedes Gebet so, wie wir es uns vielleicht wünschen. Die Bibel zeigt uns, daß selbst die größten Glaubenshelden ihre unerhörten Gebete hatten. Gott heilt alle Krankheiten, aber nicht jeden Kranken. Es wird im »Saal B« des Museums im Himmel keine leeren Schaukästen geben, aber nicht jeder Mensch wird in allen Schaukästen vertreten sein. Gott hat uns nun einmal nirgends versprochen, daß wir unser irdisches Leben in pausenlosem, vollkommenem Glück verbringen werden.

»Bei den Menschen ist's unmöglich; aber bei Gott sind alle Dinge möglich«, antwortete Jesus seinen Jüngern, als sie ihn nach dem Gespräch mit dem reichen Jüngling erschrocken fragten, wer denn überhaupt noch gerettet werden könne. Es gibt also keine Schranken – ob Reichtum oder Armut, Krankheit oder Gesundheit, zuviel oder zuwenig Bildung –, die es einem Menschen unmöglich machen würden, wiedergeboren zu werden. Übrigens auch keine Schranken bei der natürlichen Geburt. Es war kein Hindernis für Gott, daß Abraham und Sara, Zacharias und Elisabeth eigentlich schon viel zu alt für ein Kind waren. Der Engel, der Maria die Geburt Jesu ankündigte, konnte sie ausdrücklich auf den »Fall Elisabeth« hinweisen, um ihr zu zeigen, daß »bei Gott kein Ding unmöglich ist« (Lk 1, 37). Es war ein wertvoller Hinweis für Maria, der der Glaube an die Jungfrauengeburt anfänglich sicher schwerer gefallen ist als allen anderen.

Was hat all dies mit dem Gebet und den Verheißungen Gottes zu tun? Unendlich viel. Es ist der Gott des Unmöglichen, der Schöpfer der ganzen Welt, der gesagt hat:

Bittet, so wird euch gegeben; suchet, so werdet ihr finden; klopfet an, so wird euch aufgetan. Denn wer da bittet, der empfängt; und wer da sucht, der findet; und wer da anklopft, dem wird aufgetan. Wer ist unter euch Menschen, der seinem Sohn, wenn er ihn bittet um Brot, einen Stein biete? oder, wenn er ihn bittet um einen Fisch, eine Schlange biete? Wenn nun ihr, die ihr doch böse seid, dennoch euren Kindern gute Gaben geben könnt, wieviel mehr wird euer Vater im Himmel Gutes geben denen, die ihn bitten! (Mt 7,7-11)

Wahrlich, wahrlich, ich sage euch: Wer an mich glaubt, der wird die Werke auch tun, die ich tue, und er wird noch größere als diese tun; denn ich gehe zum Vater. Und was ihr bitten werdet in meinem Namen, das will ich tun, damit der Vater verherrlicht werde im Sohn. Was ihr mich bitten werdet in meinem Namen, das will ich tun. (Joh 14,12-14).

Wenn wir das Erlösungswerk Christi annehmen und in die Familie Gottes hineingeboren werden, dann bekommen wir unter anderem einen ständigen freien Zugang zu dem unendlichen Gott. Jeder von uns ist ein Faden in Gottes großem Bildteppich der Geschichte, jeder hat seine besondere Aufgabe. Wir sollen nicht nur da, wo wir sind, bis zur letzten Konsequenz Gott treu bleiben und durchhalten, sondern auch den Lauf der Dinge (ob unter unserem Dach oder in einem anderen Erdteil) durch unsere Gebete beeinflussen. Zu unserem Kampf gehört, daß wir in vollem Vertrauen alle unsere Bitten und Nöte vor Gott bringen und auch als »königliche Priester« (1 Petr 2,9) Fürbitte für alle Menschen tun, die noch nicht zum Volk Gottes gehören. Das Gebet hat viele Funktionen, und es würde mehrere Bücher füllen, sie alle zu beschreiben; aber eine dieser Funktionen ist, daß es eine Waffe ist in unserem Kampf auf Gottes Seite, ein Instrument, um die in Bild A und Bild B dargestellten Siege zu erfechten. In diesem Kampf findet – bei dem einen hier, bei dem anderen dort – das »Alles, was ihr bitten werdet in meinem Namen ...« seine volle, konkrete, greifbare Erfüllung.

Kommen wir zurück zum elften Kapitel des Hebräerbriefs. Wir lesen dort, daß es *eines* gibt, das doch »unmöglich« für uns ist: »Aber ohne Glauben ist's unmöglich, Gott zu gefallen; denn wer zu Gott kommen will, der muß glauben, daß er ist und daß er denen, die ihn suchen, ihren Lohn gibt.« Der Prophet Habakuk drückt das so aus: »Der Gerechte wird durch seinen Glauben leben« (Hab 2,4). »Durch den Glauben« (oder »im Glauben« oder »aus Glauben«) leben heißt, in ständiger Gemeinschaft, in Kommunikation mit Gott leben. Wenn wir mit einem Menschen zusammenleben, reden wir mit ihm, sagen ihm, wie es uns geht, stellen ihm Fragen, besprechen Schwierigkeiten und Probleme mit ihm. Genauso mit Gott: Wenn uns unser himmlischer Vater wirklich etwas bedeutet, dann sprechen wir mit ihm, und unter anderem richten wir ganz konkrete Bitten an ihn; und er hört uns und gibt uns Antwort. So will Gott es haben.

Auf welchen Gebieten können wir Gebetserhörungen erwarten? *Überall.* Gott liebt uns, jeden einzelnen von uns. Er möchte, daß »unsere Freude vollkommen sei« (Joh 16,24) und »der Vater verherrlicht werde im Sohn« (Joh 14,13). Es gibt überhaupt keinen Zweifel, daß wir beten sollen und daß Gott uns antworten wird. Wir sollten wie Jeremia sagen können: »Deine Treue ist groß« (Kla 3,23). Wir sollten in dem Sand unseres Lebenspfades eine wachsende Spur aus Gebetserhörungen hinterlassen. Wie die Treuen in Israel auf den Durchzug durch das Rote Meer und das Manna vom Himmel zurückblicken konnten und die verfolgten Christen der frühen Kirche auf die wunderbare Befreiung eines Paulus oder Petrus oder Silas aus dem Gefängnis, so sollten auch wir auf Beispiele für Gottes Eingreifen und Treue zurückschauen können – Beispiele, die uns neuen Mut geben, weiterzugehen.

Es ist falsch, Gebetserhörungen als ein frommes Extra für einige wenige »Superchristen« abzutun, genauso wie es falsch ist, nicht damit zu rechnen, daß Gottes Kraft in den Schwachen mächtig ist und für jede Belastung ausreicht. Beides, das Eingreifen Gottes in unsere Situation und seine durchtragende Kraft, gehört nach seinem Willen zu dem großen Sieg über den Satan. Es geht immer wieder darum, zu verhindern, daß der Teufel einen Keil zwischen uns und Gott treibt. Es ist schon häßlich, wenn jemand ein Kind gegen seine menschlichen Eltern aufzuhetzen versucht, aber der Angriff Satans auf den himmlischen Vater und seine Kinder ist noch viel schlimmer.

Wir Menschen sind ständig versucht, mehr als Geschöpfe sein zu wollen. Es ärgert uns, daß wir nicht genausoviel wissen wie Gott, und dann ziehen wir uns gleichsam in den Schmollwinkel zurück und sagen:»Ach, ich bin ja nur ein schwacher, sündiger, einfacher Mensch, und Gott ist so vollkommen und allmächtig und allwissend, er weiß schon, was er tut, was soll ich da noch beten?« Aber damit verweigern wir Gott den Gehorsam. Wenn er uns auffordert, uns nicht mit unseren Sorgen abzuquälen, sondern unsere Anliegen vor ihn zu bringen, so ist das genauso ein Gebot wie seine anderen Gebote auch. Wenn wir vor Sorgen nicht schlafen können, dann sollen wir uns nicht die halbe Nacht den Kopf zermartern, sondern auf die Knie gehen oder die Hände falten und mit unserem Vater im Himmel reden. Warum? Kann er uns nicht auch so helfen? Ist es wirklich so wichtig, daß wir ihn extra darum bitten? Nun, es ist sogar so wichtig, daß er seinen Sohn sterben ließ, um es uns überhaupt zu ermöglichen; die Bibel gibt unserem Reden mit Gott höchste Priorität. Grübeln wir also nicht lange darüber, ob es sich »lohnt«, zu beten. Nehmen wir Gott beim Wort und bitten wir ihn. Der Satz »Ihr habt nichts, weil ihr nicht bittet« (Jak 4,2) ist keine leere Floskel, sondern will uns ein Ansporn sein, unsere sämtlichen Fragen und Probleme und Schwierigkeiten vor Gott zu bringen und ihn um seine Hilfe zu bitten, und das nicht nur hin und wieder, wenn das Wasser uns gar zu hoch steht, sondern jeden Tag und jeden Augenblick.

Unsere Gemeinschaft mit Gott wächst in dem Maße, wie wir uns Zeit für ihn nehmen. Schlagen wir die Bibel auf, hören wir, was unser Vater uns in seinem Wort zu sagen hat, und antworten wir ihm mit unserem Gebet. So lernen wir ihn mehr und mehr kennen; aber das schönste Kennenlernen sind seine Antworten auf unsere Gebete.

Es gibt keine Situation, in der wir diese Gemeinschaft nicht pflegen können. Da sitzen wir zum Beispiel in einem Krankenzimmer neben dem Bett eines unserer Lieben. Das Wachen wird uns schwer, und wir nehmen unsere Bibel hervor und lesen:»Weißt du nicht? Hast du nicht gehört? Der Herr, der ewige Gott, der die Enden der Erde geschaffen hat, wird nicht müde noch matt, sein Verstand ist unausforschlich« (Jes 40, 28). Und wir antworten Gott und beten: *Herr, das hatte ich ja fast vergessen! Vergib mir, wenn ich zu sehr versucht habe, deinen Verstand auszuforschen; vergib mir, wo ich versuche, mehr als ein Geschöpf zu sein und wo ich nicht mehr gesehen habe, daß du und nur du der Schöpfer und Gott bist.* Und vielleicht fügen wir noch diese Worte aus Psalm 147, 5 hinzu: »Unser Herr ist groß und von großer Kraft, und unbegreiflich ist, wie er regiert.« Und wir danken dem Herrn, daß er uns wieder daran erinnert hat, wer er ist und wer wir sind.

Vielleicht lesen wir dann in Jesaja weiter: »Er gibt dem Müden Kraft, und Stärke genug dem Unvermögenden« (40,29). Und wir beten: *O danke, lieber Herr, daß du mir auch das sagst. Ich bin ja so müde und habe überhaupt keine Kraft. Danke, daß du mir gerade jetzt wieder deine Kraft versprichst!*

»Männer werden müde und matt, und Jünglinge straucheln und fallen« (Vers 30) heißt es weiter. Und wir antworten: *Himmlischer Vater, danke auch dafür. Jung sein ist also auch nicht die große Lösung, und selbst Marathonläufer können müde werden. Danke, daß du keine Unterschiede nach unserem Alter machst, daß wir nicht junge Helden oder alte Eisen sind, sondern Menschen – schwache, begrenzte Menschen, auch ich.*

Schließlich, in Vers 31, der Höhepunkt: »Aber die auf den Herrn harren, kriegen neue Kraft, daß sie auffahren mit Flügeln wie Adler, daß sie laufen und nicht matt werden, daß sie wandeln und nicht müde werden.« Worauf wir beten können: *Bitte, Herr, hilf mir, auf dich zu harren, alle Kraft von dir zu erwarten, auch wenn mein Glaube nur so groß wie ein Senfkorn ist. Herr, ich will dich beim Wort nehmen, bitte hilf mir, gib mir neue Kraft, jetzt, ich brauche sie!*

Und wir bekommen die Kraft. Kraft, bis zum Morgen weiterzuwachen; Kraft, am Bett des Sterbenden zu bleiben und auf sein Atmen zu horchen; Kraft, weiter die Lippen des Freundes zu befeuchten, der aus der tiefen Narkose erwacht; Kraft, im Geburtszimmer bei seiner Frau zu bleiben und ihr Mut zuzusprechen, obwohl die Wehen sich unendlich lange hinziehen.

Und Kraft nicht nur im Krankenhaus. Es gibt Millionen von Situationen, wo wir diese Verse aus Jesaja (und viele andere Bibelverse) mit unserem Herrn besprechen, als wahr erkennen, für uns ganz persönlich in Anspruch nehmen können; Millionen von Gelegenheiten, wo wir jenes »Der Gerechte wird durch seinen

Glauben leben« einüben können. Ich habe rasende Kopf-
schmerzen und muß doch in fünf Minuten vor Tausenden von
Zuhörern eine Rede halten – und ich knie in dem staubigen
kleinen Raum hinter dem Podium nieder und bitte Gott um die
Kraft, die er in Jesaja 40 versprochen hat. Oder ich bin zum
Umfallen müde und schwindlig und will mich gerade für eine
Stunde ins Bett legen, und da klingelt das Telefon und ein
Bekannter fragt, ob er nicht vorbeikommen kann, jetzt gleich, er
hält es nicht mehr aus, muß mit jemandem reden... Seine Not ist
echt, und ich kann ihn nicht abweisen. Was tun? Ich schlage die
Bibel auf und lese die Verse aus Jesaja noch einmal schwarz auf
weiß, und dann sage ich Gott: *Herr, ich schaff's nicht, ich habe
keine Kraft mehr, aber du hast gesagt, daß du mir Kraft gibst. Du
hast Jeremia versprochen, ihm deine Worte in den Mund zu legen.
Bitte tue das heute auch bei mir, und bitte gib mir diese Kraft, gib
mir diese Adlerflügel, hilf mir, nicht am Boden liegenzubleiben.*
24 Stunden am Tag dürfen wir Gott um seine Hilfe bitten. Er
ist nicht nur in den großen Krisensituationen für uns da, nicht nur
in Krankheit und bei Trauerfällen, sondern immer, wie »gewöhnlich« und »normal« der Tag auch sein mag. Wir sind Kinder eines
Vaters, der immer für uns Zeit hat. Ob wir gestreßt am Schreibtisch sitzen und unsere Überstunden machen, ob wir bis in den
Abend Berge von Obst einkochen müssen, ob wir auf dem Fußboden knien und Scherben zusammenfegen, ob wir mitten in der
Nacht aus dem Bett müssen, weil unser Kind Magenkrämpfe hat,
ob der Hund oder die Kinder oder das Radio unseres Nachbarn
uns die Mittagsruhe raubt, ob ein Freund plötzlich schlecht über
uns zu reden beginnt: in jeder großen und kleinen Not, mit jedem
Problem und jeder Kleinigkeit können wir zu unserem Herrn
kommen – nicht in frommer Träumerei, sondern im Vertrauen auf
sein Wort – und ihn um Kraft bitten.
Gott erhört auch Gebet, wo es um materielle Dinge geht: Geld,
Kleidung, Wohnung usw. Man lese dazu nur einmal die Lebensge-
schichte von Georg Müller, Hudson Taylor oder Amy Carmichael.
Wir selbst haben in den ersten Jahren von L'Abri so manches
Beispiel erleben dürfen. Und all dies sind nur kleine Tropfen in
dem großen Ozean aller Gebetserhörungen; erst die Ewigkeit
wird zeigen, wie viel und wie treu Gott seinen Kindern geholfen

hat. Wir werden staunend sehen, wie Gefängnismauern fielen, Scheiterhaufen nicht brennen wollten, Regierungen plötzlich ihre Politik änderten, Krebsgeschwulste mit einem Schlag verschwanden, Verirrte von einer unsichtbaren Hand geführt wurden. Heißt dies, daß Christen ständig drei Meter über dem Boden schweben? Keineswegs! Die Nöte, aus denen Gott heraushilft, sind ja zunächst einmal da. Und nicht immer greift er sichtbar in unsere Situation ein, nicht immer bekommen wir genau das, worum wir gebeten haben. Es gibt auch jene vielen Fälle, wo seine Gnade uns genügen muß, seine Kraft in unserer Schwachheit stark sein will. Aber vergessen wir nicht: In *beiden* Fällen – wo Gott uns unser Leiden wegnimmt, und wo wir durch es hindurchmüssen, in Bild A und B – haben wir es mit Gebetserhörungen zu tun. Beides ist Teil des Sieges über den Satan, und beides macht Gott Freude. Gott freut sich, wenn wir im Gebet zu ihm kommen; die Bibel vergleicht unsere Gebete mit einem wohlriechenden Rauchopfer (Offb 8, 3-4).

Es gibt noch etwas, was wir beim Thema »Gebetserhörungen« nicht vergessen dürfen, und das sind unsere *Motive* beim Beten. Als Elia neben den Baalspriestern auf dem Karmel stand und Gott bat, sein Feuer auf seinen Altar zu senden, tat er das nicht, um sich selbst einen Namen zu machen, sondern er sagte:»Erhöre mich, Herr, erhöre mich, *damit dies Volk erkennt, daß du, Herr, Gott bist* und ihr Herz wieder zu dir kehrst! Da fiel das Feuer des Herrn herab...« (1 Kö 18,37-38). Auch uns sollte es immer letztlich darum gehen, daß Gott verherrlicht wird, daß er siegt, daß die Menschen ihn kennenlernen. Bitten wir ihn doch darum, daß er uns eine solche Einstellung gibt. Lernen wir es, darum zu beten, daß durch uns andere Menschen zu Gott kommen, seine Macht und Herrlichkeit kennenlernen. Das ist doch der Sinn unseres Lebens: für Gott dasein, ihn ehren.

Gehen wir noch einmal zurück zu Jesaja:

Die Elenden und Armen suchen Wasser, und es ist nichts da, ihre Zunge verdorrt vor Durst. Aber ich, der Herr, will sie erhören; ich, der Gott Israels, will sie nicht verlassen.

Ich will Wasserbäche auf den Höhen öffnen und Quellen mitten auf den Feldern und will die Wüste zu Wasserstellen machen und das dürre Land zu Wasserquellen. Ich will in der Wüste wachsen lassen Zedern, Akazien, Myrten und Ölbäume; ich will in der Steppe pflanzen miteinander Zypressen, Buchsbaum und Kiefern, damit man zugleich sehe und erkenne und merke und verstehe: des Herrn Hand hat dies getan, und der Heilige Israels hat es geschaffen. (Jes 41,17-20).

Ob wir nun glauben oder nicht, daß diese Prophezeiung sich wortwörtlich im Israel des Tausendjährigen Reiches erfüllen wird, eines ist klar: Wir, die wir Glieder der Familie des lebendigen Gottes, des Heiligen Israels, des Herrn aller Welten sind, sind aufgerufen, in unserem Leben auf Gottes Verheißungen zu bauen, damit zu rechnen, daß er Dinge tun wird, in denen alle Menschen, die ihre Augen nicht mutwillig verschließen, seine Hand erkennen. Die Menschen sollen sehen, daß Gott »dies« getan hat; und das »dies« ist nicht weniger als das »alles«, das wir Jesus in seinem Namen bitten dürfen.

Unser Leben hat es immer mit *beiden* Sälen des himmlischen Museums, mit *beiden* Kämpfen, mit *beiden* Siegen zu tun, weil Satan uns (unter anderem) an zwei Fronten angreift. An der einen Front will er erreichen, daß wir unser Los als ungerecht bejammern und uns voll Bitterkeit von Gott abwenden. An der anderen will er uns dazu bringen, klug zu grübeln statt gehorsam zu beten. Die eine Versuchung lautet: »Gott liebt dich nicht«, die andere: »Gott ist doch viel zu hoch«, und beiden ist gemeinsam: »Es hat keinen Zweck.« Beide Angriffe versuchen, Christi Sieg am Kreuz zu untergraben. Aber mit Gottes Kraft und Gnade können wir den Kampf gewinnen. Wir sind ihm nicht egal. Er hat uns so sehr geliebt, daß er selbst für uns ins Leiden gegangen ist, um uns zu erlösen. Er offenbart uns so viel über den Sinn des Leidens, wie wir fassen können. Wir dürfen wissen, daß er Gott ist, und in diesem Wissen Glaubensschritte tun.

»Das Volk, das ich mir bereitet habe, soll meinen Ruhm verkündigen«, sagt Gott in Jesaja 43, 21, und Paulus betet in Epheser 3,14-21:

Deshalb beuge ich meine Knie vor dem Vater, der der rechte Vater ist über alles, was Kinder heißt im Himmel und auf Erden, und bitte ihn, daß er euch Kraft gebe nach dem Reichtum seiner Herrlichkeit, stark zu werden durch seinen Geist am inneren Menschen, so daß Christus durch den Glauben in euren Herzen wohnt und ihr in der Liebe eingewurzelt und gegründet seid. Dann könnt ihr mit allen Heiligen begreifen, welches die Breite und die Länge und die Höhe und die Tiefe ist, und die Liebe Christi erkennen, die doch alle Erkenntnis übertrifft, damit ihr erfüllt werdet mit der ganzen Gottesfülle. Dem aber, der überschwenglich mehr tun kann als alles, was wir bitten oder verstehen, nach der Kraft, die in uns wirkt, dem sei Ehre in der Gemeinde und in Christus Jesus zu aller Zeit, von Ewigkeit zu Ewigkeit! Amen.

Sie haben diesen Abschnitt schon soundso oft gehört? Warten Sie, überfliegen Sie ihn nicht, lesen Sie ihn noch einmal, kaum ein anderer eignet sich besser als Zusammenfassung dieses Kapitels. Denn Paulus formuliert hier nicht einfach einen schönen Segen, nein, er denkt an die Siege, die er in beiden Bildern, A und B, erlebt hat, und bittet darum, daß die Christen in Ephesus und auch wir »Kraft« bekommen. Kraft wofür? Eben für beide Siege, für beide Gebetsantworten, für die »genügende Gnade« und für das direkte Eingreifen Gottes. Diese Worte sprechen uns Mut zu für unseren Kampf. Gott reicht uns seine Hand; halten wir sie fest, er läßt uns nicht untergehen. Es gibt einen Sinn, es gibt ein Ziel.

Herr Van der Weiden wurde ruhiger, als ich mit meiner Erklärung der beiden Taschentücher fertig war. Ich glaube, er hatte begriffen, daß es doch noch etwas für ihn zu tun gab. Aber auch ich selbst hatte etwas sehr Wichtiges für mein Leben gelernt, und in den kommenden Jahren hat es mich immer stärker gedrängt, dies an andere weiterzugeben. Genau dies ist Gottes Methode: Er spricht zu einem bestimmten Menschen, als sei dieser der einzige auf der Welt, und erreicht dann über diesen Menschen Hunderte und Tausende anderer, die die gleiche Hilfe brauchen.

Geschirr mit Schönheitsfehlern

Das Wort Gottes vergleicht uns oft mit Ton. Ein Vers, der es mir hier besonders angetan hat und der mir oft hilft, wenn ich mir anhören muß, daß ich als Christ doch eigentlich kerngesund sein müßte, ist der prägnante Satz des Paulus in 2.Korinther 4,7: »Wir haben aber diesen Schatz in irdenen Gefäßen, damit die überschwengliche Kraft von Gott sei und nicht von uns.« Wenn ich diesen Vers lese, sehe ich vor meinem geistigen Auge Teekannen, deren Deckel oder Tülle gesprungen ist, Glasschüsseln mit Ecken und Macken, bunte Teller, die durch Klebstoff zusammengehalten werden – und die doch nicht im Müll landen, sondern behutsam weiterbenutzt werden, weil sie ihre Geschichte haben und uns etwas wert sind. »Irdene Gefäße« ... das sind auch wir. Aber was ist der »Schatz«, den wir haben? Nun, Paulus spricht wenige Verse vorher von dem »Amt«, das er und wir bekommen haben, und dieses Amt, diese Aufgabe, besteht darin, Gottes Wahrheit, das »helle Licht des Evangeliums«, mit dem Christus uns erleuchtet hat, weiterzugeben. Welchen größeren Schatz kann es wohl geben?

Aber wir haben eben, so sagt Paulus uns ausdrücklich, diesen unbezahlbaren Schatz »in irdenen Gefäßen«. Und um ganz sicherzugehen, daß wir dieses »irden« auch in seiner ganzen Realität begreifen und nicht zu einer frommen Floskel verflüchtigen, fährt er gleich fort: »Wir sind von allen Seiten bedrängt, aber wir ängstigen uns nicht. Uns ist bange, aber wir verzagen nicht. Wir leiden Verfolgung, aber wir werden nicht verlassen. Wir werden unterdrückt, aber wir kommen nicht um. Wir tragen allezeit das Sterben Jesu an unserm Leibe, damit auch das Leben Jesu an unserm Leibe offenbar werde« (Vers 8-10). Kein Zweifel, es geht um unseren Körper, unsere Gesundheit, unser ganz reales Leben.

Wir können uns so viel besser verstehen und annehmen, wenn wir uns wirklich als Tongefäß sehen und hin und wieder sagen: »Zack, das war der nächste Sprung!« oder: »Hoppla, das war mein

Deckel!« Es löst unsere Spannungen und Frustrationen, wenn wir uns vergegenwärtigen, daß Gott uns nirgends Vollkommenheit *in diesem Leben* versprochen hat. Die Bibel ruft es uns unüberhörbar zu: Das Perfekte kommt erst später; *jetzt* sind wir erst einmal lädierte Tongefäße. Und warum auch nicht? Unsere Aufgabe besteht ja nicht darin, an einem Schönheitswettbewerb für Geschirr teilzunehmen, sondern darin, den Schatz der Wahrheit und des Lichtes in uns zu bewahren und an eine Welt der Unwahrheit und der Dunkelheit weiterzugeben. Unsere Sprünge, Makken, Risse und Kanten können die Realität unseres Inhalts, die »überschwengliche« Kraft Gottes, nicht mindern, ja eher im Gegenteil: Unsere Schwächen und Mängel machen es nur um so deutlicher, daß diese Kraft eben nicht von uns kommen kann, sondern von außen, von einem Mächtigeren.

Und jetzt möchte ich Ihnen einige ganz konkrete Beispiele für Gebetserhörungen erzählen, die unser Dasein als irdene Gefäße und auch manches von dem, was wir in den letzten beiden Kapiteln lernen konnten, veranschaulichen.

Vor einigen Jahren fand mein Zahnarzt, es sei an der Zeit, einen meiner vier Weisheitszähne zu ziehen. Ich hatte einen absoluten Horror vor dergleichen Operationen, denn als ich noch ein kleines Mädchen war, hatten meine älteste Schwester und ihr kranker Weisheitszahn Schreckliches durchmachen müssen. Dazu kam noch, daß kein einziger meiner Weisheitszähne durchgebrochen war. »Ziehen« hieß hier also Ausgraben! Um ganz ehrlich zu sein, ich hatte jedesmal den Zahnarzt gewechselt, wenn die Rede auf meine Weisheitszähne kam. »Solange sie nicht weh tun, stören sie mich nicht«, war meine Devise, und der Zahnarzt hatte gefälligst dasselbe zu denken. Aber diesmal hatte eine Röntgenaufnahme einen dunklen Fleck gezeigt, und das war denn doch etwas anderes. Und überhaupt, war es nicht eigentlich dumm, daß ich soviel Angst hatte? Der Zahnarzt mußte es doch wissen. Und ich tat den historischen Schritt und sagte: »Also gut, machen Sie's.«

Mein Zahnarzt schickte mich zu einem Kollegen, der im Ausgraben von Weisheitszähnen sehr erfahren war und mit einem optimistischen »Das werden wir gleich haben« an die Arbeit ging. Aber er mochte wühlen, wie er wollte, er konnte den Zahn nicht finden. »Machen Sie sich mal keine Sorgen, den kriegen wir schon!« beruhigte er mich, verließ den Tatort und kam bald darauf mit einem Kollegen zurück, worauf die Schatzsuche zu zweit weiterging. Nach anderthalb schmerzlosen, aber nicht ganz sorgenfreien Stunden konnte ich das wertvolle Stück, säuberlich aufgeteilt in zwei ungleich große Hälften, im Schein der Lampe bewundern.»Na, das hätten wir uns nicht träumen lassen, wie?« kam es aus dem Mund des Schatzgräbers. Es war wirklich allerhand: Der Zahn war absolut gesund, auch da, wo der dunkle Fleck auf dem Röntgenbild gewesen war!»Das muß ich gleich morgen meinen Studenten zeigen!« fuhr der Meister fort. Er und ich hatten etwas Neues gelernt, nämlich daß zuviel Dentin (Zahnbein) auf dem Röntgenbild genauso aussehen kann wie Karies. Das blutende Loch in meinem Mund wurde nach allen Regeln der Kunst desinfiziert und mit dem passenden Antibiotikum versorgt, man befreite mich aus dem Behandlungsstuhl, und mit einem freundlichen Klaps auf die Schulter war ich entlassen.

Francis ging mit mir in eine Apotheke, wo wir Watte und Hamamelis-Tinktur zur Kühlung meiner lädierten Backe erstanden; dann fuhren wir in einem Taxi die halbe Stunde zurück in unsere Unterkunft in Montreux, wo wir am Abend Verstärkung durch unsere Kinder Debby und Franky bekamen, die extra aus L'Abri angereist waren. Ihre Eiswickel und Aspirintabletten sind mir in besonders lieber Erinnerung, denn wie sich bald zeigen sollte, hatte die Teekanne Edith Schaeffer an diesem Tag einen gehörigen Sprung bekommen. In den eineinhalb Stunden im Behandlungsstuhl des Zahnarztes hatte sich eine Infektion in meinen Kiefer geschlichen. Meine Schmerzen und mein Fieber wollten und wollten nicht weggehen, so daß ich schließlich Antibiotikaspritzen von unserem Hausarzt in den Bergen bekam. Das Fieber verschwand darauf, aber wir mußten auch verschwinden, nämlich auf eine Vortragsreise in die Vereinigten Staaten gehen, die sich nicht gut verschieben ließ. Einige Freunde erinnern sich noch, wie ich in Oakland ganz normal einen Vortrag hielt (die Kraft kam vom Herrn, nicht von mir) und dann auf einmal von der Bankettafel verschwunden war, weil ich vor Schmerzen nicht mehr kauen konnte und wieder einmal dringend Aspirin und Eis brauchte. Ich besuchte etliche Zahnärzte in verschiedenen Staaten der USA, und ihre Diagnose lautete gewöhnlich:»Das ist ein Abszeß an

Ihrem zweiten Backenzahn, den müssen wir ziehen!« Ich lehnte dankend ab und sagte, ich wolle das lieber erst einmal meinem Zahnarzt zu Hause zeigen, der schließlich meinen zweiten Bakkenzahn einschließlich seiner Vorgeschichte so gut kannte wie niemand sonst auf der Welt. Nun, die Schmerzen blieben, und der »Abszeß« wurde mobil, wanderte hoch in mein Gesicht und ließ sich hin und her bewegen. Wirklich merkwürdig! Aber das einzige, was man mit absoluter Sicherheit wußte, war, daß das Ding furchtbar weh tat.

Nach elf überaus schmerzhaften Monaten saß ich schließlich im Untersuchungszimmer eines Schweizer Gesichtschirurgen, der die Gesichter von Unfallopfern wiederherstellte, aber auch ein Spezialist für ausgefallene Zahn- und Kieferoperationen war. Er stellte sofort fest, daß sich durch eine Infektion eine Zyste bzw. ein Tumor gebildet hatte und daß ich sofort operiert werden mußte. Schon am nächsten Tag lag ich auf seinem Operationstisch in einer kleinen Klinik in Lausanne, und der Arzt entfernte in einem komplizierten Eingriff (von innen her, durch meinen Mund) den Tumor, der sich fest um einen Gesichtsnerv gewickelt hatte. Der Gesichtsnerv überstand die Operation unzerschnitten (sonst hätte ich wohl eine halbseitige Gesichtslähmung davongetragen), aber nicht ganz unverletzt. Ein neuer Sprung in der Teekanne! Ein paar Tage lang sahen meine verstörten Besucher das Gesicht eines Preisboxers in der zehnten Runde vor sich und fragten sich, wo Edith Schaeffer war. Dann ging die Schwellung zurück, so etwas wie eine normale Gesichtsfarbe begann sich zwischen das satte Gelb und Grün und Dunkelrot zu schieben – und ich entdeckte, daß ich nicht mehr spucken konnte, daß mein Mund an einer Seite herabhing, daß ich Schwierigkeiten beim Essen hatte und beim Sprechen die merkwürdigsten Lippenstellungen zustandebrachte.

Warum? Warum dieser Fehler bei der Operation? Warum die Infektion? Warum war sie nicht ohne Operation verschwunden? Und jetzt auch noch diese Behinderung!

Ich glaube, man würde ganze Bücher brauchen, um unser so vielfältiges »Warum?« beantworten zu können, und selbst dann wäre die Antwort noch nicht vollständig. Das »Warum?« kann die verschiedensten Rollen und Funktionen haben, und das gleiche gilt für unser geflüstertes »Herr, ich liebe dich dennoch, ich vertraue dir...« Aber wie auch immer unsere Situation ist, wir müssen *Gott Gott sein lassen*, ständig, jedesmal. Immer wieder muß unser Gebet lauten: *Herr, hilf mir, jetzt das zu sein, was ich sein soll, das zu lernen, was ich lernen soll, das zu zeigen, was ich zeigen soll; hilf mir, zu beweisen, daß der Schatz, den du mir gegeben hast, in einem irdenen Gefäß ist und daß die Kraft, die Schönheit, der Wert ganz von dir kommt, nicht von mir.*

Zurück zu meinem Gesicht. Ich hätte mich jetzt natürlich liebend gerne an irgendeinen einsamen Ort vergraben, um einmal eine Zeitlang nichts zu sehen und nichts zu hören und mit mir selbst und meinem »neuen« Gesicht ins reine zu kommen. Aber selbst das war mir nicht vergönnt. Nach zehn sehr schönen, aber auch kurzen Tagen auf der Insel Elba, die Debby und Udo für Francis und mich arrangiert hatten, ging es los auf die nächste Vortragsreise, die uns quer durch die Vereinigten Staaten und dann nach Hawaii, Japan, Hongkong, Singapur, Kuala Lumpur und Bombay führte – alles Orte, wo ich noch nie vorher gewesen war und wo ich vor Zuhörern sprechen mußte, die ich noch nie gesehen hatte. Und das alles mit meiner herunterhängenden Lippe, dem tauben, oft auch schmerzhaften Gefühl in der Wange und dem frischen »Loch« innen. Wahrlich ein irdenes Gefäß . . . Inzwischen geht es mir um einiges besser, aber völlig wiederhergestellt sein wird mein Gesicht erst, wenn ich bei der Auferstehung meinen neuen Körper bekomme.

Ich habe aus der Affäre mit meinem Weisheitszahn viel über das Prinzip des irdenen Gefäßes (und des kostbaren Inhalts!) gelernt und kann jetzt besser die Menschen verstehen, die eine Behinderung mit sich herumschleppen. Vielleicht finden Sie meinen Fall vergleichsweise läppisch, vielleicht geht es Ihnen viel schlimmer, aber jeder hat halt seine persönliche Last zu tragen, muß auf seine eigene Weise lernen, was es heißt, wenn Paulus schreibt: »Uns ist bange, aber wir verzagen nicht.« Wir sind nur Tongefäße, aber wir sind – und das ist wieder tröstlich – keine maschinell hergestellte Billigware, sondern echte Handarbeit, vom Meister persönlich.

Aber nun höre ich, wie einige meiner Leser sagen: »Aber warum hat sie nicht einfach gebetet? Oder glaubt sie nicht, daß Gott Krankheiten heilen kann? Gott kann doch alles!« Nun, wir *haben* damals gebetet, und Gott *hat* diese Gebete auch erhört. Oder war es etwa keine Gebetserhörung, daß ich die Adresse von jenem Gesichtsspezialisten bekam und daß er die korrekte Diagnose stellte und die Zyste entfernte? War es keine Gnade, daß das Labor uns mitteilen konnte, die Zyste sei nicht bösartig gewesen? War der freundliche Narkosearzt, der einige unserer Bücher gelesen hatte, kein Geschenk Gottes? Dann, als ich aus der Narkose erwachte, Francis an meinem Bett, die Blumen von Franky und Priscilla, die Briefe von Debby und Susan, nicht zu vergessen die vielen lieben Aufmerksamkeiten von L'Abri-Freunden – alles Dinge, die ich in kerngesundem Zustand so nie hätte erleben können! Wir sind ja so schnell dabei, Gebetserhörungen, die eine Not erträglicher machen (aber eben nicht beseitigen), als nicht der Rede wert abzutun oder schlicht zu übersehen. Wir benehmen uns oft wie ein bockiges Kleinkind, das lauthals nach dem Spielzeug brüllt, das es im Augenblick *nicht* bekommen kann, und alles andere, was seine Eltern ihm geben, wütend in die Ecke wirft.

Es ist falsch, nur dort Gottes Hilfe zu sehen, wo es sich um direkte, vielleicht sogar spektakuläre Wunder handelt. Als das Volk Israel in der Wüste war und dringend Nahrung brauchte, gab Gott ihm das Manna. Wir erleben kein Manna-Wunder – aber wir haben Felder und Gärten, Märkte und Lebensmittelgeschäfte und Geld, um die Lebensmittel zu kaufen. Wenn wir ein Augenleiden haben, bekommen wir in den wenigsten Fällen unsere Sehkraft durch ein Wunder zurück. Aber Gott hat uns Augenärzte, Brillen, Kontaktlinsen, Staroperationen gegeben. Wir haben Zahnärzte und Hörgeräte. Die Missionsärzte, die in Afrika Hunderttausende von Menschen vor dem Erblinden oder vor dem sicheren Tod retten, handeln nicht weniger in Gottes Auftrag als jene Christen, die für die Heilung anderer Menschen beten und auch erhört werden. Das eine schließt das andere nicht aus. Gott hilft auf die verschiedensten Arten; das Problem ist nur, daß wir so oft versuchen, ihm kleinkarierte Vorschriften zu machen, uns einbilden, die Hilfe müsse genau so und nicht anders aussehen.

Wohlgemerkt: Ich will damit nicht sagen, daß man im Zeitalter der modernen Medizin keine Wunderheilungen mehr erwarten dürfe. Ich selbst habe eine solche Heilung erlebt, und sie soll mein zweites persönliches Beispiel in diesem Kapitel sein. Ich habe mich lange gescheut, öffentlich über dieses Beispiel zu schreiben;

es schien nur etwas für den engsten Freundes- und Familienkreis zu sein. Aber wenn ich dem Leser ein realistisches Bild von den Gebetserhörungen in meinem bisherigen Dasein als »irdenes Gefäß« geben soll, dann darf dieses Beispiel nicht fehlen.

Als wir vor der Gründung von L'Abri (und vor unseren Überschwemmungen, Erdrutschen, Kinderlähmung, Rheuma usw.) für ein Jahr in Amerika waren, wohnten wir in einem winzigen Haus in Germantown (Philadelphia), und unsere Bücherkisten und Überseekoffer waren in dem ebenfalls winzigen Keller verstaut. Eines späten Abends, als ich an meiner Schreibmaschine saß (die Kinder waren im Bett und mein Mann wieder einmal zu einem Vortrag) hörte ich auf einmal von unten ein unheilverkündendes Krachen und dann das Geräusch von herausströmendem Wasser. Ich sprang auf und lief in den Keller. Der Heißwasserkessel hatte ein großes Leck, und auf dem Fußboden bildete sich langsam, aber unerbittlich ein warmer See. Die Kleider, die Bücher! Und ohne mich weiter zu besinnen (ich hätte ja einen Nachbarn um Hilfe bitten können), ging ich daran, zu retten, was zu retten war, und schob, zog, zerrte und hob wie wild. Um es kurz zu machen: Ich hob mir einen Bruch dabei. Der Doktor in Philadelphia meinte, daß eine Operation nicht nötig sei, jedenfalls so lange nicht, wie der Bruch nicht eingeklemmt werde; es genüge, wenn ich einen Bruchgürtel und unter diesem ein Puderkissen trüge. Der Gürtel war nicht sehr bequem und der halb eigroße Klumpen nicht sehr ästhetisch, aber das Leben ging weiter.

Vier bewegte Jahre später hatten wir in Italien einen jener Urlaube, an die man nicht gern zurückdenkt. Die Kinder bekamen eines nach dem anderen eine Grippe mit hohem Fieber; mein Mann bekam einen Abszeß an einem Zahn und eines schönen Abends die Gardinenstange auf den Kopf; und als ich bei irgendeinem Straßenfest nichts Böses ahnend auf dem Bürgersteig stand, löste sich über mir ein mit einem großen Weinkrug gefülltes Basketballnetz, streifte meinen Kopf und meine Schulter und ergoß sich voll über mein neues weißes Kostüm. Ja, und dann zu guter Letzt mein Bruch. Er ließ sich nicht mehr zurückschieben und tat erbärmlich weh. Und so lag ich im Bett, die Füße hochgelegt, und konnte von der Sonne und dem Strand nur noch träumen.

Wir fuhren zurück nach Hause, und ich stand nun vor der unerbittlichen Frage: Wann läßt du dich operieren? Große Lust hatte ich keine. Unser Arzt in Lausanne hatte mir schon mehr als einmal prophezeit, daß der große Schicksalstag früher oder später kommen würde, und hatte mit erhobenem Zeigefinger hinzugefügt:»Das bedeutet anschließend sechs Wochen Ruhe für Sie, aber richtige Ruhe, kein Haus voller Gäste, kein Herumjagen, keine Reisen.« Nun, ich schob die Sache ein paar Tage vor mir her. Dann kam unser Gebetsmontag. Als ich in unserem Gebetszimmer kniete, kamen die Schmerzen wie Messerstiche, und ich hatte kaum noch die Kraft, mich ins Bett zu schleppen. Aufrecht gehen konnte ich nicht mehr, ich krümmte mich buchstäblich vor Schmerzen. Nein, das hatte keinen Zweck mehr! Und wir riefen das Krankenhaus in Aigle an, um einen Termin zu vereinbaren. Die Frau des Chirurgen war am Apparat.»Ist es ein Notfall?« wollte sie wissen.»Heute muß mein Mann nämlich auf eine Beerdigung.« –»Nein, nein«, sagte ich schnell,»morgen ist früh genug, das geht in Ordnung.« Mein alter Aufschub-Reflex.

Ich lag also im Bett, aber von Ruhe konnte keine große Rede sein. Immer wieder kam jemand, um zu wissen, wie man dies zu kochen, das zu machen und jenes zu tun habe, und alle fünf Minuten wollte mein Mann wissen, wie es mir ging.»Was machen die Schmerzen?« fragte er. Beim nächsten Mal:»Ja, wenn du dich jetzt operieren läßt, mußt du dich ja sechs Wochen ausruhen, na, da müssen wir wohl Betriebsurlaub machen.« Beim übernächsten Mal:»Ja, wenn es dir immer noch nicht besser geht, da müssen wir wohl die Englandreise abblasen und L'Abri für ein paar Wochen schließen«, usw. Er machte mich ganz verrückt.

Ich kämpfte gegen den Schmerz an, machte Speisepläne, gab meine Anweisungen für Kinder, Haus und Küche, aber ich hatte auch etwas Zeit, zu lesen und zu beten. Ich las das Markusevangelium, und es fiel mir auf, wie oft dort stand, daß Jesus einen Menschen *sofort,* auf der Stelle heilte, und wie dann dieser Mensch *sofort* aufstand und ein Essen kochte oder seine Arbeit wieder aufnahm. Und ich, ich müßte jetzt sechs Wochen lang im Bett bleiben. Die Englandfahrt... An drei Universitäten – Cambridge, Oxford und St. Andrews (Schottland) – wollten wir vor Studenten sprechen, und wir wußten, daß die Studenten schon voller Erwartung waren. Dann die Aufgaben hier als Hausmutter in L'Abri, vom Frühstück über den Garten und die Gäste bis zu den Kindern ... Was um alles in der Welt sollte nur werden in den sechs Wochen? Je mehr ich las, um so mehr betete ich, und je öfter Francis seinen Kopf zur Tür hereinsteckte und seine düsteren Prognosen von sich gab, um so mehr setzte sich das Wort »sofort« in meinem Kopf fest. Ich las und betete, las und betete; ich versicherte Gott, daß ich fest glaubte, daß er wirklich alles konnte, und dankte ihm, daß er diese Wunder im Markusevangelium für uns hatte niederschreiben lassen.

Nach dem Markusevangelium nahm ich mir die Psalmen vor. Mein Psalm für diesen Tag war Psalm 20. Er hat nur zehn Verse, und ich las sie gleich mehrere Male:

> Der Herr erhöre dich in der Not, der Name des Gottes Jakobs schütze dich! Er sende dir Hilfe vom Heiligtum und stärke dich aus Zion! ... Er gebe dir, was dein Herz begehrt, und erfülle alles, was du vorhast! Dann wollen wir jubeln, weil er dir hilft; im Namen unsres Gottes erheben wir das Banner. Der Herr gewähre dir alle deine Bitten! Nun weiß ich, daß der Herr seinem Gesalbten hilft und ihn erhört von seinem heiligen Himmel, seine rechte Hand hilft mit Macht. Jene verlassen sich auf Wagen und Rosse; wir aber denken an den Namen des Herrn, unsres Gottes ...

Ich nahm einen Bleistift, schrieb in winziger Schrift auf den Rand der Seite neben Vers 8: »Jene verlassen sich auf Operationen« und begann zu beten: »O Herr, ich vertraue dir, ich glaube ganz bestimmt, daß du mich heilen kannst. Wenn du willst, kannst du mich operieren, so daß ich keinen Arzt brauche.«

»Naja, wenn's denn sein muß, müssen wir England streichen ...« das war wieder Francis gewesen. Jetzt – ich muß es zu meiner Schande gestehen – wurde ich wütend. »Wie kann der bloß so ein Blech daherreden?« dachte ich, »der weiß doch gar nicht, ob ich die Operation brauche. Ob wir nach England fahren oder nicht, das weiß doch wohl am besten Gott.« Es war wirklich nicht recht, daß ich wütend auf meinen Mann wurde. Aber Gott hat so große

Geduld mit uns. Er verlangt nicht, daß wir perfekt sind, er weiß, daß wir Staub sind, er kennt unser Nevenkostüm. Unser Vater versteht seine Kinder. Ich betete:

»O lieber himmlischer Vater, wenn du wirklich willst, daß wir nach England fahren, und wenn ich anschließend wie immer die Hausmutter von L'Abri sein soll, dann kannst du mich operieren. Ich weiß, du kannst das, du kannst es geben, daß ich nicht diese sechs Wochen Bettruhe brauche. Aber... aber wenn du willst, daß ich ins Krankenhaus gehe, wenn du dort etwas mit mir vorhast, und wenn du willst, daß ich diese sechs Wochen ausruhe, mit allem, was das bedeutet... dann bin ich auch dazu bereit. Herr, hilf mir, ehrlich das zu wollen, was du willst. Aber bitte zeige Francis und mir deinen Willen – und zeige Francis auch, daß du eine Situation schlagartig ändern kannst, wenn das dein Wille ist.«

Ich behaupte nicht, daß meine Motive perfekt waren, aber ein gewisses Maß an Ehrlichkeit, an Aufrichtigkeit war doch da und ich glaubte wirklich, daß Gott mich heilen konnte. Als ich am nächsten Morgen aufstand, um ins Bad zu gehen, und wie üblich meinen Bauch inspizierte, war der halb eigroße Klumpen nicht mehr zu sehen. Was war das? War es möglich ...? Ich sagte niemandem etwas, ging zurück ins Bett und schickte nach Joyce, einer Krankenschwester, die damals zusammen mit ihrem Mann in L'Abri arbeitete und die ich gerade erst wegen des Gangs zum Krankenhaus zu Rate gezogen hatte. Sie kam, und ich fragte sie: »Ist es möglich, daß ein Bruch plötzlich von selbst wieder verschwindet?« Sie untersuchte mich wieder und sagte dann: »Das versteh ich nicht, der muß geheilt sein.« Am Nachmittag ging ich wie verabredet zum Chirurgen. Ich mußte mich hinlegen, aufstehen, rund um das Zimmer laufen, springen und auf einem Bein hüpfen, und das Ergebnis: Keine Spur von einem Bruch! Und der Arzt entließ mich mit dem, was man Patienten, die an Einbildungen leiden, gern gibt: einer Schachtel Beruhigungstabletten. Der Bruch ist nie wiedergekommen, und später haben mir noch andere Ärzte bestätigt, daß er geheilt worden war.

Ich habe hier keine komplizierten Erklärungen und psychologischen Spitzfindigkeiten anzubieten. Gott hatte mein Gebet erhört und mich geheilt; so einfach war das. Man kann so etwas nicht vorausberechnen. Gott beantwortet unsere Gebete mal so, mal so.

102

Wie er antwortet, hängt nicht zuletzt davon ab, was er uns zeigen und wie er uns führen will. Es hat sich zum Beispiel gezeigt, daß unsere Englandreise damals außerordentlich wichtig war, und ich glaube auch, daß Gott wollte, daß ich meine Arbeit in L'Abri und als Mutter mehrerer Kinder ungestört fortsetzen konnte. Sicher wollte er auch Francis und mir zeigen, daß er auch heute Wunder tun und auf die Bitten seiner Kinder hin ganz konkret eingreifen kann.

Wir haben viele Arten von Gebetserhörungen erlebt, in vielen verschiedenen Situationen. Es gibt jedoch keine Art der Gebetserhörung, von der man sagen könnte, daß sie wunderbarer (oder weniger wunderbar) ist als die anderen. Es gibt auch keine Elite-Christen, die sich durch besonders »gute« oder »sensationelle« Gebetserhörungen auszeichnen. Wir dürfen uns freuen, wenn wir hören oder lesen, wie Gott ganz direkt Gebete seiner Kinder erhört hat, aber es steht uns nicht an, ihn um Wiederholungen und Kopien solcher Wunder oder Situationen zu bitten.

Lazarus wurde von den Toten auferweckt. Aber später starb er wieder. Vielleicht hatte er eine Woche nach seiner Auferweckung schon wieder eine Erkältung oder Kopfschmerzen oder Zahnweh. Man kann von einem Herzinfarkt genesen und später an Krebs sterben. Man kann Gott um ein schönes Haus bitten und auch eines bekommen, aber damit hat man keine Garantie, daß man nicht zehn Jahre später in einer verlotterten Zwei-Zimmer-Wohnung sitzt oder im Gefängnis oder im KZ. Unser leibliches »Haus«, unser Körper, wird eines Tages vollkommen sein, genauso vollkommen wie die »Wohnungen«, die Jesus für uns im Himmel bereithält (Joh 14,2). Aber diese Vollkommenheit haben wir *jetzt noch nicht.* Manche Menschen wollen aus dem Satz »Durch seine Wunden sind wir geheilt« (Jes 53,3) herauslesen, daß die Leiden Jesu Christi uns hier in diesem irdischen Leben schon die Heilung unserer Krankheiten und Gebrechen garantieren. Aber eine solche Deutung wird von der Bibel als ganzer nicht gestützt. Gott bricht kein Versprechen, wenn Christen schwere Unfälle haben und Krebs oder Herzkrankheiten oder Kinderlähmung oder Schlaganfälle bekommen. O ja, *eines Tages* wird unser Leib vollkommen sein. Jesus starb, um das zu ermöglichen, und nach seiner

Auferstehung zeigte er sich seinen Jüngern, so daß sie sehen konnten, wie ein Auferstehungsleib aussieht. Ja, wir werden vollkommen sein, aber *noch nicht jetzt*. Solange wir noch auf dieser Erde leben, ist jede Rettung aus Krankheit oder materieller Not nur vorläufig, vorübergehend. Das einzige, was wirklich garantiert ist, was ununterbrochen bleibt, ist der Zugang zu Gott durch das Gebet.

Schauen wir uns doch einmal 2. Korinther 5,1-2 genauer an: »Denn wir wissen, wenn unser irdisches Haus, diese Hütte, abgebrochen wird, so haben wir einen Bau, von Gott erbaut, ein Haus, nicht mit Händen gemacht, das ewig ist im Himmel. Denn darum seufzen wir auch und sehnen uns danach, daß wir mit unserer Behausung, die vom Himmel ist, überkleidet werden ...« Dazu auch Röm 8,22-23: »Denn wir wissen, daß die ganze Schöpfung bis zu diesem Augenblick mit uns seufzt und sich ängstet. Nicht allein aber sie, sondern auch wir selbst, die wir den Geist als Erstlingsgabe haben, seufzen in uns selbst und sehnen uns nach der Kindschaft, der Erlösung unseres Leibes.«

»Seufzen«, »sich ängsten« – ich muß hier unwillkürlich an ein Krankenzimmer mit lauter Frischoperierten denken, die gerade aus der Narkose erwacht sind. Warum dieses Seufzen? Es ist die Sehnsucht nach der Wiederkunft Jesu, dem Ende des Kampfes, dem Endsieg über den Tod. Ich glaube, wenn es in der Bibel heißt, daß als letzter Feind der Tod vernichtet wird, so heißt das nicht nur, daß niemand mehr sterben wird, sondern auch, daß es keine Krankheiten oder Behinderungen mehr geben wird, keine Verkalkung, keinen Verfall, kein Altern. Noch ist es nicht soweit, noch leben wir in einer gefallenen, kranken, sterbenden Welt; aber wir wissen, daß die große Heilung kommen wird, und wir sehnen uns – manchmal laut seufzend – nach dem Tag, wo Jesus wiederkommt und in einem Augenblick alles verwandelt.

Schauen wir uns in diesem Zusammenhang auch Matthäus 25 an, wo Jesus über das Gericht spricht, das er nach seiner Wiederkunft halten wird:

Da wird dann der König sagen zu denen zu seiner Rechten: Kommt her, ihr Gesegneten meines Vaters, ererbt das Reich, das euch bereitet ist von Anbeginn der Welt! Denn ich bin hungrig gewesen, und ihr habt mir zu essen gegeben. Ich bin durstig gewesen, und ihr habt mir zu trinken gegeben. Ich bin ein Fremder gewesen, und ihr habt mich aufgenommen. Ich bin nackt gewesen, und ihr habt mich gekleidet. Ich bin krank gewesen, und ihr habt mich besucht. Ich bin im Gefängnis gewesen, und ihr seid zu mir gekommen. Dann werden ihm die Gerechten antworten und sagen: Herr, wann haben wir dich hungrig gesehen und haben dir zu essen gegeben? oder durstig und haben dir zu trinken gegeben? Wann haben wir dich als Fremden gesehen und haben dich aufgenommen? oder nackt und haben dich gekleidet? Wann haben wir dich krank oder im Gefängnis gesehen und sind zu dir gekommen? Und der König wird antworten und zu ihnen sagen: Wahrlich, ich sage euch: Was ihr getan habt einem von diesen meinen geringsten Brüdern, das habt ihr mir getan. (Mt 25,34-40)

Lassen wir einmal die übrigen Aspekte zur Auslegung dieses Abschnitts beiseite und konzentrieren wir uns darauf, was er uns zum Thema »Krankheit« sagt. Die »geringsten Brüder«, das sind wir – wir, die irdenen Gefäße, die Untertanen des Königs, die Schafe des Hirten, die Brüder und Schwestern Christi. Wir werden krank. Und wir sollen einander helfen, wir sollen uns der Armen annehmen, Besuche in Krankenhäusern und Altersheimen, in Baracken, Palästen, Zelten und Höhlen machen, überall da, wo wir Kranke und Bedürftige finden, die Christi Brüder sind. Sie besuchen heißt, Christus besuchen; eine andere Gelegenheit, ihn zu besuchen, haben wir nicht. Rüttelt uns das nicht wach? Wohlgemerkt, Jesus sagt hier nicht: »Heilt die Kranken.« Er spricht von Besuchen, die dem Kranken ein Stück Hilfe und Liebe bringen. Und er sagt voraus, daß es, solange er noch nicht wiedergekommen ist, immer Kinder Gottes geben wird, die Not leiden, die Geld oder eine liebevoll zubereitete Mahlzeit oder Pflege am Krankenbett brauchen.

Persönliche Hilfe. Liebe. Das ist mehr, als sein Gewissen mit einer Spende erleichtern oder eine bestimmte Partei wählen oder die bösen Zeiten beklagen. Jesus im Krankenhaus besuchen.

Jesus im Gefängnis besuchen. Jesus zu essen geben. Es ist ein Bild, das uns nicht loslassen sollte. Wir sollten nie fragen: »Warum ist dieser Mensch nur so krank? Was stimmt bei ihm nicht, warum hat er nicht mehr Glauben?«, sondern: »Wo habe ich es versäumt, *meinem Herrn* in der Krankheit seiner Brüder zu dienen? Habe ich ihm diese Woche schon eine Karte geschickt oder einen Brief oder einen Blumenstrauß?«

Wer zu sehr auf Heilungen fixiert ist und darauf, daß es Krankheit und Leid »eigentlich« nicht geben dürfe, ist in Gefahr, an der Not seines Nächsten vorbeizugehen und ihm die Hilfe, die er ihm bringen könnte, vorzuenthalten. Und damit enthält er sie Christus vor! »Ich bin hungrig gewesen, und ihr habt mir nicht zu essen gegeben. Ich bin durstig gewesen, und ihr habt mir nicht zu trinken gegeben. Ich bin ein Fremder gewesen, und ihr habt mich nicht aufgenommen. Ich bin nackt gewesen, und ihr habt mich nicht gekleidet. Ich bin krank und im Gefängnis gewesen, und ihr habt mich nicht besucht« (Mt 25,42-44). Kann man es noch deutlicher ausdrücken? Glauben wir wirklich, ganz praktisch, daß dies Gottes Wort ist, und handeln wir danach? Vergessen wir es doch nicht: Es kann nicht nur geschehen, daß wir »ohne unser Wissen Engel beherbergen« (Hebr 13,2), sondern wenn wir unserem bedürftigen Nächsten dienen, dienen wir dem Herrn. Solange wir noch alle »irdene Gefäße« sind, haben wir noch Gelegenheit dazu; wenn wir alle »verwandelt« sind, ist die Gelegenheit vorbei.

Paulus' Mitarbeiter Timotheus hatte nicht die beste Gesundheit; unter anderem muß er irgendein Verdauungsleiden gehabt haben. Wie reagierte Paulus? Rügte er den Kleinglauben des Timotheus, der doch als guter Christ eigentlich gar nicht krank sein durfte? Bot er sich an, für seine Heilung zu beten? Nein, er riet ihm, eines der Hausmittel der damaligen Zeit auszuprobieren: »Trinke nicht mehr nur Wasser, sondern nimm ein wenig Wein dazu wegen deines Magens und weil du oft krank bist« (1 Tim 5,23). Es geht mir hier nicht darum, wie gut oder sinnvoll dieses Mittel aus der Sicht der heutigen Medizin erscheint. Das Wichtige ist: Nicht jeder Christ wird geheilt. Jesus selbst heilte nicht jeden, und auch die Apostel, zu deren Aufgaben das Heilen ausdrücklich gehörte, heilten nicht jeden, ja sie wurden selbst krank, und auch Verfolgung und Märtyrertod blieben ihnen nicht erspart.

Es ist immer wieder ermutigend und tröstend, zu sehen, wie realistisch und ehrlich die Bibel das Problem des Leidens angeht. Sie macht uns Hoffnung, aber keine falsche Hoffnung. Ja, es gibt einen Sinn, wir brauchen nicht aufzugeben, wir bekommen Hilfe; aber die Hilfe ist nicht unbedingt nach unseren Wünschen maßgeschneidert. Unser Körper ist sehr wichtig und wird von den Toten auferweckt werden, aber noch wichtiger ist, daß wir Kinder Gottes und innerlich gesund sind. Jesus mußte den Tausenden, die so begeistert waren von seinen Brotwundern und Heilungen, schmerzlich klarmachen, daß diese Wunder weder das Wichtigste für sie noch das Schwierigste für ihn waren. Wir stehen nicht über diesen Menschen. Im Gegenteil: Wenn sie, die Zeitgenossen Jesu, ihn so mißverstehen konnten, wieviel leichter dann wir, die wir 2 000 Jahre später leben.

Wir brauchen ein waches Auge für Gottes Gebetsantworten in unserem Leben – sowohl für die genügende Gnade und Kraft, die uns durch Schmerzen, Überarbeitung, Durst, Trauer, Verfolgung hindurchträgt, als auch für die eingreifende Hand, die die Schmerzen lindert, uns Arbeit abnimmt, uns das rettende Glas Wasser und die tröstende Umarmung gibt, die Gefängnistüren öffnet. Wir brauchen ein waches Auge dafür, daß unser Leben, unser ganz persönliches Dasein, das verschieden ist von dem aller anderen Menschen, für Gott zählt, Sinn hat, zu dem großen Ganzen gehört. Und wir brauchen ein dankbares Herz, das nicht wie jene neun Aussätzigen aus Lukas 17 einfach zur Tagesordnung übergeht und glatt vergißt, Gott für seine Hilfe zu danken.

Wir sind nur irdene Gefäße, aber in und aus diesen Gefäßen leuchtet ein gewaltiger Schatz. Wenn wir das wissen, können wir ganz anders »bis an das Ende ausharren« (Mt 10,22). Wer schon früh in seinem Leben ein Kind Gottes geworden ist, steht leicht in Gefahr, müde zu werden im Tun des Guten (Gal 6,9), lasch zu werden in seinem Gebetsleben. Ich habe in meinem eigenen Leben die Erfahrung gemacht, daß mein Gebet dann am ernsten und tiefsten ist, wenn ich Gottes Antwort am meisten brauche. Wenn die Not da ist, wenn es aufs Ganze geht, dann geht man in sich und entdeckt und bekennt, wie gedankenlos man mit seiner Zeit umgegangen ist, wie wenig man Gott gedankt und ihn angebetet und gepriesen hat. Dann entdeckt man auch die ganze

Tiefe jenes Zuspruchs »Ich will dich nicht verlassen und nicht von dir weichen« (Jos 1,5), dann spürt man so richtig, daß man nie allein ist. Und wir können nur immer wieder staunen darüber, wie treu und sicher Gott seine Kinder – uns und andere – tröstet und führt und nicht fallen läßt. Die Kette unserer Nöte ist gleichzeitig eine Kette der Treue Gottes.

Ein Beispiel für die Treue Gottes, das mir seit meiner Kindheit immer wieder Auftrieb gegeben hat, ist die Geschichte von Honey Il, die ich in einem Buch der Overseas Missionary Society (Überseeische Missionsgemeinschaft) las. Honey Il war ein Angehöriger des Lisu-Stammes in den Bergen im Grenzland zwischen China, Thailand und Burma. Er war in einer völlig heidnischen Umgebung aufgewachsen, aber in ihm brannte ein Suchen, das ihm keine Ruhe ließ. Gab es nicht vielleicht doch noch einen Gott, den er noch nicht kannte? Eines Tages (es war am Anfang der Arbeit des Chinamissionars J.O. Fraser unter diesen Bergstämmen) fand er auf einem Gebirgspfad eine herausgerissene Seite aus dem Katechismus in der Lisu-Sprache. Da stand: »Gibt es mehr als einen Gott? – *Nein, es gibt nur einen Gott.* – Dürfen wir Götzen anbeten? – *Nein* ...« Der Rest war abgerissen. Aber Honey Il ging sofort nach Hause und riß die Götzenhausaltäre nieder. Was er weiter tun sollte, wußte er nicht.

Kaum hatte er die Götzenbilder zerstört, da bekam seine Tochter furchtbar hohes Fieber. Die Nachbarn kamen und spotteten und riefen: »Da siehst du, wie es einem geht, der die Götter beleidigt!« Honey Il hatte noch nie etwas vom christlichen Gebet gehört, aber er dachte: Wenn es diesen einen wahren Gott gibt, dann kann ich ihn vielleicht mit meiner Stimme erreichen. Er kletterte also auf den höchsten Berggipfel (der in dieser Gegend über 3 000 Meter hoch war), richtete seinen Kopf zum Himmel und rief so laut er konnte: »Gott, wenn es dich wirklich gibt, und wenn du der bist, den ich anbeten soll, dann bitte heile meine kleine Tochter!« Als er nach dem langen Abstieg seine Hütte wieder erreichte, war seine Tochter kerngesund. Das Fieber hatte sie genau zu dem Zeitpunkt verlassen, als er auf dem Berg gebetet hatte.

Gott hat versprochen: »Wenn ihr mich von ganzem Herzen suchen werdet, so will ich mich von euch finden lassen« (Jer

29,13). Jesus sagt: »Wenn jemand dessen (Gottes) Willen tun will, wird ihm klar werden, ob diese Lehre von Gott ist ...« (Joh 7,17). Gott erbarmt sich der suchenden Herzen, er öffnet sich denen, die seine Kinder werden wollen, »wenn« es ihn gibt. Ich glaube, im Himmel werden wir noch Tausende und Abertausende von Geschichten wie die Honey Ils kennenlernen; wir werden das Erbarmen unseres himmlischen Vaters, der in seinem Sohn in Leiden und Tod ging, um uns zu erlösen, nie ausloten können. Honey Il erstand später in einem chinesischen Marktflecken, viele mühsame Meilen Fußweg von seiner Hütte entfernt, ein Markusevangelium in der Übersetzung von Fraser und wurde schließlich selbst ein Missionar, der über entlegene Gebirgspfade vielen Lisu die Frohe Botschaft bringen konnte. Die Kommunisten haben diese Gläubigen in alle Winde zerstreut, und viele Mauern sind gebaut worden, um die Wahrheit auszusperren. Aber die Wahrheit läßt sich nicht aussperren. Nach wie vor hört Gott das Rufen der Suchenden; und wir, die wir die Wahrheit kennen, tragen immer noch den Schatz in unseren irdenen, zerbrechlichen, ramponierten Gefäßen, überall.

»Bedrängnis bringt Geduld«

Leid, Not, Bedrängnis betrifft immer die ganze Person. Krankheiten, Unfälle, Schläge, Folter, Kräfteverfall und Altern treffen nicht nur unseren Körper, sondern unser ganzes Ich, unsere ganze Existenz. Streß, Sorgen, Ärger, Eifersucht, Angst zeichnen nicht nur unsere Seele, sondern auch unseren Körper. Unser körperlicher Zustand beeinflußt unseren seelischen Zustand und umgekehrt. Die körperliche, seelische, geistliche und intellektuelle Entwicklung eines Menschen sind auf das engste miteinander verknüpft; es geht immer um die Person als ganze.

Schon Kinder sind Personen, und sie brauchen Eltern, die das verstehen – Eltern, die die großen und kleinen Nöte des Kindes ernst nehmen und nicht einfach sagen (oder brüllen oder abwinken): »Halt den Mund!«, »Frag nicht so viel!«, »Dich hat einer gehauen, na und?«, »Ich hab keine Zeit!« Das Kind braucht schützende Arme, einen bergenden Schoß, eine warme, geduldige Stimme, eine führende Hand, ein weises Herz. Es braucht geduldige Erklärungen, wo sie möglich sind, und Vertrauen und Zuversicht auch da, wo es keine Erklärungen gibt. Das Kind, das im Krankenbett liegt, braucht die Gewißheit: »Vater und Mutter wissen, wie es mir hier geht. Was ich nicht verstehe, das verstehen sie. Sie erklären mir alles so gut es geht und haben mich auch jetzt lieb.« Das Kind, das diese Gewißheit nicht hat, lebt in einem Gefängnis aus Angst und Verlassenheit.

Die Worte: »Hab Geduld, ich kann dir das jetzt nicht alles erklären, aber ich bin bei dir und du brauchst keine Angst zu haben« sind nur da wirksam, wo im alltäglichen Zusammenleben Vertrauen aufgebaut worden ist. Die Bewährungsproben für das Vertrauen des Kindes kommen, aber sie können nur bestanden werden, wenn das Kind aus einem Schatz von Alltagserinnerungen schöpfen kann, die beweisen, daß Vater und Mutter es lieben, für es sorgen, es verstehen, es nicht im Stich lassen, kurz: vertrauenswürdig sind.

Auch wir sind Kinder. Wir sind in die Familie des Schöpfers der

Welt hineingeboren worden, und damit haben wir einen Vater, der absolut vertrauenswürdig ist. Er hat sich uns in seinem Wort geoffenbart – nicht verworren und unzusammenhängend, sondern so deutlich und vollständig, wie wir es fassen können – und uns Führung und Leitung gegeben. Er hat uns auch einen Schatz von Erfahrungen mit ihm gegeben – unsere eigenen und die unserer Brüder und Schwestern.

Seine Ermahnung, »geduldig in Trübsal« zu sein (Röm 12,12), ist kein launischer Befehl, die Zähne zusammenzubeißen und den Menschen gefälligst zu beweisen, daß wir Christen sind. Und wenn wir in Römer 5,3 lesen, daß »Bedrängnis Geduld bringt«, dann dürfen wir diese Worte nicht getrennt sehen vom Rest des Kapitels, ja der ganzen Bibel, und etwa mit einem resignierten Seufzer sagen: »Ach, schön wär's, aber das stimmt ja alles nicht! Ich habe Bedrängnis – aber Geduld? Genau das Gegenteil!« Wir können auch nicht einfach in einer Konkordanz unter »Geduld« nachsehen und dann Jakobus 1,3-4 aufschlagen (»...weil ihr wißt, daß euer Glaube, wenn er sich bewährt, Geduld bewirkt. Die Geduld aber soll ihr Werk tun bis ans Ende ...«). Wenn wir nicht mehr von der Bibel kennen als ein oder zwei aus dem Zusammenhang gerissene Verse und nicht in unserem persönlichen Leben ganz praktisch erfahren haben, was es heißt, Geduld zu haben, dann können wir nichts als immer neue Ungeduld und Frustration erwarten.

Wie der Glaube, so ist auch die Geduld nicht etwas, was man gleichsam über den Ladentisch erwerben und bezahlen kann und dann »hat«; sie kommt nicht zustande ohne eine horizontale bzw. vertikale Beziehung mit jemand anderem. Die vertikale Beziehung ist die »nach oben«, zu Gott, und sie wird ermöglicht durch den Tod und die Auferstehung Christi und den seit unserer Wiedergeburt in uns wohnenden Heiligen Geist. Die horizontalen Beziehungen sind die zu unseren Mitmenschen. Geduld ist ein organischer Teil unseres Lebensganzen, unseres Soseins mit all seinem Denken und Lernen, mit all seinen Gefühlen und Empfindungen, mit all seinen guten und bösen, Gott ehrenden und sündigen, mitmenschlichen und egoistischen Taten. Geduld ist kein Kleid, das man an- und ausziehen, keine Beruhigungstablette, die man dreimal täglich schlucken kann. Sie ist verwoben mit unserer Existenz, unserer Entwicklung und unserem Wachsen. Wir sind ja in unserem Denken, unserem Verhalten und auch unserem Glaubensleben nie fertig; wir entwickeln uns, wir ändern uns – und unser himmlischer Vater beobachtet diese Veränderungen, so wie wir Menschen (hoffentlich) die Entwicklung unserer Kinder beobachten. Und wenn unsere Kinder (oder Pflegekinder oder Enkel oder Nichten und Neffen oder Schüler oder Studenten) sich zum Schlechteren hin entwickeln, wenn sie irgendwo vom Weg abkommen und immer verschlossener, bitterer, festgefahrener werden, immer mehr in ein Geleise der dumpfen Rebellion oder der Frustration geraten, dann ist uns das nicht egal, sondern wir ringen darum und sehnen uns danach, daß sie herauskommen aus ihrem Geleise und sich uns wieder öffnen, so daß wir ihnen zurückhelfen können auf den richtigen Weg.

Wir sind Gott wichtiger als ein Mensch es je einem anderen sein kann. Gott wird nicht müde, uns dies in seinem Wort zu bezeugen:

> Gott ist unsere Zuversicht und Stärke, eine Hilfe in den großen Nöten, die uns getroffen haben. Darum fürchten wir uns nicht, wenngleich die Welt unterginge und die Berge mitten ins Meer sänken, wenngleich das Meer wütete und wallte und von seinem Ungestüm die Berge einfielen. (Ps 46, 2-4)
> Der Herr ist des Armen Schutz, ein Schutz in Zeiten der Not. Darum hoffen auf dich, die deinen Namen kennen; denn du verlässest nicht, die dich, Herr, suchen. Lobet den Herrn, der zu Zion wohnt; verkündigt unter den Völkern sein Tun! (Ps 9, 10-12)
> Die dann zum Herrn riefen in ihrer Not, und er half ihnen aus ihren Ängsten und führte sie aus Finsternis und Dunkel und zerriß ihre Bande: die sollen dem Herrn danken für seine Güte und für seine Wunder, die er an den Menschenkindern tut... Wer ist weise und behält dies? Der wird merken, wieviel Wohltaten der Herr erweist. (Ps 107,13-15.43)
> Sondern wer sich rühmen will, der rühme sich dessen, daß er klug sei und mich kenne, daß ich der Herr bin, der Barm-

herzigkeit, Recht und Gerechtigkeit übt auf Erden; denn solches gefällt mir, spricht der Herr. (Jer 9,23)

Gottes Wort – hier liegt das Fundament für unser Wachsen in Geduld wie auch in Glauben und Vertrauen. Es geht darum, täglich in der Bibel zu lesen, täglich zu Gott zu beten und ihm dafür zu danken, daß er uns seine Barmherzigkeit und die Wunder, die er an seinen Kindern tut, so geoffenbart hat. Wie oft lesen wir hinweg über den Vers in Johannes 3: »So sehr hat Gott die Welt geliebt, daß er seinen eingeborenen Sohn gab, damit alle, die an ihn glauben, nicht verloren werden, sondern das ewige Leben haben.« Halten wir doch einmal inne und denken wir über diesen Vers nach – nicht über die gelehrten Auslegungen der Theologen, sondern über diese überwältigende Tatsache, daß der, der diese Worte sprach, die zweite Person der Dreieinigkeit, der »eingeborene Sohn« selbst war. Mit diesen Worten zeigt er Nikodemus – und uns – etwas davon, wie unerhört tief die Liebe Gottes zu seinem Volk ist, zu allen, die im Glauben zu ihm kommen. Und wir sollten gleich Jesu Worte aus Johannes 15, 9 dazunehmen: »Wie mich mein Vater liebt, so liebe ich euch auch. Bleibt in meiner Liebe!« Auch in Leid und Not können wir »in seiner Liebe bleiben«.

Lassen Sie mich ein Bild gebrauchen. Ich stelle mir das Leben als Garten Gottes vor, in welchem Sie und ich und die anderen Kinder Gottes Beete sind, die bestimmte Pflanzen, bestimmte »Früchte des Geistes« hervorbringen sollen, darunter auch die Geduld. Der Same der Geduld kann jedoch keine Triebe und Wurzeln herausbilden, wenn er nicht gedüngt wird und wenn der Boden nicht umgegraben und gelockert und bearbeitet wird. Der Dünger der Geduld ist die Bedrängnis, die Not. Die Bearbeitung des Bodens geschieht dadurch, daß wir täglich im Wort Gottes »graben« und so immer besser die unbeschreiblich große Liebe und Barmherzigkeit und Gerechtigkeit Gottes kennenlernen. Durch dieses Graben und Umgraben wachsen wir in unserem Vertrauen zu Gott, so daß unsere Reaktionen und Handlungen langsam anders werden und schließlich – zu unserer eigenen Überraschung, ist doch unser Boden von Natur aus gar nicht dafür geeignet – die Pflanze der Geduld zu sprießen beginnt.

Man kann diese Bodenbearbeitung nicht genug betonen. So wie

man allein durch Düngen keine gesunden Pflanzen ziehen kann, so bringt auch das Leid an sich noch längst keine Geduld hervor, wenn keine »Basis« da ist, kein wohlvorbereiteter Boden. Wir müssen in der Liebe Gottes »eingewurzelt und gegründet« sein:

> ... daß er euch Kraft gebe nach dem Reichtum seiner Herrlichkeit, stark zu werden durch seinen Geist am inneren Menschen, so daß Christus durch den Glauben in euren Herzen wohnt und ihr in der Liebe eingewurzelt und gegründet seid. Dann könnt ihr mit allen Heiligen begreifen, welches die Breite und die Länge und die Höhe und die Tiefe ist, und die Liebe Christi erkennen, die doch alle Erkenntnis übertrifft, damit ihr erfüllt werdet mit der ganzen Gottesfülle. (Eph 3,16-19).

Die Bibel sieht immer beides: In diesem Abschnitt sagt sie uns, wie wir immer besser die Liebe Christi erkennen können. Dieses Erkennen (d.h. das, was wir in diesem unseren Leben verstehen können) ist immer nur Stückwerk, denn die Liebe »übertrifft« jede Erkenntnis, geht weit über unseren begrenzten Verstand hinaus; und doch ist es sehr real und wächst während unseres ganzen Lebens, und mit ihm wächst unser Glaube und unser Vertrauen.

Gleichzeitig jedoch dürfen wir nie vergessen, daß wir nicht nur körperlich, sondern auch seelisch, geistig und geistlich »irdene Gefäße« sind. Römer 12 ist einer der Abschnitte, die uns daran erinnern. Niemand soll höher von sich denken, als es sich gebührt (Röm 12,3). Die folgenden Verse zeigen sehr klar, daß jeder seine besondere Gabe bekommen, seine ganz besondere Arbeit für Gott zu tun hat und daß er diese Arbeit gut, gründlich und in Liebe erledigen soll. In welcher Liebe? In der Liebe zum Herrn? Ganz richtig, nur dürfen wir nicht vergessen, daß es keine Liebe zu Gott ohne Liebe zum Bruder gibt. Wir sollen das Wohl unseres Nächsten suchen und nicht egoistisch für unsere eigenen Interessen kämpfen; wir sollen unseren Mitmenschen Gottes Liebe und Güte sichtbar, hörbar, fühlbar machen. Gastfreundschaft und Kleidung für den Glaubensbruder, eine Mahlzeit für den Feind sind ein persönlicherer Ausdruck von Liebe als eine anonyme Spende –

obwohl wir auch das Spenden keineswegs vernachlässigen sollten. Und mitten in dieser Darstellung des Lebensstils der Kinder Gottes finden wir dann auch diesen Satz:»Seid fröhlich in Hoffnung, geduldig in Trübsal, beharrlich im Gebet« (Röm 12,12). Die »Trübsal« kommt hier genau in der Mitte. Da hat Ihnen Ihr Sohn in seinem letzten Brief geschrieben, daß er den Herrn angenommen hat und Christ geworden ist – und mitten in Ihre Freude hinein kommt die Nachricht, daß er gerade Selbstmord begangen hat. Freuen Sie sich jetzt noch? Nein, sie *weinen*. Nicht umsonst ermahnt uns Paulus im gleichen Kapitel (Röm 12,15), uns mit den Fröhlichen zu freuen und mit den Weinenden zu weinen. Einen solchen Menschen, der buchstäblich mit Ihnen weint, brauchen Sie jetzt. Mit-leiden, Mit-weinen – das ist keine unmännliche Sentimentalität, das ist ein Stück realer Nächstenliebe. »Geduldig in Trübsal« – das ist die tragende Geduld des Stärkeren gegenüber dem, der ganz am Boden liegt.

Wir haben dabei niemals Veranlassung, stolz zu werden oder fromm darüber zu spekulieren, was wohl die Ursache dieser »Trübsal« ist. Wie ich schon im ersten Kapitel zeigen konnte, stehen wir in einem Kampf. Niemand von uns weiß die Antwort auf das »Warum?«, aber wir wissen, daß der Kampf da ist und daß das Leben mit seiner Kette von Ursachen und Wirkungen unter anderem auch Schlaganfälle, Infekte, Masern, Polio und Flugzeugabstürze mit sich bringt. Wenn es uns persönlich trifft, dann *ist* dies eine wunderbare Gelegenheit, dem Herrn und seiner Liebe zu vertrauen und ihn zu bitten, dieses Vertrauen und diese Geduld zu stärken und zu vermehren. Aber wir müssen nicht nur lernen, geduldig zu sein in unserer eigenen Not, sondern auch, Geduld zu haben mit unserem leidenden Nächsten. Und diese Geduld sollte nicht soundsoviele Minuten, Stunden oder Tage dauern, sondern unbegrenzt sein. Die Not unserer Mitmenschen sollte uns geduldiger machen, nicht ungeduldiger; sie sollte uns mitfühlender machen und nicht abstumpfen.

Wir aber, die wir stark sind, sollen das Unvermögen der Schwachen tragen und nicht für uns selber leben. Jeder von uns lebe so, daß er seinem Nächsten zum Guten und zur Erbauung diene. Denn auch Christus hat nicht für sich

selber gelebt, sondern wie geschrieben steht: »Die Schmä-
hungen derer, die dich schmähen, sind auf mich gefallen.«
Denn was einst geschrieben wurde, das ist uns zur Lehre
geschrieben, damit wir durch Geduld und den Trost der
Schrift die Hoffnung festhalten. (Röm 15,1-4)

Brauchen wir noch eine deutlichere Aufforderung, täglich in der
Bibel zu lesen, um das nötige Fundament für unsere Geduld zu
bekommen? Das Wort Gottes – des Gottes »der Geduld und des
Trostes« (Röm 15,5) - ist *die* Kraft- und Hilfsquelle für uns.

Im Grunde sind wir doch alle schwach, bei allen Unterschieden,
die es auf körperlichem, bildungsmäßigem oder auch geistlichem
Gebiet geben mag. Und wo wir stärker sind als unser Nächster, da
sollen wir uns nicht etwas darauf einbilden, sondern ihm damit helfen. Und vergessen wir nicht, daß wir selbst einen Helfer haben:
unseren himmlischen Vater. Zu ihm dürfen und sollen wir beten,
immer, in Freude wie in Not, in eigener wie in fremder Bedrängnis. Das Gebet ist unsere Telefonverbindung zum allmächtigen
Gott, und diese Leitung ist nie besetzt. Wir sind schockiert, vor
den Kopf gestoßen, wissen nicht, welche Worte wir wählen, wie
wir uns verhalten sollen? Rufen wir doch zu Gott – jetzt, sofort.
Wir dürfen es – und wir brauchen es, denn bis Jesus wiederkommt,
wird es immer Not und Armut und Krankheit und Schwachheit
geben, auch unter Christen; und oft werden wir diejenigen sein,
die die Schwächeren und Ärmeren und Kränkeren zu trösten
haben.

Eine ganz besonders schlimme Not ist es, wenn jemand dem
Satan in die Falle geht und in Sünde fällt. Im Galaterbrief finden
wir diese aufrüttelnden Worte:

Liebe Brüder, wenn ein Mensch etwa von einer Verfehlung
ereilt wird, so helft ihm wieder zurecht mit sanftmütigem
Geist, ihr, die ihr geistlich seid; und sieh auf dich selbst,
daß du nicht auch versucht werdest. Einer trage des andern
Last, so werdet ihr das Gesetz Christi erfüllen. Denn wenn
jemand meint, er sei etwas, obwohl er doch nichts ist, der
betrügt sich selbst. Ein jeder aber prüfe sein eigenes Werk;
und dann wird er seinen Ruhm bei sich selbst haben

und nicht gegenüber einem anderen. Denn ein jeder wird
seine eigene Last tragen. (Gal 6,1-5)

Kein Zweifel: Wir haben Verantwortung, wir sind in Gefahr, und
die Gefahr ist groß. Und dabei dürfen wir nicht etwa nur an Ehebruch, Betrug, Alkoholismus und Raubüberfälle denken. Es ist
genauso Sünde, wenn wir lieblos sind, wenn wir das Gute, das wir
tun könnten, unterlassen – oder auch, wenn wir in unserer Not an
Gott zweifeln und ihm nicht mehr vertrauen. Es ist falsch, Versuchung und Sünde auf eine kleine Liste sogenannter »grober Sünden« einzuengen (wobei die groben Sünden nicht selten die sind,
in denen *wir* zur Zeit *nicht* stecken...).

»Sieh auf dich selbst ...« – der Warnruf ist nicht zu überhören.
Religiöser Hochmut kann die größte Gefahr sein. Und Paulus
beläßt es nicht bei dem Warnen, er sagt uns gleich ganz praktisch,
wie wir dem Hochmut vorbeugen können: Wir sollen uns nicht mit
anderen Christen vergleichen, sondern immer nur mit dem Wort
Gottes – und an dieser »Last« werden wir genug zu tragen haben!
Wir sollen anderen, die gefallen sind, aufhelfen, aber wir sollen
auch unsere eigene Last sehen und tragen. Es geht hier nicht um
eine weinerlich zur Schau gestellte Demut, sondern darum, daß
wir jedesmal, wenn wir für einen Bruder oder eine Schwester
beten, an die bekannten Worte Jesu aus der Bergpredigt denken:

Richtet nicht, damit ihr nicht gerichtet werdet. Denn nach
welchem Recht ihr richtet, werdet ihr gerichtet werden;
und mit welchem Maß ihr meßt, wird euch zugemessen
werden. Was siehst du aber den Splitter in deines Bruders
Auge und nimmst nicht wahr den Balken in deinem Auge?
Oder wie kannst du sagen zu deinem Bruder: Halt, ich will
dir den Splitter aus deinem Auge ziehen!, und siehe, ein
Balken ist in deinem Auge? Du Heuchler, zieh zuerst den
Balken aus deinem Auge; danach sieh zu, wie du den Splitter aus deines Bruders Auge ziehst. (Mt 7,1-5)

Gott, der uns besser kennt als wir selbst, verlangt nicht, daß wir
perfekt werden, ehe wir vor ihm für andere Menschen eintreten;
aber er erwartet sehr wohl, daß wir uns unserer eigenen Verge-

bungsbedürftigkeit bewußt sind. Wir dürfen und sollen unseren Herrn bitten, doch Bruder X die Sünden zu vergeben und Schwester Y die Augen zu öffnen – aber nie, ohne ihn vorher gebeten zu haben, *uns selbst* die Augen zu öffnen und die Sünden zu vergeben. Das gilt ganz besonders dann, wenn wir für nahe Verwandte oder gute Freunde beten! Wir sind ja von Natur aus so blind für unsere eigenen Fehler. Wir merken es sehr wohl, wenn der andere uns mit seinen Sünden zur Last fällt – aber eben nicht unbedingt, wenn wir ihm mit *unseren* Sünden, *unserem* Egoismus, *unserer* Gefühllosigkeit, *unserer* Sturheit auf die Nerven gehen. Wir brauchen diese Verse aus der Bergpredigt!

O ja, wir sollen beten für unseren Ehepartner, unsere Eltern, Großeltern, Kinder, Enkel, Neffen, Nichten, Tanten, Onkel und Freunde. Wir sollen Gott bitten, daß er sie von Fesseln befreit, ihnen vergibt, ihnen den richtigen Weg zeigt. Aber wir dürfen niemals »von oben herab« beten. Noch ist Jesus nicht wiedergekommen, noch sind alle Christen schwache, sündige, höchst unvollkommene Menschen. Unser Gebetsanliegen kann sehr dringend sein: Es kann um eine Ehescheidung, um Drogensucht oder Alkoholismus, um massive Glaubenszweifel, um Verbitterung und totalen Egoismus gehen. Unser Gebet wird dann ebenso dringend sein, wir werden vielleicht auf manche Mahlzeit, auf manche Stunde Schlaf verzichten. Aber nur dann, wenn wir bei all diesem Beten Gott zu uns reden, ihn Schwachstellen in unserem eigenen Leben zeigen lassen, wird die Bedrängnis uns auch wirklich Geduld bringen.

Der große amerikanische Evangelist Dwight L. Moody (1837 bis 99) soll einmal, als er einen Betrunkenen über eine Brücke torkeln sah, gesagt haben: »Es ist reine Gnade, daß ich das nicht bin.« Eine solche Einstellung sollten wir alle haben. Sie hat nichts damit zu tun, daß man Fünfe gerade sein läßt und auch nicht damit, daß man sich wie der Pharisäer in dem bekannten Gleichnis aus Lukas 18 sozusagen selbst auf die Schulter klopft. Sie bedeutet einfach, daß wir uns über unsere totale Abhängigkeit von Gott im klaren sind und erkennen: Ich bin *nicht* perfekt, auch ich kann fallen, und wo ich nicht falle, beruht das einzig und allein auf Gottes Gnade und Kraft. Wo im Leben unserer Lieben und unserer Freunde Nöte und Sünden sind, die einfach nicht weggehen wollen, da ist es eine große Quelle der Geduld, wenn wir vor Gott unsere eigenen Sünden und unser eigenes ständiges Versagen erkennen und bekennen.

Es ist doch eine Binsenweisheit, daß Geduld nur da überhaupt erst möglich wird, wo wir versucht sind, *un*geduldig zu werden. Abraham und Sara mußten Geduld lernen; der verheißene Sohn kam erst, als sie menschlich gesprochen viel zu alt waren. Auch ein Paulus mußte Geduld lernen: »Wir geben niemand irgendeinen Anstoß, damit unser Dienst nicht in Verruf kommt; sondern in allem erweisen wir uns als Diener Gottes: in großer Geduld, in Leiden, in Nöten, in Ängsten, in Schlägen, in Gefängnissen, in Verfolgungen, in Mühen, in Wachen, in Fasten, in Lauterkeit, in Erkenntnis, in Langmut, in Freundlichkeit, im heiligen Geist, in ungeheuchelter Liebe« (2 Kor 6,3-6). Können wir uns da ausnehmen? Wir haben vielleicht nicht die »Trübsalsliste« des Paulus aufzuweisen, aber dafür vielleicht eine andere. Zum Beispiel diese: eine ausgelaufene Waschmaschine, ein Kind mit Keuchhusten, Kochen und Abwasch für über ein Dutzend Gäste, ein total verregneter Urlaub. Oder diese: Ärger mit dem Chef, die nächste Mieterhöhung, die Nachbarin, die nicht grüßt, die neue Lampe, die gleich beim ersten Einschalten durchbrannte. Jeder Mensch hat seinen eigenen Leidenskatalog, und jeder Tag bringt neue Einträge – und das ist in gewissem Sinne gut so, denn wie sollen wir sonst »Geduld« und »Langmut«, »Freundlichkeit« und »Liebe« lernen?

Ich liebe die Verse in Römer 4, wo es über Abraham heißt:

Und er wurde nicht schwach im Glauben, als er auf seinen eigenen Leib sah, der schon erstorben war, weil er fast hundertjährig war, und auf den erstorbenen Leib der Sara. Denn er zweifelte nicht an der Verheißung Gottes durch Unglauben, sondern wurde stark im Glauben und gab Gott die Ehre und wußte aufs allergewisseste: was Gott verheißt, das kann er auch tun. Darum ist es ihm auch »zur Gerechtigkeit gerechnet worden« (1 Mo 15,6). Daß es ihm zugerechnet worden ist, ist aber nicht allein um seinetwillen geschrieben, sondern auch um unsertwillen, denen es zugerechnet werden soll, wenn wir glauben an den, der

unsern Herrn Jesus auferweckt hat von den Toten, welcher
ist um unsrer Sünden willen dahingegeben und um unsrer
Rechtfertigung willen auferweckt. (Röm 4,19-25)

Diese Verse leiten direkt zu unserem Thema »Geduld« über:

> Da wir nun gerecht geworden sind durch den Glauben,
> haben wir Frieden mit Gott durch unsern Herrn Jesus Chri-
> stus; durch ihn haben wir auch den Zugang im Glauben zu
> dieser Gnade, in der wir stehen, und rühmen uns der Hoff-
> nung der zukünftigen Herrlichkeit, die Gott geben wird.
> Nicht allein aber das, sondern wir rühmen uns auch der
> Bedrängnisse, weil wir wissen, daß Bedrängnis Geduld
> bringt, Geduld aber Bewährung, Bewährung aber Hoff-
> nung, Hoffnung aber läßt nicht zuschanden werden; denn
> die Liebe Gottes ist ausgegossen in unsre Herzen durch
> den heiligen Geist, der uns gegeben ist. (Röm 5,1-5)

Solche Geduld kommt nicht von allein! Sie setzt voraus, daß
man Gott kennen und lieben gelernt hat. So war es bei Abraham,
und so ist es auch bei uns. Unser Fundament ist unser Glaube: Wir
müssen Kinder Gottes sein, Menschen, die Jesus Christus als Gottes Sohn erkannt und als ihren persönlichen Erlöser, der für sie
gestorben ist, angenommen haben. Und auf diesem Fundament
kann (und muß) dann unsere Liebe und unser Vertrauen zu unserem himmlischen Vater weiter wachsen. Wir sind dabei zum Glück
nicht uns selbst überlassen; sonst ginge es uns wie Säuglingen, die
direkt nach der Geburt mit einem »Sieh zu, daß du schön wächst!«
in die Welt entlassen werden. Nein, Gott ernährt uns durch sein
Wort, das wir täglich lesen dürfen, und er nimmt uns in die Arme,
wenn wir zu ihm beten. Wir sind nicht allein.

Gottes Wort ist so wunderbar ehrlich. Es versucht nicht, all das
Böse und Unangenehme in unserem Leben wegzuerklären, es läßt
es stehen und sagt uns ganz deutlich, daß es eine natürliche Folge
des Sündenfalls ist. Wir haben es nicht nötig, uns von fernöstlichen
Religionen einfangen zu lassen, die uns weismachen wollen, daß
alles nur ein (Alp-)Traum sei, ja eigentlich überhaupt nicht exi-
stiere. Nein, es existiert sehr wohl; unsere Gegenwart ist real,

unsere Vergangenheit ist real und unsere Zukunft. Das Wort Gottes stellt sich dieser Realität, es beschreibt sie, es hilft uns, mit ihr fertig zu werden. Es redet nicht wie jene unklugen Eltern, die ihrem fünfjährigen Kind vor dem gefürchteten Arztbesuch in den höchsten Tönen versichern, daß es »auch gar nicht wehtun wird«. Es spricht wie kluge Eltern, die dem Kind sachlich erklären, was auf es wartet, etwa so: »Der Arzt wird dich dort in den Ellbogen stechen und mit seiner Nadel ein wenig Blut in eine Flasche ziehen. Und dann sticht er auch noch in deinen Finger und quetscht einen Blutstropfen heraus, der dann auf ein Stück Glas kommt. Das tut etwas weh, aber nicht sehr lange, und aus diesem Blut, das der Arzt abnimmt, kann er sehen, was dir fehlt und welche Medizin du bekommen mußt, damit du bald wieder gesund wirst.«

Kann man einem Vier- oder Fünfjährigen *alles* erklären? Natürlich nicht. Vieles versteht das Kind nur in sehr vereinfachter Form, vieles gar nicht. Es wäre sinnlos, ihm einen Vortrag über die chemische Struktur der roten und weißen Blutkörperchen und über den Aufbau des Abwehrsystems zu halten. Nun, wie solche Kinder sind wir, wenn wir vor Gott stehen und ihm unsere Fragen stellen. Und Gott weiß das. Er gibt uns in seinem Wort in großer Liebe und Geduld genau das, was wir mit unserem kleinen Menschenverstand begreifen können (die einen von uns mehr, die anderen weniger). Er erklärt nicht alles, aber doch so viel, daß wir gewiß sein dürfen, daß er alle Antworten weiß und ihm voll und ganz vertrauen können. Unsere Aufgabe ist es nun, diesen Schatz an Wissen, den Gott uns offenbart hat, auszuschöpfen und in unserem Alltag *auszuleben*. Bis an unser Lebensende gilt es, zu lernen – vertrauen zu lernen, Geduld und vieles andere mehr. Wahrlich, unsere Zeit ist kostbar!

Der Vergleich mit dem Bluttest hat seine Grenzen. Ärzte und Untersuchungslabors können Fehler machen, und ein älteres Kind kann durchaus auf diese Möglichkeit zu sprechen kommen: »Was ist, wenn der Arzt nicht alles sieht, was in meinem Blut ist?« Das ist bei Gott natürlich anders. Er macht keine Fehler. Er weiß wirklich alles, obwohl er uns immer nur einen Teil davon offenbart – eben soviel, wie wir verkraften und verstehen können und für unser Leben brauchen.

Nicht alle Menschen wissen das. Vielleicht haben wir schon einmal ein Buch über den Zen-Buddhismus gelesen und feststellen müssen, daß es Menschen gibt, die ihr halbes Leben damit verbringen, über das Nichts zu meditieren. Oder wir lesen in einem Nachrichtenmagazin einen Artikel über »Soziobiologie« und finden dort die Behauptung, daß unsere ganze Ethik ein Ergebnis unserer Evolution aus dem Tierreich und in unsere Erbmasse einprogrammiert sei; worauf die Zen-Buddhisten antworten würden, daß Vererbung und Ethik und alles andere überhaupt nicht existieren ... Wie gut, wenn wir dann die Bibel aufschlagen und dankbar feststellen können, daß Gott uns keinen abstrakten Ideen-Nebel gibt, sondern solide, hör- und seh-, greif- und fühlbare Wirklichkeit. Wenn die Bibel von Leid, Geduld und Ausdauer spricht, ist das nicht etwas, was nur einigen wenigen Eingeweihten zugänglich wäre, die die richtige Meditationstechnik beherrschen und eine höhere Bewußtseinsstufe erklommen haben; nein, es geht um hörbaren Spott, sichtbare Gefängnismauern, spürbare Peitschenhiebe und Steine.

Im fünften Kapitel meines Buches »What Is a Family?« (»Was ist eine Familie?«) habe ich dargelegt, daß die Familie eine Zuflucht in Stürmen und Nöten ist und als Beispiel die Geschichte von Marry Berg-Meester erzählt. Zu dieser Geschichte gibt es mittlerweile eine Fortsetzung, die treffend illustriert, daß geistliches Wachstum nicht das Erreichen irgendwelcher »höherer Sphären« ist, in denen man gelassen über den Dingen steht, sondern mitten durch die Umstände und Widrigkeiten des Lebens hindurchgeht. Aber zunächst kurz die nötigen Informationen über Marry Berg-Meester. Ihr Mann Hans hatte eine furchtbare Kindheit durchgemacht; er hatte in einem Konzentrationslager in Indonesien mitansehen müssen, wie seine Eltern getötet wurden. Trotzdem hatte er sein festes Gottvertrauen nie aufgegeben. Er heiratete Marry, und das erste Kind, Jaapjan, war ein gesunder und aufgeweckter Junge. Aber das zweite – Stephan – war auf Grund einer Rhesusfaktor-Anomalie taub und gelähmt und an Bett und Rollstuhl gefesselt. Dann kam der Tag, wo Hans wie immer morgens zu seiner Arbeit fuhr – und von einem schleudernden Lastwagen, der sein Auto erfaßte, zerquetscht wurde.

Ich habe dann weiter berichtet, wie Marry durch all ihre Trauer und Einsamkeit hindurch doch an Gott festhielt, sich Augenblick für Augenblick von seiner Hand führen und trösten ließ und entschlossen versuchte, ihren beiden Jungen auch weiterhin ein Zuhause zu geben. Sie zog in eine andere Wohnung um, die in der Nähe der Behindertenschule lag, in die sie Stephan viermal in der Woche bringen mußte, und kaufte einen gebrauchten kleinen Lieferwagen, den sie so umbauen ließ, daß sie Stephan in seinem Rollstuhl von hinten über eine Rampe hineinschieben konnte; Jaapjan kam dann auf den Beifahrersitz. Sie entwarf auch sehr praktische und gleichzeitig hübsche Kleidungsstücke für Behinderte.

Und nun die Fortsetzung von Marrys Geschichte. Man möchte es Marry doch wirklich wünschen, daß ihr Leben wieder ins Lot kommt, daß nach all den Prüfungen so etwas wie Glück einkehrt; wer weiß, vielleicht kann sie ihre so kreativen Kleiderideen zu Geld machen ... Aber weit gefehlt! Ein Arzt diagnostiziert etwas, was dringend operiert werden mußte – und als Marry aus der Narkose erwachte, mußte sie erfahren, daß das »etwas« Krebs war und die Operation eine Totaloperation. Wochenlang liegt sie im Krankenhaus, das Herz voll dunkler Wolken und brennender Sehnsucht nach ihren Kindern.

Aber Einer war auch jetzt bei ihr. Sein Versprechen »Ich will dich nicht verlassen und nicht von dir weichen« wurde von diesem neuen Schock nicht ausgelöscht; es wurde lebendiger als je zuvor. Marry mußte erfahren, was viele von uns auch erfahren: daß das Leid in unserem Leben oft nicht als einmalige Katastrophe kommt, nach der dann alles wieder gut ist, sondern in aufeinanderfolgenden Wellen; kaum haben wir Zeit gehabt, uns das Wasser der einen Welle aus den Augen zu reiben und aus dem Hals zu husten, da kommt auch schon die nächste. Solche Sätze wie: »Die Geduld aber soll ihr Werk tun bis ans Ende« (Jak 1,4) oder: »Wer aber beharrt bis an das Ende...« (Mk 13,13) sind wirklich keine abstrakten Floskeln.

Die nächste Welle bei Marry kam, als sie noch im Krankenhaus lag. Ihr Bruder und seine Frau, die sich um ihre Jungen kümmerten, hatten einen Unfall mit ihrem Spezialauto. Totalschaden! Wie sollte sie ohne diesen Wagen auskommen? Können wir uns vorstellen, wie ihr zumute war, wie oft sie vor Schwäche und Hilflosigkeit weinte? War es selbstverständlich, daß sie auch jetzt nicht von Gott ließ, auch diese neue Not vor ihn brachte?

Versuchen wir doch, uns in Marrys Lage hineinzuversetzen. Wir liegen da, und die heißen Tränen rinnen uns über das Gesicht. Die Sorgen und die Zweifel wollen uns erdrücken. Und wir schreien zu Gott: *Herr, hilf mir! Hilf mir, gib mir das, was ich jetzt brauche, ich habe es nicht, ich kann nicht mehr!* Und dann ... dann erinnern wir uns, wie es in seinem Wort heißt: »Sorgt euch um nichts, sondern in allen Dingen laßt eure Bitten in Gebet und Flehen mit Danksagung vor Gott kundwerden! Und der Friede Gottes, der höher ist als alle Vernunft, bewahre eure Herzen und Sinne in Christus Jesus« *(Phil 4,6-7).* Wir überlegen: Gibt es nicht auch bei mir vieles, für das ich dankbar sein kann? Natürlich! Und wir beginnen Gott zu danken und formulieren auch unsere Bitten, bitten auch um neuen Frieden und neue Geduld.

Darf ich Ihnen aus einem Brief von Marry vorlesen, der gerade aus Holland gekommen ist? Sie ist inzwischen aus dem Krankenhaus entlassen worden, ist aber noch nicht so weit wiederhergestellt, daß sie schon wieder ihrem Beruf nachgehen könnte. Aber lassen wir sie selbst reden:

Ich fühle mich körperlich sehr gut. Ich habe eine gesunde Gesichtsfarbe (dafür bin ich besonders dankbar) und fühle mich inzwischen eigentlich wieder richtig stark, obwohl es auch Tage gibt, wo ich nicht weiß, wie ich alles schaffen soll. Ich bin dankbar, daß ich zu Hause sein und neue Kraft sammeln kann. Ich kann jetzt vieles tun, wozu man als Berufstätiger einfach nicht die Zeit hat... Zur Zeit nähe ich aus einem alten Mantel, den mir jemand geschenkt hat, eine Lederjacke für Jaapjan; die Ärmel habe ich aus brauner Schafwolle gestrickt. So brauche ich ihm für den Winter keine neue Jacke zu kaufen – und vor allem: er hat eine Jacke, die wirklich *mit Liebe* gemacht ist.

Daß Sie ein Buch über das Leid schreiben, finde ich ganz großartig. Viele Menschen verstehen ja nicht, wie das ist mit dem Leiden. Wenn sie Christen sind, meinen sie oft sogar, daß jemand, der viel zu leiden hat, wohl ein großer Sünder sein müsse oder jedenfalls dem Herrn nicht richtig nachfolge. Sie wissen einfach nicht, was für ein tiefer Friede, was für ein bedingungsloses Vertrauen auf Gott aus dem Leiden kommt, wie man seine Hand nachher überhaupt nicht mehr loslassen will. Ich möchte die Leidenszeiten in meinem Leben nicht mehr missen, obwohl sie bestimmt nicht einfach waren. Es tut weh, wenn man leiden muß, man vergießt so manche Träne. Wir haben es nicht leicht auf dieser Erde – aber im Himmel wartet eine reiche Belohnung auf uns. Manche meinen auch, daß das Leid etwas besonders Tiefes und Geheimnisvolles sei. Aber ich vergleiche es einfach mit einem langen, mühsamen Fußmarsch. Die Sonne brennt auf uns herunter, unsere Füße haben längst Blasen, die Feldflasche ist leer und an Proviant ist nur noch ein Stück Schokolade da – aber wir wissen, hinter der nächsten Biegung des Weges werden wir den Berg vor uns sehen, und auf seinem Gipfel das hell erleuchtete Vaterhaus, wo unsere Lieben auf uns warten. Es lohnt sich, weiterzugehen und den Berg hinaufzusteigen; es ist nicht zu weit – und der Vater geht ja neben uns. Der Hunger und der Durst und die Blasen schärfen unsere Sinne für die Dinge auf unserem Weg – die kleinen Blumen und die großen kantigen Steine. Man darf auch nicht vergessen, daß noch viele andere Wanderer diesen Weg gehen müssen und daß sie die gleichen Schmerzen und den gleichen Durst haben.

Vielleicht hätte ich diesen Auszug aus Marrys Brief eher für das Kapitel über das Trösten reservieren sollen; denn Marry ist eine meiner großen Trösterinnen, und das schon seit siebzehn Jahren. Ich lernte sie kennen, als sie bei uns in L'Abri arbeitete. Wegen ihrer kranken Leber mußte sie so manchen Tag das Bett hüten; wer sie dann besuchte, um sie zu trösten, kam selbst getröstet zurück. Ist Marry eine »Heilige«? Nein. »Heilige« gibt es nicht. Aber sie ist jemand, an dem man ganz deutlich sehen kann, daß Geduld im Leiden kein bloßes frommes Wort ist, sondern eine Realität, und daß aus dieser Geduld in der Tat Hoffnung kommt.

Das Leiden hat viele Gesichter. Eines der häßlichsten zeigt es, wenn jemand angegriffen oder verfolgt wird, weil er etwas Gutes tut oder seinem Gewissen folgt. Die Angreifer können Verwandte sein, Freunde, Gewerkschafts- oder Parteikollegen, Journalisten und Interessengruppen, Regierungen und ganze Nationen. Lügen und Verleumdungen können mehr schmerzen als Peitschenhiebe. Solche und ähnliche Situationen spricht Petrus an, wenn er in seinem ersten Brief schreibt: »Denn das ist Gnade, wenn jemand vor Gott um des Gewissens willen das Übel erträgt und leidet das Unrecht. Denn was ist das für ein Ruhm, wenn ihr um schlechter Taten willen geschlagen werdet und es geduldig ertragt? Aber wenn ihr um guter Taten willen leidet und es ertragt, das ist Gnade bei Gott« (1 Petr 2,19-20). Er sagt dann weiter, daß auch Jesus Unrecht erlitten hat und daß wir darin seinem Vorbild folgen sollen. Wenn wir kritisiert, verleumdet, ins Gefängnis geworfen oder gar getötet werden, weil wir das tun, was Gott von uns will, dann ist das keine Schande, sondern eine besondere »Gnade«.

Oder nehmen wir diesen Abschnitt aus dem Jakobus-Brief:

> Meine lieben Brüder, haltet es für lauter Freude, wenn ihr in mancherlei Anfechtungen fallt, weil ihr wißt, daß euer Glaube, wenn er sich bewährt, Geduld bewirkt. Die Geduld aber soll ihr Werk tun bis ans Ende, damit ihr vollkommen und ohne Tadel seid und keinen Mangel aufweist. Wenn es aber jemandem unter euch an Weisheit mangelt, so bitte er Gott darum, der jedem gern gibt und keine Vorhaltungen macht; dann wird sie ihm gegeben werden. Er bitte aber im Glauben und zweifle nicht; denn wer zweifelt, der gleicht einer Meereswoge, die vom Winde getrieben und hin und her geworfen wird. Ein solcher Mensch denke nicht, daß er etwas von dem Herrn empfangen wird. Ein Zweifler ist unbeständig auf allen seinen Wegen. (Jak 1,2-8)

An was für Menschen richtet sich diese Mahnung? Welche Altersgruppe hat Jakobus im Sinn? Vielleicht denken Sie, daß er nur Erwachsene meinen kann. Wirklich? Ich glaube, auch diese Verse gelten für alle Menschen, egal wie alt oder jung, gebildet oder ungebildet, hoch oder niedrig sie sind. Ein Kind kann genauso durch Leiden gehen – und Geduld zeigen – wie ein Erwachsener. Ich erinnere mich noch, wie unsere Tochter Debby als kleines Mädchen sehr lange krank zu Bett lag und sich die Zeit damit vertrieb, das Gesangbuch von vorne bis hinten durchzusingen. Im ganzen Haus und bis in den Garten konnte man ihre klare Stimme hören, und diese Melodien sagten deutlicher als viele Worte, daß in diesem Kind etwas wuchs, das man »Geduld« nennt. Jeder, der jemals in einem Kinderkrankenhaus oder mit behinderten Kindern gearbeitet hat, wird mich verstehen und mir zustimmen.

Oder nehmen wir eine ganz andere Altersgruppe. Einer meiner Brieffreunde ist Herr Secrest. Er ist 93 Jahre alt und wohnt in einem Altersheim. Ich liebe seine Briefe, denn sie sind so voll von aktiver Geduld und echter Freude. Seine Frau ist vor einigen Jahren gestorben, und vor kurzem hatte er eine Operation und kann seitdem nur noch an einem Stock gehen, wenn er das Haus verläßt. Aber was schreibt er in seinen Briefen? Er zählt die Sonnentage, die Wolkentage und die Regentage, und einmal schickte er mir eine Aufstellung über »die letzten fünf Jahre«. Ein anderes Mal erzählte er mir, daß er gerade seinen 3437ten Spaziergang seit dem Einzug in das Altersheim gemacht habe. Er ist fast an jedem Tag draußen gewesen, ausgenommen die Tage, die er im Krankenhaus liegen mußte. Manchmal schickt er mir auch die Speisekarte der letzten Tage und verrät mir, welche Gerichte er gewählt hat. Jeden Nachmittag liest er einer blinden Frau und noch einem anderen Bekannten im Heim, der ebenfalls nicht lesen kann, vor. Herr Secrest ist traurig darüber, daß so viele Leute im Heim ihre Tage leer und sinnlos vorübergehen lassen und sich für nichts interessieren, ja noch nicht einmal die Bibelstunden besuchen. Seine Geduld erschöpft sich nicht einfach darin, daß er »auf den Tod wartet«, nein, er nutzt die Zeit, die ihm verblieben ist; er nutzt sie als jemand, der weiß, daß er nicht auf einem Abstellgleis ist, sondern genau an dem Ort, wo Gott ihn haben – und gebrauchen! – will.

Wenn die Bibel von Geduld spricht, malt sie uns nicht das Bild einer wiederkäuenden Kuh vor Augen, die ergeben auf den Metzger oder auch den Abend wartet. Nein, biblische Geduld ist höchste Aktivität: zielgerichtetes Beten, festes Vertrauen, Sieg im Kampf gegen den Satan. Mit solcher Geduld befinden wir uns ein Stückchen weit in den Fußtapfen Christi.

Wer und wo wir auch sind, wir können es lernen und erfahren, daß »Bedrängnis Geduld bringt«.

Edelmetall

Zu unserem Familienleben gehört, daß wir uns hin und wieder einen Konzertbesuch leisten. Während ich an diesem Buch saß, gingen wir in ein Konzert des Wiener Kammerorchesters mit dem Amerikaner Kenneth Klein als Gastdirigenten. Von unseren Plätzen auf der Galerie, fast direkt über dem Orchester, konnten wir jedes Instrument sehen, die Finger und Arme und Köpfe der Musiker beobachten und nicht zuletzt die Bewegungen und Gesten des Dirigenten studieren, wie er souverän das ganze Orchester als *sein* Instrument beherrschte: hier dämpfte, dort betonte, jedem Takt und jeder Note ihren Platz im Ganzen des Stückes anwies. Das Stück von Mozart und die Erste Sinfonie von Beethoven waren ein Genuß, wie man ihn sich schöner kaum vorstellen konnte. Der Gastsolist, der Gitarrist Alexandre Lagoya, spielte zusammen mit dem Orchester das Concerto d'Aranjuez, und es ist kaum zu beschreiben, welche Schönheit und Vielfalt er diesem scheinbar so einfachen Instrument entlockte. Aber auch all die anderen Instrumente, die Flöten, die Violinen, die Celli und Baßgeigen... es war ein großes harmonisches Wunderwerk.

Solche Wunderwerke entstehen nicht von selbst. Ein begnadeter Künstler, ein Meister seines Fachs, muß sie komponieren. Es braucht andere Meistermusiker, um sie aufzuführen, Musiker, die Talent haben, dieses Talent in jahrelanger, geduldiger Ausbildung entwickelt haben und die dann gemeinsam Stunde um Stunde das Werk eingeübt haben. Dann die Instrumente: Wie lange dauert es, etwa eine gute Violine herzustellen; wie lange muß allein das Holz gelagert und getrocknet werden, bis es genau die Qualität erreicht hat, die für die gewünschte Klangfarbe notwendig ist. Wir baden in den Wogen musikalischer Perfektion, die uns im Konzertsaal umspülen, aber wissen wir auch, wieviel Planen, wieviel Überlegen, wieviel monotones Üben, wieviele schiefe Töne und falsche Einsätze, wieviel schiere Arbeit, wie viel Schweiß und vielleicht auch Enttäuschung nötig sind, um diese Perfektion hervorzubringen?

Das Konzert ist zu Ende. Anerkennendes Lächeln und Entspannung im Gesicht des Dirigenten, brausender Beifall des Publikums. Dann beginnt der Aufbruch nach draußen, der Rückweg in Stimmengewirr, anspringende Motoren, Alltag. Wir haben durch ein akustisches Fenster blicken können, hinein in eine andere Welt. Sehnen wir uns nach mehr? Freuen wir uns auf mehr? Gibt es vielleicht noch eine herrlichere Welt? Haben wir Karten und Zeit für diese Welt, haben wir das geschickte Ohr, das recht hören kann?

Kein Vergleich ist perfekt. Aber wenn ich den zarten oder strahlenden, verhaltenen oder mächtigen Klang eines Orchesters höre, muß ich daran denken, wie Gott unser großer Komponist und Dirigent ist und die Bibel eines seiner Meisterstücke. Wie tief und harmonisch, wie perfekt durchkomponiert ist doch die Sinfonie des Wortes Gottes! Aber wie oft lassen wir uns diese Harmonie entgehen, hat unsere geistliche Schallplatte einen Sprung, so daß wir immer nur dieselbe Stelle hören, immer wieder, bis man es nicht mehr aushalten kann. Taugt die Stelle nichts? Sollte man die Sinfonie umschreiben? Nein, der Fehler liegt bei uns. Die Musik an sich ist perfekt, die anstößigen Töne sind genau da, wo sie hingehören, wollen im Zusammenhang des Ganzen gehört und verstanden werden.

In einer Sinfonie kommt eben alles darauf an, daß alle Einzelheiten – alle Sätze, alle Instrumentalstimmen und ihre Ausführung durch die Musiker – den ihnen gebührenden Platz haben, sich zu dem vom Komponisten gewollten Ganzen vereinigen. So auch in der Sinfonie der Wahrheit Gottes, der Bibel. Wir werden ihren Reichtum, ihre Strukturen, ihre Fülle nie ganz ausloten können, aber wir können doch lernen, sie immer besser zu verstehen, sie immer mehr als Ganzes zu hören und uns nicht mehr nur auf einige Bruchstücke und Lieblingstakte zu beschränken. Der allmächtige, ewige, heilige Schöpfer der Bibel, der Gott des Gerichts und der Gnade, gibt uns keine rätselhaften Papierfetzen, sondern ein klares, deutliches Bild, das uns sagt, wer er ist und was er von uns erwartet.

Unsere Betrachtung des Leidens kann nur dann realistisch und wahr sein, wenn wir das *ganze* Wort Gottes im Auge behalten, wenn wir keinen Satz, kein Motiv der großen Sinfonie auslassen.

Wir haben schon gesehen, daß wir in einem Kampf mit den bösen Mächten stehen, daß wir »irdene Gefäße« sind, daß wir Geduld und Durchhaltekraft bekommen. Ich möchte uns jetzt zu einem neuen Thema hinführen. Durch die ganze Bibel hindurch läuft wie ein Silberfaden die Verheißung, daß Gott etwas für uns vorbereitet – etwas, was wir jetzt noch gar nicht erfassen können, etwas, das unaussprechlich und unvorstellbar reich und schön sein wird:

>»Was kein Auge gesehen hat und kein Ohr gehört hat und in keines Menschen Herz gekommen ist, was Gott bereitet hat denen, die ihn lieben.« Uns aber hat es Gott offenbart durch seinen Geist; denn der Geist erforscht alle Dinge, auch die Tiefen der Gottheit. (1 Kor 2, 9-10)

Das gewaltigste Oratorium, die herrlichste Kathedrale, der klarste Sonnenuntergang sind nur ein schwacher Abglanz dessen, was Gott da für uns vorbereitet hat – und wofür er uns vorbereitet. Aber an dieser Stelle mag vielleicht jemand einwenden: »Was meinen Sie bloß mit dem Vorbereiten? Es ist doch alles schon geschehen! Christi Blut hat uns doch schon gereinigt, wir sind doch gerecht gesprochen, unsere Sünden sind vergeben, und wir können nichts, aber auch gar nichts dazutun! Hat Jesus denn nicht selbst gesagt, daß wir nur an ihn zu glauben brauchen? Ist es denn nicht richtig, daß unsere Werke nicht zählen?« O ja, das stimmt, alles. Ja, unser einziger Ruhm ist unser Herr; ja, Gott hat die Schwachen erwählt, damit er die Starken zunichte mache (1 Kor 1, 28). Ja, es ist alles *sein* Werk – aber zu diesem Werk gehört eben auch, daß er in und an uns arbeitet; und damit sind wir wieder bei unserem Thema »Leiden«.

Die Vorbereitungsarbeit Gottes in unseren Herzen wird in der Bibel des öfteren als ein Reinigungsprozeß beschrieben und mit dem Läutern von Metall verglichen, so zum Beispiel in Sprüche 17,3: »Wie der Tiegel das Silber und der Ofen das Gold, so prüft der Herr die Herzen.« Und Gott selbst und sein Wort werden mit einem ähnlichen Bild als Muster an Reinheit und Lauterkeit beschrieben: »Die Worte des Herrn sind lauter wie Silber, im Tiegel geschmolzen, geläutert siebenmal« (Ps 12,7). Die alttestamentlichen Propheten haben das Thema der Läuterung immer wieder verwendet. Sacharja sagt:

> Und ich will den drittenTeil durchs Feuer gehen lassen und läutern, wie man Silber läutert, und ihn prüfen, wie man Gold prüft. Die werden dann meinen Namen anrufen, und ich will sie erhören. Ich will sagen: Es ist meinVolk; und sie werden sagen: Herr, mein Gott! (Sach 13, 9)

Hier spricht Gott zunächst einmal zu seinem Volk Israel, aber ich glaube, er meint auch uns, die geistlichen Kinder Abrahams, die an den Messias Jesus Christus glauben. Der Prophet Maleachi verknüpft dasThema »Läutern« mit dem Kommen des Herrn.

> Wer wird aber denTag seines Kommens ertragen können, und wer wird bestehen, wenn er erscheint? Denn er ist wie das Feuer eines Schmelzers und wie die Lauge der Wäscher. Er wird sitzen und schmelzen und das Silber reinigen, er wird die Söhne Levi reinigen und läutern wie Gold und Silber. Dann werden sie dem Herrn Opfer bringen in Gerechtigkeit. (Mal 3, 2-3)

Was ist dieses »Feuer des Schmelzers«? Es ist das Feuer im Schmelzofen, das den Schmelztiegel so stark erhitzt, daß das Edelmetall flüssig wird und alle unreinen Beimischungen sich absondern. Haben Sie schon einmal zugeschaut, wie ein Silberschmied das Rohsilber zum Schmelzen bringt, wie die unreinen Bestandteile als Schaum nach oben steigen und wie er diesen Schaum buchstäblich abschöpft? Wußten Sie schon, daß er den Reinigungsprozeß erst dann abschließt, wenn er in dem geschmolzenen Silber sein Gesicht wie in einem Spiegel betrachten kann? Was für ein faszinierendes Bild für unseren himmlischen Schöpfer und Schmied, der uns genauso läutert, und das unser ganzes Leben lang und in den verschiedensten »Feuern«; der uns ganz rein haben will, weil er eine gewaltige Aufgabe, die wir uns jetzt noch gar nicht vorstellen können, für uns bereit hat.

Wenn wir um diesen Läuterungsprozeß wissen, haben wir immer ein Gebetsanliegen. Wir beten: *Herr, bitte gib mir die Kraft, dich weiter zu lieben und Satan zu besiegen; hilf, daß er mich nicht dazu bringt, bitter gegen dich zu werden.* Oder: *Herr, ja, ich weiß, daß ich alles andere als vollkommen bin. Bitte reinige mich, wie du es für richtig hältst, schöpfe den unreinen Schaum in deinem Feuer ab.* Oder: *Herr, schenke doch, daß diese neue Not mir eine neue Geduld bringt, eine Geduld, wie ich sie bisher nicht gehabt habe.*

Was gehört alles zu den Schlacken, von denen Gott uns reinigen, zu den Balken, die er uns aus dem Auge ziehen will? Hören wir wieder auf Maleachi, wie er unter Gottes Leitung schreibt:

So bekehrt euch nun zu mir, so will ich mich auch zu euch kehren, spricht der Herr Zebaot. Ihr aber sprecht: »Worin sollen wir uns bekehren?« Ist's recht, daß ein Mensch Gott betrügt, wie ihr mich betrügt? Ihr aber sprecht: »Womit betrügen wir dich?« Mit dem Zehnten und der Opfergabe! Darum seid ihr auch verflucht; denn ihr betrügt mich allesamt. Bringt aber die Zehnten in voller Höhe in mein Vorratshaus, auf daß in meinem Hause Speise sei, und prüft mich hiermit, spricht der Herr Zebaot, ob ich euch dann nicht des Himmels Fenster auftun werde und Segen herabschütten die Fülle. (Mal 3, 7-10)

Diese Worte sind ebenso hart wie praktisch. Es geht also nicht um irgendwelche tiefsinnigen Abstraktionen und frommen Luftgespinste. Es geht (zum Beispiel) darum, ob wir gastfrei sind, ob wir unserem Nächsten dienen, ob wir Kranke besuchen, ob wir von unserem Besitz abgeben und Gott (mindestens) den geforderten »Zehnten« geben. Das sind die Dinge, die darüber entscheiden, ob wir wirklich in dem Zustand sind, den die Theologen »Heiligung« nennen – ob wir also wirklich den Sieg gegen den Satan, den Jesus durch seinen Tod ermöglicht hat, ausleben. Fragen wir uns doch jeder einmal selbst: Wo mangelt es mir hier, wo gehorche ich meinem Herrn nicht, und welche Auswirkungen hat das auf mein inneres Wachstum und auf meine Umgebung?

Denn Auswirkungen hat es. Kein geringerer als Jesaja erinnert uns daran, daß wir Botschafter Gottes auf der Erde sind und daß wir (gerade so wie normale, politische Botschafter auch) dem Herrn, den wir vertreten, Ehre machen, aber auch Schande bereiten können: »Siehe, ich habe dich geläutert, aber nicht wie

Silber, sondern ich habe dich geprüft im Glutofen des Elends. Um meinetwillen, ja, um meinetwillen will ich's tun, daß ich nicht gelästert werde; denn ich will meine Ehre keinem andern lassen« (Jes 48, 10-11). Das gleiche Thema finden wir etwa in Hesekiel 20, wo der Ungehorsam und der Götzendienst des Volkes Israel während seiner Wüstenwanderung beschrieben wird. Diese aufrüttelnde Tatsache, daß wir durch unsere Handlungen Gottes Namen »lästern«, verunehren, beschmutzen können, sollte uns ein zusätzlicher Ansporn sein, ihn immer wieder um Hilfe und Vergebung zu bitten.

Ähnlich wie Maleachi, so sieht auch Paulus in unserer Einstellung zu unserem materiellen Besitz ein wichtiges Barometer für unser geistliches Wachstum. In 2. Korinther 8, 1-7 schreibt er über die Gemeinden in Mazedonien:

> Wir wollen euch, liebe Brüder, von der Gnade berichten, die Gott den Gemeinden Mazedoniens geschenkt hat. Denn während sie durch schweres Leiden geprüft wurden, haben sie in überschwenglicher Freude trotz ihrer großen Armut reichlich gegeben mit lauterem Sinn. Denn ich bezeuge, daß sie nach Kräften und sogar über ihre Kräfte freiwillig gegeben und uns mit vielem Zureden gebeten haben, daß sie an dem Liebeswerk für die Heiligen mithelfen dürften. Sie taten mehr, als wir erwartet hatten, und gaben sich selbst, zuerst dem Herrn und dann auch uns, nach dem Willen Gottes. So konnten wir Titus zureden, dieses Liebeswerk, wie er es früher angefangen hatte, nun unter euch zu vollenden. Wie ihr aber in allen Stücken reich seid, im Glauben und im Wort und in der Erkenntnis und in allem Eifer und in der Liebe, die wir in euch erweckt haben, so seht zu, daß ihr auch in diesem Liebeswerk reich seid.

Was hat dies mit dem Thema »Leiden« zu tun? Sehr viel. Gott arbeitete an diesen Christen in Mazedonien, und das zeigte sich nicht zuletzt darin, daß sie trotz Armut und Verfolgung ihren Besitz mit anderen teilten. Mit anderen Worten: Der Heilige Geist hatte ihren natürlichen, menschlichen Egoismus in Liebe und Freigebigkeit verwandelt. Und solche Verwandlung geschieht nicht in religiösen Elfenbeintürmen, in Mönchsgelübden und Klosterzellen, sondern im Schmelztiegel des Alltags, bis hin zu dem Kuchen oder den selbstgebackenen Brötchen oder dem Mittagessen, das wir mit unserer kranken Nachbarin teilen. (Und vielleicht müssen wir buchstäblich teilen und können nicht in den großen Sack des Überflusses greifen, weil der längst leer ist.)

Solche praktische Nächstenliebe kommt nicht von selbst. Die Gelegenheit zum Helfen kommt uns in den seltensten Fällen »gelegen«. Vielleicht sind wir gerade selbst in einer Not; wir haben uns zum Beispiel den Fuß vertreten oder haben rasende Kopfschmerzen oder halten ein niederschmetterndes Telegramm in der Hand; und schon sind wir versucht, zu denken: »Jetzt bin doch wohl erst einmal *ich* an der Reihe!« Oder wir liegen selber im Krankenhaus und der Mensch, dem wir das Gesicht waschen oder die Bettschüssel bringen könnten, ist unser Bettnachbar.

Es gibt natürlich immer Grenzen. Aber *etwas* können wir immer tun, egal wie groß unsere eigene Not ist. Und dieses Etwas gilt es zu sehen und dann mit Gottes Hilfe anzupacken; auch das gehört zu unserer Läuterung als »Silber Gottes«, zu unserer »Heiligung«. Diese Heiligung ist ein langsamer Prozeß, aber »langsam« bedeutet nicht »unnötig«. *Gott hat etwas mit uns vor. Er bereitet uns auf etwas vor, was er für uns vorbereitet hat.* Er will nicht, daß wir bei unserer Wiedergeburt stehenbleiben und ewig geistliche Säuglinge bleiben.

Im Gleichnis vom Sämann erzählt Jesus unter anderem von dem »felsigen Boden«: »Ebenso auch die, bei denen auf felsigen Boden gesät worden ist: wenn sie das Wort gehört haben, nehmen sie es bald mit Freuden auf, aber sie treiben keine Wurzeln, sondern sind wetterwendisch; wenn sich Bedrängnis oder Verfolgung um des Wortes willen erhebt, so fallen sie gleich ab« (Mk 4, 16-17). Mit anderen Worten: Dies sind die Menschen, deren Bekehrung (und Freude) nur oberflächlich ist und die geistlich nicht wachsen. Wenn dann Not oder Verfolgung kommen, werden sie bitter auf Gott; anstatt sich noch fester an ihn zu halten, laufen sie von ihm weg und wollen mit ihrem Glauben nichts mehr zu tun haben. Ist es nicht bezeichnend, daß es sich ausgerechnet in Notsituationen zeigt, daß der Boden steinig ist?

Wie anders ist da das »gute Land«! Hier bilden sich echte Wurzeln, hier ist Wachstum, hier gibt es Frucht. Aber aus anderen Abschnitten der Bibel wissen wir, daß auch die guten Pflanzen Unwettern und Schädlingen ausgesetzt sind. Das kann Verfolgung sein, das kann Krankheit sein, das können aber auch Reichtum und andere Versuchungen sein. Um auf das Beispiel mit dem Silber zurückzukommen: Selbst sehr gutes Silber kann noch etliche Läuterungsgänge nötig haben.

Petrus stellt in seinem ersten Brief ganz klar heraus, daß zum Wachstum des Christen das »Feuer« (was für ein Bild!) der Prüfungen und Anfechtungen gehört. Hier der ganze Abschnitt:

> Ihr Lieben, wundert euch nicht, daß euch die Versuchung wie ein Feuer bedrängt, als ob euch da etwas Ungewöhnliches widerfahren würde, sondern freut euch, daß ihr mit Christus leidet, damit ihr auch zur Zeit der Offenbarung seiner Herrlichkeit jubeln und euch freuen könnt. Selig seid ihr, wenn ihr um des Namens Christi willen geschmäht werdet; denn der Geist der Herrlichkeit, der Geist Gottes, ruht auf euch. Niemand sei unter euch, der als Mörder, Dieb oder Übeltäter zu leiden hat oder als einer, der in ein fremdes Amt eingreift. Leidet er aber als Christ, so soll er sich nicht schämen, sondern Gott mit diesem Namen ehren. Denn die Zeit ist da, daß das Gericht am Hause Gottes anfängt. Wenn aber schon an uns zuerst, was wird es für ein Ende nehmen mit denen, die dem Evangelium Gottes nicht glauben? (1 Petr 4, 12-17)

Freude und Jubel, wenn Jesus wiederkommt, weil wir »an seinen Leiden teilgenommen haben«. Können wir das ganz verstehen, ganz ausloten? Sicher nicht, aber eines ist doch wohl klar: Wenn Menschen, die Feinde Christi sind, uns beleidigen oder drangsalieren oder verfolgen, dann ist es nicht egal, wie wir darauf reagieren. Es zählt; und es zählt nicht nur im Hier und Jetzt, sondern auch im Blick auf die Ewigkeit, wo wir Jesus von Angesicht zu Angesicht werden sehen dürfen. Dabei gibt es Angriffe Satans, die äußerlich gar nicht wie Verfolgungen um des Glaubens willen aussehen, aber die doch gegen Christus gerichtet sind und uns von ihm trennen wollen.

Daß wir in einem Kampf gegen den Teufel stehen, ja in diesem Kampf Siege erringen dürfen – dieser Gedanke allein ist schon gewaltig genug. Aber es geht eben noch um mehr: Auf irgendeine geheimnisvolle Art und Weise sind wir am Leiden Christi beteiligt, und – ja, das ist vielleicht das größte Wunder – bei all dem geschieht etwas in uns, wächst etwas, reift etwas, gehen wir – Schritt für Schritt, Zentimeter für Zentimeter – dem Ziel entgegen. Und *jeder* von uns kann das tun, nichts und niemand – keine Brandwunden und keine Knochenbrüche, keine Arbeitslosigkeit und keine Verbrecher, kein Gefängnis und kein Martyrium – kann uns daran hindern. Gott arbeitet an uns, wir sind das Werk seiner Hände, und er (und nur er) weiß, was auf uns wartet und wann der große Tag da ist.

Ich muß hier gleich etwas einflechten, damit mich niemand mißversteht: Wenn jemanden ein Unglück befällt, haben wir *nicht* das Recht, den religiösen Besserwisser zu spielen und ihm zu sagen: »Aha, Gott versucht dich.« Wer sind wir, daß wir eine solche Diagnose stellen können? In Holland brach ein kleiner Junge durch die zu dünne Eisdecke eines Kanals und ertrank. Hätten Sie es fertiggebracht, seinen trauernden Eltern zu sagen, daß das Ganze nur eine Prüfung von Gott sei? Sicher nicht. Wir können nicht alles auf *eine* Ursache, *ein* Patentrezept reduzieren. Der Sündenfall, der Tod, die Fehler und Irrtümer und Grausamkeiten von Menschen, die Macht Satans, die ganze gefallene, verdorbene Welt – all dies spielt doch mit.

Gott ist nicht damit beschäftigt, kleine Jungen zu ertränken oder vor fahrende Autos zu werfen. Die Realität, die Geschichte, der Kampf ist viel komplizierter. Wir Menschen mit unserem begrenzten Verstand wissen einfach nicht, warum oder wozu dieses oder jenes geschehen ist. Aber eines dürfen wir wissen: Gott ist allmächtig. Er ist kein Würfelspieler, der dem Zufall unterworfen ist. Er hat die Macht, denen, die seine Kinder sind, alle Dinge zum Besten dienen zu lassen. Er steht über, nicht hilflos unter unseren Krankheiten und Unfällen und Katastrophen. Er kann sie benutzen, um uns Dinge zu lehren, die wir auf andere Weise vielleicht nie begriffen hätten. Er kann selbst Böses zum Guten wenden. Er kann aus Asche Schmuck, aus Trauer Lobgesang werden lassen (Jes 61,3). Wenn wir in unserer Not vor ihn treten und ihn um Hilfe bitten, dann ist diese Not nicht umsonst. Er kann uns prüfen und für kurze Zeit den Angriffen Satans preisgeben (wie er es bei Hiob tat), aber er kann uns auch die Gnade und Kraft geben, den Kampf zu bestehen, ja sogar gestärkt aus ihm hervorzugehen, gestärkt in Liebe, Frieden, Geduld und Güte, geläutert und gereinigt.

Der Jakobusbrief fordert uns auf, das Leben der alten Propheten und Gottesmänner zum Vorbild zu nehmen: »Nehmt euch, liebe Brüder, das Leiden und die Geduld der Propheten, die im Namen des Herrn geredet haben, zum Vorbild. Siehe, wir preisen die selig, die erduldet haben. Von der Geduld Hiobs habt ihr gehört und habt das Ende gesehen, das der Herr ihm bereitet hat; denn der Herr ist voll Mitleid und Erbarmen.« (Jak 5, 10-11) Aus diesen Vorbildern können wir in der Tat viel lernen für unser eigenes Wachsen, unsere eigene Heiligung. Folgen wir dem Rat des Jakobus und schauen wir uns einmal das Leben Josephs an.

Wir kennen sie, die Geschichte: ein hübscher junger Bursche, der Liebling seines Vaters, ein unbeschwertes Leben; wenn nur nicht diese ominösen Träume wären ... Plötzlich überfallen ihn seine Brüder, sperren ihn in einen ausgetrockneten Brunnen und verkaufen ihn als Sklaven – eine Tat, die bedrückende Anklänge an die heutige Terror- und Kidnapperszene hat. Dann – auch das nicht ganz unmodern – der Verführungsversuch durch Potiphars Frau, die gemeine Beschuldigung, *er* habe *sie* verführen wollen, und der königliche Kerker. Es ist aus und vorbei mit Joseph.

Aber die Geschichte geht weiter, und es ist eine der schönsten und spannendsten Geschichten in der ganzen Bibel. Gott zeigt Joseph, was die Träume des königlichen Mundschenks und des Bäckers bedeuten. Er offenbart ihm die Bedeutung der Träume des Pharaos, und wir erleben mit, wie aus dem hebräischen Sklaven der ägyptische Vizekönig wird, der das Land vor dem Hungertod bewahrt.

Was ging nun bei all dem *in* Joseph vor? Nun, er durchlebte die beiden Situationen, von denen Paulus in Philipper 4,12 mit den Worten »niedrig« und »hoch« spricht. Und er durchlebte sie in sehr extremer Form: Noch viel tiefer als in das Wasserloch oder den Kerker konnte man nicht fallen, noch höher als bis zum Rang eines Vizekönigs kaum steigen. Und in beiden Situationen erlebte Joseph, was es heißt, Anfechtungen und Versuchungen zu haben. »Was, in beiden Situationen?« wirft vielleicht jetzt jemand ein, »was konnte er denn als zweiter Mann nach dem Pharao für Anfechtungen haben?« Vielleicht stärkere als im Gefängnis. Macht und Reichtum können viele Fallen bergen, können leicht zu einer ganz eigenen Art von »Bedrängnis« werden. Das Gebet »Herr, gib mir weder Armut noch Reichtum« hat seinen tiefen Sinn. Manchmal müssen wir beten: »Herr, hilf mir, mit diesem Rollstuhl, diesen Kopfschmerzen, diesem Krankenbett fertigzuwerden, hilf mir, daran zu wachsen und nicht bitter zu werden!«, aber manchmal auch: »Vater, hilf mir, mit meiner neuen Stelle fertigzuwerden, mit meinem gestiegenen Einfluß, meinem höheren Gehalt! Hilf mir, dich darüber nicht zu vergessen!«

Joseph konnte in beiden Situationen nur dadurch bestehen, daß er Tag um Tag, Stunde um Stunde ganz nah bei Gott blieb. Darin ist er uns ein unschätzbares Vorbild geworden. Lernen wir doch davon, bleiben wir doch auch ganz nah bei dem Gott Josephs, bitten wir unseren Vater im Himmel, daß er uns nicht losläßt. So wie er damals Joseph durch alle Prüfungen hindurchtrug, kann und will er auch uns durchtragen. Das Blut des Lammes bringt uns nicht nur Erlösung und Rechtfertigung, sondern auch Reinigung und Heiligung, und das unser ganzes Leben lang. Vollkommen sein werden wir erst in der Ewigkeit, aber *etwas* (vielleicht etwas, was nur Gott sehen kann) soll schon hier und jetzt an uns geschehen.

Es geschah auch bei Joseph. Der »Schmelzofen«, in den seine Brüder (und letztlich Satan) ihn geworfen hatten, verbrannte ihn nicht, nein, er läuterte ihn. Als die Hungersnot den Nahen Osten im Griff hat, findet er sich plötzlich wieder seinen Brüdern gegenüber. Was tut er? Rächt er sich? Wendet er sich verbittert von ihnen ab? Nein, er beschenkt sie reich. Und als er sich ihnen zu erkennen gibt, finden wir keine Spur von Nachtragen, kein »Was wart ihr doch für Verbrecher!« oder »Warum konnte Gott das nicht alles anders einrichten?«. Nein, wir hören Worte, die zeigen, wie in diesem Mann Liebe, Freude, Frieden, Geduld, Freundlichkeit und Güte (Gal 5,22) gewachsen sind:

Da konnte Joseph nicht länger an sich halten vor allen, die um ihn her standen, und er rief: Laßt jedermann von mir hinausgehen! Und stand kein Mensch bei ihm, als sich Joseph seinen Brüdern zu erkennen gab. Und er weinte laut, daß es die Ägypter und das Haus des Pharao hörten, und sprach zu seinen Brüdern: Ich bin Joseph. Lebt mein Vater noch? Und seine Brüder konnten ihm nicht antworten, so erschraken sie vor seinem Angesicht. Er aber sprach zu seinen Brüdern: Tretet doch her zu mir! Und sie traten herzu. Und er sprach: Ich bin Joseph, euer Bruder, den ihr nach Ägypten verkauft habt. Und nun bekümmert euch nicht und denkt nicht, daß ich darum zürne, daß ihr mich hierher verkauft habt; denn um eures Lebens willen hat Gott mich vor euch hergesandt. Denn es sind nun zwei Jahre, daß Hungersnot im Lande ist, und sind noch fünf Jahre, daß weder Pflügen noch Ernten sein wird. Aber Gott hat mich vor euch hergesandt, daß er euch übriglasse auf Erden und euer Leben erhalte zu einer großen Errettung. (1 Mo 45, 1-7)

Wir finden das noch einmal bestätigt in Kapitel 50, wo Joseph nach dem Tod Jakobs seine Brüder erneut seiner Liebe und Vergebung versichert: »Ihr gedachtet es böse mit mir zu machen, aber Gott gedachte es gut zu machen, um zu tun, was jetzt am Tage ist, nämlich am Leben zu erhalten ein großes Volk. So fürchtet euch nun nicht; ich will euch und eure Kinder versorgen. Und er tröstete sie und redete freundlich mit ihnen« (V. 20-21). Was für ein edles »Metall« war doch aus Joseph geworden! Seine Karriere im mächtigen Ägypten hatte ihn weder stolz und arrogant gemacht noch hart und grausam. Er zahlte es seinen Widersachern nicht heim. Er liebte sie – und er liebte und ehrte Gott. Viele Jahre später kann der Dichter des 105. Psalms so singen:

Fraget nach dem Herrn und nach seiner Macht, suchet sein Antlitz allezeit! Gedenket seiner Wunderwerke, die er getan hat, seiner Zeichen und der Urteile seines Mundes... Er sandte einen Mann vor ihnen hin; Joseph wurde als Knecht verkauft. Sie zwangen seine Füße in Fesseln, sein

Leib mußte in Eisen liegen, bis sein Wort eintraf und die Rede des Herrn ihm recht gab. Da sandte der König hin und ließ ihn losgeben, der Herr über Völker, er gab ihn frei. Er setzte ihn zum Herrn über sein Haus, zum Herrscher über alle seine Güter, daß er seine Fürsten unterwiese nach seinem Willen und seine Ältesten Weisheit lehrte. Und Israel zog nach Ägypten ... (Ps 105,4-5.17-23a)

Die Geschichte Josephs sollte uns Ermutigung und Ansporn sein, im Aufblick zu Gott durch unser Leben mit seinen vielfältigen Krisen und Prüfungen zu gehen, gilt es doch unser geistliches Wachsen. Ja mehr noch: Es gilt unser Lebenswerk, das in Gottes Gericht geprüft und beurteilt werden wird. Dieser Gedanke wird im dritten Kapitel des ersten Korintherbriefs entfaltet und verdient es, näher erläutert zu werden. Lesen wir zunächst die Verse:

Einen andern Grund kann niemand legen als den, der gelegt ist; das ist Jesus Christus. Ob aber jemand auf diesen Grund baut Gold, Silber, kostbare Steine, Holz, Heu oder Stroh – das Werk eines jeden wird offenbar werden. Der Tag des Gerichts wird es erweisen; denn mit Feuer wird er sich offenbaren. Und von welcher Art das Werk eines jeden ist, wird das Feuer erproben. Wird jemandes Werk bleiben, das er darauf gebaut hat, so wird er Lohn empfangen. Wird aber jemandes Werk verbrennen, so wird er Schaden leiden; er selbst aber wird gerettet werden, doch so wie durchs Feuer hindurch. (1 Kor 3,11-15)

Was ist hiermit gemeint? Es geht hier nicht um unsere Erlösung und Bekehrung; wir alle werden ohne Unterschied durch das Erlösungswerk Christi gerettet, wenn wir ihn als unseren Heiland annehmen. Es geht vielmehr darum, wie unsere Bekehrung sich auf unser alltägliches Leben ausgewirkt hat, welche »Werke« wir »gebaut«, was wir also aus unserem Christenleben gemacht haben. Wieder finden wir das Bild eines Feuers, aber diesmal ist es nicht ein reinigendes, veränderndes, sondern ein prüfendes, aufdeckendes, entlarvendes Feuer. Gott wird aufzeigen, wo wir seinen Willen getan haben, wo wir unser Denken und Reden und Tun von ihm haben bestimmen lassen, wo wir ihn geliebt und ihm vertraut haben – und diese Dinge werden sich als dauerhafte, feuerfeste »Baumaterialien« erweisen. Gott wird aber auch ans Licht bringen, wo wir gegen ihn und seinen Willen aufbegehrt, unsere eigene Ehre und Bequemlichkeit gesucht, unsere Kraft und Zeit mutwillig vergeudet haben – und diese Dinge sind wertlose Baumaterialien, die wie Zunder verbrennen werden.

Der Tag wird kommen, wo wir dieses Bild bis in alle Einzelheiten verstehen, ja an uns selbst erfahren werden. Aber das Wesentliche dürfen wir schon jetzt verstehen, und dieses Verständnis sollte ausreichen, uns näher zu unserem Herrn zu treiben. Noch haben wir Zeit zu bauen. Noch können wir Gott bitten, uns zu dem richtigen Material zu verhelfen.

Die Menschen, die Paulus in diesem Abschnitt anspricht, sind alle Christen, alle Kinder und Eigentum Gottes, die wiedergeboren sind und ewiges Leben haben. Niemand kann sich seine Erlösung verdienen. Und doch wird es nicht egal sein, wie unser Leben (das Leben nach unserer Bekehrung) ausgesehen hat. Es wird Unterschiede geben; die einen werden »Lohn empfangen«, die anderen »Schaden leiden«. Und um ganz klarzumachen, daß das jedem von uns persönlich gilt und wir nicht anfangen sollten, eifrig das »Baumaterial« der anderen unter die Lupe zu nehmen, sagt Paulus gleich im nächsten Kapitel (1 Kor 4,5): »Darum richtet nicht vor der Zeit, ehe der Herr kommt. Er wird ans Licht bringen, was im Finstern verborgen ist, und wird das Trachten der Herzen offenbar machen. Dann wird ein jeder von Gott sein Lob empfangen.« Kein Christ hat Grund, stolz zu sein; alles, was es an Gutem und Nützlichem in seinem Leben gibt, kommt letztlich von Gott.

Heiligung, Bewährung – es ist ein mächtiges Motiv in der Sinfonie Gottes und sollte uns jeden Tag neu in den Ohren klingen. Fragen wir uns doch: Wo bin ich heute, jetzt, in diesem Augenblick gefordert? Stecke ich vielleicht gerade in so einem schmelzenden, läuternden Feuer, das mir zum Segen werden, aber auch vergeblich sein kann? Vielleicht liegen Sie gerade im Krankenhaus, es ist Freitag, die Labortests ziehen sich unendlich hin und es wird allmählich klar, daß die Ärzte vor Montag nicht wissen werden, was

Ihnen überhaupt fehlt. Oder die ganze Familie hat sich auf den großen Ausflug gefreut, alles ist bereit, man sitzt im Auto, Sie wollen starten – und nichts rührt sich, das Auto will nicht. Oder Sie haben in der Morgenandacht Gott darum gebeten, doch etwas in Ihrem Leben zu tun – und was kommt, sind neue Schmerzattacken in den Knien und Ellenbogen nebst vier unerwarteten Gästen, die nacheinander an der Tür klingeln und Hilfe brauchen; und dabei ist es Sonntag, und Sie stecken mitten im Essenkochen.

»Aber ich kann ihn nicht ausstehen, ich kann nicht! Der Magen will sich mir umdrehen, wenn er im gleichen Zimmer ist wie ich.« In dem eigentlich sehr hübschen Gesicht der jungen Dame stand verzweifelte Enttäuschung zu lesen, als sie mir die Geschichte ihrer jungen Ehe erzählte. Es war auffallend, wie oft die Worte »ich« und »mein« vorkamen: »mein Recht« . . . »meine Erfüllung« . . . »mein Leben« . . . »mein Glück« . . .

»Liebe . . .«, sagte ich ihr, »kannst du mir einen Gefallen tun und einmal ein Experiment machen? Frage dich doch einfach einmal, was dein Mann gern hat, was er am liebsten macht, worüber er sich am liebsten unterhält, was sein Lieblingshobby ist. Du weißt das ja sicher, du hast ihn ja schon gekannt, als er noch ein Junge war. Und dann verbring einmal einen ganzen Tag mit solchen Dingen, die er gern hat. Wenn er gern wandert, dann mach eine Tageswanderung mit ihm, ihr beide ganz allein. In den Rucksack packst du seinen Lieblingsproviant und vielleicht noch ein Buch, das ihn interessiert. Und wenn ihr dann unterwegs seid, dann rede mit ihm nicht über das Haushaltsgeld, sondern über etwas, was ihm Spaß macht. Versuche einfach einmal, einen ganzen Tag lang nicht an dich zu denken, sondern an ihn.«

Sie befolgte meinen Rat, und siehe da, das Unternehmen war ein voller Erfolg. »Das hätte ich nie geglaubt«, berichtete sie mir, »wie das Spaß gemacht hat. Es war ein fantastischer Tag.«

Waren damit sofort alle Probleme gelöst? Nein; aber der Anfang war gemacht, und Stückchen für Stückchen, einen kleinen Schritt nach dem anderen, wurde die Ehe geheilt.

Ich erinnere mich an eine andere Begebenheit: In einem Vortrag über das Leid sprach ich unter anderem darüber, wie wichtig es sei, Gott immer zu danken, und zwar gerade auch dann, wenn wir in

Not sind und ihn um etwas bitten; wir sollten dabei nicht mechanisch ein paar Worte vom Typ »Danke, Herr« nachplappern, sondern uns ganz bewußtmachen, wie oft Gott uns schon geholfen hat und wofür wir ihm alles dankbar sein können. Nun, das war an einem Donnerstagmorgen. Am Abend saß Frau ... an einer Heißmangel, um Tischtücher und Bettwäsche für das Hotel nebenan zu bügeln, wo sie und ihr Mann arbeiteten. Es war schon spät, und sie war sehr müde, und auf einmal war es passiert: Mit dem nächsten Tuch rutschte ihre Hand unter die zentnerschwere Bügelrolle! Als ich sie kurz danach im Krankenhaus anrief, was hörte ich da? Jammern, Vorwürfe? Nein, das erste, was sie sagte, war: »Ach, Frau Schaeffer, was Sie uns diesen Morgen gesagt haben, stimmt ja wirklich, ich hab's ausprobiert. Als ich im Krankenwagen lag, hab ich den ganzen langen Weg zum Krankenhaus darüber nachgedacht, für was ich dem Herrn in diesen letzten Monaten alles danken könnte, und Sie können sich gar nicht vorstellen, wie das geholfen hat. Was bin ich froh, daß ich heute morgen in Ihrer Bibelstunde war!«

Ich konnte fast nicht meinen Ohren trauen. War dies die gleiche Frau . . ., die sonst immer nur an sich dachte? Aber sie war noch nicht fertig. »Ja, und morgen«, fuhr sie fort, »soll meine Hand operiert werden. Und dann ist da noch etwas, ich meine, könnten Sie vielleicht . . . einmal zum Kaffee einladen, wenn er seine Pause hat? Er macht sich doch jetzt solche Sorgen wegen meiner Hand und braucht jemanden, der ihm hilft.«

Ich saß am Telefon, und die Tränen liefen mir über das Gesicht. Hier war ein Wunder geschehen. Nein, keine Stimme vom Himmel, kein Blitz und Donnerschlag, noch nicht einmal die wunderbare Heilung einer halbverbrannten Hand. Es war ein größeres Wunder: ein Menschenherz war anders geworden, ein Stückchen echten Silbers schimmerte unter den Schlacken hervor. Kein Perfektwerden von heute auf morgen, kein ununterbrochener Höhenflug, aber Läuterung, ein Stück echter Läuterung. »Wie der Tiegel das Silber und der Ofen das Gold, so prüft der Herr die Herzen« – Sprüche 17,3 in Aktion.

Wehren wir uns doch nicht; verpassen wir nicht die kostbaren Augenblicke, wenn der Meister-Silberschmied sich zu uns herabneigt, um den störenden Schaum unseres alten Ichs abzuschöpfen.

Herr, tue in mir das, was getan werden muß, jetzt, bevor die Gelegenheit vorbei ist!

Noch einmal zurück zu unserem Beispiel mit dem Orchester: Wir sind die Musik, und wir brauchen beharrliches Üben, ständige Proben. Wir sind die Instrumente, und es braucht viele Arbeitsgänge, viel geduldiges Stimmen, bis wir den richtigen Klang haben. Unser Leben ist Vorbereitung auf die große Sinfonie der Ewigkeit. Unsere Monate und Wochen, Tage und Stunden und Minuten zählen. Unser Leben hat einen Sinn. Es kommt die große Aufführung, die Erfüllung.

Trösten will gelernt sein

Eigentlich sollte es in jeder Schule, von der Grundschule bis zur Universität, ein Hauptfach »Trösten« geben; denn jeder Mensch braucht in seinem Leben Trost, und jeder kommt in Situationen, wo er andere trösten muß. Leider wäre aber selbst ein solches Schulfach noch keine Garantie für fachkundigen Trost; die Menschen sind durch den Sündenfall so verdorben und verzerrt, daß es mehr als Schulstunden und Zeugnisnoten braucht, um jene fantasievolle Nächstenliebe zu schaffen, die man zum Trösten braucht.

Wir haben in den letzten Kapiteln einiges darüber gehört, was Gott uns über Bedrängnis und Geduld zu sagen hat. Damit haben wir einen guten Ansatzpunkt für das Thema »Trösten«. Denn Trösten kann man nur da, wo irgendeine Not, irgendein Schmerz ist. Die erste Grundregel für den Tröster lautet: Wer nie in Not gewesen ist, weiß nicht, was Trost ist. Erst die Not, dann der Trost.

Ein zweites Gesetz: Ich kann mich nur dann trösten lassen, wenn ich einsehe, daß ich Trost brauche. Vielleicht haben Sie es schon erlebt, wie ein kleines Kind mit einer dicken Beule oder einem blutenden Knie zu Ihnen gerannt kommt. Sie nehmen es in die Arme, um es zu trösten, und was tut es? Es reißt sich von Ihnen los, tritt Sie gegen das Schienbein, will nichts wissen von Pflaster, Bonbon, Bilderbuch und Schoß – bis seine hilflose Wut über die Verletzung sich ausgetobt hat und es sich endlich, mit einer ganz anderen Art Weinen, in die Arme nehmen läßt.

Drittens schließlich: Nur der kann trösten, der selbst schon getröstet worden ist. Die beste Trostschule ist das Leben. Wer unter uns hat noch nie hilflos-wütend gegen sein Schicksal aufbegehrt? Welcher Christ ist noch nie weinend in Gottes Arme gelaufen?

David malt in einem seiner Psalmen dieses Bild: »Wenn die Gerechten schreien, so hört der Herr und errettet sie aus all ihrer Not. Der Herr ist nahe denen, die zerbrochenen Herzens sind, und hilft denen, die ein zerschlagenes Gemüt haben. Der Gerechte muß viel erleiden, aber aus alledem hilft ihm der Herr. . .

Der Herr erlöst das Leben seiner Knechte, und alle, die auf ihn trauen, werden frei von Schuld«(Ps 34, 18-20). Es ist ein sehr realistisches Bild. Nicht nur Hiob mußte leiden; wir alle sitzen im gleichen Boot. Aber es ist eben ein riesiger Unterschied zwischen Leiden mit Trost und Leiden ohne Trost, zwischen Geborgenheit und Trostlosigkeit. Und es ist auch ein riesiger Unterschied zwischen einem Menschen, der als Getrösteter auch selbst trösten kann, und jemandem, der kalt und hart durchs Leben geht, weil er selbst nie getröstet wurde.

Gottes Trostschule hat viele Klassen und Lektionen. Er will, daß wir immer wieder neu und immer mehr erkennen, was Trost ist und wie wir unseren Nächsten trösten können. Hören wir, was Paulus uns im zweiten Korintherbrief zu sagen hat:

Gelobt sei Gott, der Vater unsres Herrn Jesus Christus, der Vater der Barmherzigkeit und Gott allen Trostes, der uns tröstet in aller unserer Bedrängnis, damit auch wir die trösten können, die in irgendeiner Bedrängnis sind, mit dem Trost, mit dem wir selber von Gott getröstet werden. Denn wie die Leiden Christi reichlich über uns kommen, so werden wir auch reichlich getröstet durch Christus. Werden wir aber bedrängt, so geschieht es euch zu Trost und Heil. Werden wir getröstet, so geschieht es zu eurem Trost, der sich darin wirksam erweist, daß ihr mit Geduld dieselben Leiden ertragt, die auch wir leiden. Und unsere Hoffnung für euch steht fest, weil wir wissen: wie ihr an den Leiden teilhabt, so werdet ihr auch am Trost teilhaben.

Denn wir wollen euch, liebe Brüder, nicht in Unkenntnis lassen über die Bedrängnis, die uns in der Provinz Asien widerfahren ist, wo wir über die Maßen beschwert waren und über unsere Kraft, so daß wir bereits am Leben verzagten und es bei uns selbst für beschlossen hielten, daß wir sterben müßten. Das geschah aber, damit wir unser Vertrauen nicht auf uns selbst setzen sollten, sondern auf Gott, der die Toten auferweckt, der uns auch aus solcher Todesnot errettet hat und erretten wird. Auf ihn hoffen wir, daß er uns auch in Zukunft erretten wird. Dazu helft auch ihr durch eure Fürbitte für uns, damit uns zugut von vielen für das Gnadengeschenk, das uns zuteil wurde, vielfältig Dank dargebracht wird. (2 Kor 1, 3-11)

Was für ein Unterrichtsplan! Die erste Lektion heißt: Gott ist der »Vater der Barmherzigkeit«. Ist das nicht ein großartiger Anfang? Geht es Ihnen ans Herz, wenn in so vielen Ländern Menschen leiden, und Sie können nichts für sie tun? Haben Sie einen Freund oder Verwandten, für den Sie gerne mehr tun würden? Können Sie manchmal vor Mitleid nicht schlafen? Dann ist dieser Bibelvers genau das richtige für Sie. Gott hat unendlich mehr Mitleid und Erbarmen als wir alle zusammen. Wir können nur deshalb auch nur ein Stückchen barmherzig sein, weil Gott uns die Fähigkeit dazu gegeben, uns nach seinem Bild geschaffen hat.

Dann das nächste: »der Gott allen Trostes«. *Allen* Trostes! Wir sollten vor Ehrfurcht erzittern, wenn wir das lesen. Es gibt keine Art von Trost, die Gott nicht kennt, die nicht letztlich von ihm kommt. Und er tröstet uns – wenn wir denn durch das Blut des Lammes seine Kinder sind – »in aller unserer Bedrängnis«. Wie geschieht das? Nun, es setzt voraus, daß wir zu ihm, unserem Vater, hin- und nicht von ihm weglaufen; und daß wir nicht in anklagender Bitterkeit kommen, sondern in kindlichem Vertrauen, bereit, auf sein Wort zu hören. Wir dürfen uns auf seinen Schoß setzen und ihm, ganz offen und ungekünstelt und ohne alles fromme Drumherum, unser Herz ausschütten und alles sagen. Und er hört uns, er versteht uns, er hat Geduld mit uns. Wir brauchen ihm nichts vorzumachen. Er will keine nachgeplapperten frommen Phrasen. Wir haben es mit einer Person zu tun, unserem Vater, unserem himmlischen Tröster.

Weiter geht es in unserem Text mit einem neuen Einblick in den Sinn unseres Leidens: »Damit auch wir die trösten können, die in irgendeiner Bedrängnis sind, mit dem Trost, mit dem wir selber von Gott getröstet werden.« Gott gibt, damit wir weitergeben. Wir sollen fähig werden, unserem leidenden Nächsten zu sagen: »Es ist nicht alles aus. Dein Leben darf weitergehen, Gott trocknet deine Tränen, er tröstet dich, er hat es auch bei mir getan. Ich verstehe dich, und ich lasse dich jetzt nicht im Stich. Ich rufe dich jeden Tag um zwölf an und bete mit dir.« Oder auch so: »Ich weiß, wie dir jetzt zumute ist, ich habe das selbst alles hinter mir, und Gott hat mir hindurchgeholfen. Ich habe gestaunt, wieviel man noch tun kann, wenn man nur noch ein Bein hat. Ich werde dich jede Woche besuchen, wir schaffen das schon.«

Aber lesen wir weiter: Wir erfahren viel Leid, wenn wir Jesus Christus gehören; wir können einfach nicht erwarten, daß wir nur durch rosige Zeiten gehen, wenn Jesus selbst soviel gelitten hat. Aber wir erfahren auch viel Trost, und dieser Trost fließt gleichsam über das Leben unserer Mitmenschen und Mitchristen, denn wahrer Trost teilt sich mit. Und dieses Mit-Leiden und Einander-Trösten und die daraus erwachsende Geduld, so sagt Paulus, sind ein fester Bestandteil der Gemeinschaft unter den Christen, ein Lernen und Wachsen, das unser ganzes Leben durchzieht.

Paulus verschweigt den Geschwistern in Korinth nicht, welche Strapazen hinter ihm und seinen Mitarbeitern liegen und daß sie schon fast den sicheren Tod vor Augen hatten. Und dann dankt er den Korinthern für ihre Hilfe. Welche Hilfe? Ihre *Gebete.* Und zwar nicht nur in dem Sinne, daß es Paulus guttat zu wissen, daß andere für ihn beteten; nein, diese Gebete hatten *Ergebnisse,* nämlich das »Gnadengeschenk« in Vers 11. Es passierte etwas im Leben des Paulus, weil so viele Christen für ihn beteten. Und damit haben wir einen wichtigen Schlüssel für die Frage, *wie* wir anderen Hilfe und Trost bringen können. Es ist gewiß nicht so, daß wir *nur* für sie beten sollen; aber was auch immer wir für sie tun, es sollte nicht ohne Gebet geschehen. Und dann gibt es natürlich jene Situationen, wo – jedenfalls im Augenblick – Beten das einzige ist, das wir überhaupt tun können, aber das über Tausende von Kilometern hinweg und mit spürbarer Wirkung, auch wenn es Jahre dauern kann oder ein ganzes Leben, bis der andere weiß, daß die Hilfe durch unser Gebet kam.

Wer das Buch gelesen hat, das ich über unsere Arbeit in L'Abri geschrieben habe, wird wissen, wie schwer jene Wochen waren, wo Franky Kinderlähmung und Susan rheumatisches Fieber hatte und ein Erdrutsch nach dem anderen auf unser Dorf, Champèry, niederging. Und dann kam die Mitteilung der Behörden, daß wir binnen sechs Wochen die Schweiz zu verlassen hätten, wegen religiöser Umtriebe. Ich habe darüber in meinem L'Abri-Buch ausführlich geschrieben, aber eine Einzelheit habe ich dort nicht erwähnt, und sie möchte ich hier nachholen.

Es war um elf Uhr morgens, als der Anruf von der Polizei kam, wir sollten doch sofort vorbeikommen, wegen unsrer Aufenthaltsgenehmigung. Ich weiß noch, wie Francis sich auf den Weg machte (Priscilla ging mit, um zu übersetzen) und wie ich für ein paar Minuten mit dem Kuchenbacken aufhörte und für sie betete; was gerade auf uns zukam, ahnte ich noch nicht. Nun, zur gleichen Zeit betete noch jemand aus unserer Familie: meine Mutter in Philadelphia (USA), wo es noch Nacht war. Sie hatte einen Traum gehabt: Es klopfte an ihre Tür, und als sie öffnete, stand ich da, die Arme voller schwerer Pakete, die Augen traurig, ja verzweifelt. Sie fragte: »Was ist, Edith? Ist etwas passiert?« Mein Mund bewegte sich, aber ich brachte kein Wort heraus.

Das war um drei Uhr morgens (Mutter hat mir später alles geschrieben). Meine Mutter wachte auf und konnte nicht mehr einschlafen. Sie war eine Frau des Gebets und spürte, daß dieser Traum kein Zufall war. Sie stieg aus dem Bett und verbrachte die nächsten paar Stunden damit, für uns zu beten. Sie betete für jeden einzelnen von uns (die vier Kinder, Francis und mich), las in ihrer Bibel, betete weiter. Als also Priscilla und Francis die Ausweisung in den Händen hielten, betete einen oder zwei Kilometer entfernt ich – und mehrere tausend Kilometer entfernt meine Mutter.

Sie betete auch noch, als wir dann unseren Familienrat hielten. Francis sagte: »Wir haben zwei Möglichkeiten. Entweder wir setzen alle Hebel in Bewegung und bitten alle wichtigen Personen und Stellen, die wir erreichen können, um Hilfe, oder wir verzichten auf menschliche Hilfe und vertrauen ganz darauf, daß Gott alles zum Besten führen und uns heraushelfen kann.« Und dann ließ er uns abstimmen. Zur gleichen Zeit betete Mutter darum, daß wir »die richtige Weisheit« bekämen. Ihr Gebet wurde erhört: Wir entschieden uns einstimmig für den zweiten Weg. Die Ergebnisse unserer Gebete und der Gebete meiner Mutter wie auch der Fürbitte noch vieler anderer Menschen können Sie in dem L'Abri-Buch nachlesen. Diese Gebete wirken noch bis heute nach.

Wir haben nicht alle solche Träume wie meine Mutter. Aber wem ist es nicht schon passiert, daß er nachts nicht richtig schlafen konnte und an einen ganz bestimmten Menschen denken mußte? Dann ist es wichtig, diese Gedanken nicht einfach fortzuschieben und sich auf die andere Seite zu drehen, sondern erst einmal für diesen Menschen zu beten. Das gleiche gilt natürlich, wenn wir tagsüber auf einmal an jemanden denken müssen. Wir sollten es uns zur festen Gewohnheit machen, in so einem Fall immer innezuhalten und für ihn zu beten, auch wenn es vielleicht nur ein sehr kurzes Gebet sein kann. Natürlich können wir nicht jeden Menschen persönlich im Gebet vor Gott bringen, wir können auch nicht jeden besuchen; unsere Kraft und Zeit sind begrenzt. Aber wenn jedes Gotteskind dem Wort Gottes gehorchte und einige Menschen hätte, die es persönlich tröstete, und im übrigen ernsthaft und oft für die betete, die ihm im Laufe des Tages in die Gedanken kommen – die Welt sähe anders aus!

Ich kann niemanden verstehen und trösten, wenn ich nicht selbst durch Not gegangen bin und den Trost Gottes erfahren habe. Jede neue Verlegenheit in unserem Leben ist gleichzeitig eine Gelegenheit. Die Wolkenbrüche, die uns auf den Kopf herabprasseln, können Trostquellen entspringen lassen, die bis in ungekannte Weiten fließen. Wir können diesen Fluß freilich nicht steuern, und das ist gut so; denn sonst würden wir nur zu leicht danach schielen, was unser Trost »bringt«, und unser Hauptmotiv sollte doch sein, die Barmherzigkeit, die wir von unserem Herrn bekommen haben, weiterzugeben. Unsere Liebe soll Christi Liebe, unser Trösten sein Trösten widerspiegeln. Wie sonst sollen die Menschen um uns merken, daß Gottes Wort wahr ist und daß er wirklich ein Gott der Liebe ist?

Eine der eindringlichsten Schilderungen dieser Liebe ist der große Trostpsalm der Bibel, der 23. Psalm. Kaum ein anderer Bibelabschnitt strahlt so viel konzentrierte Geborgenheit aus, und es ist kein Zufall, wenn wir auch im Neuen Testament das Bild vom Hirten und den Schafen finden. Wir sind aber nicht nur Schafe, sondern gleichzeitig auch sozusagen Unterhirten, die auf sicher sehr unvollkommene Weise den Trost des großen Hirten weitergeben.

Hören wir einmal wieder neu auf die Worte des 23. Psalms: »Der Herr ist mein Hirte; mir wird nichts mangeln.« Kann man es deutlicher ausdrücken, daß Gott für uns sorgt?

»Er weidet mich auf einer grünen Aue und führet mich zum frischen Wasser.« David, der so viele Kriege und blutige Schlachten erlebte, wußte etwas davon, wie Gott im größten Aufruhr und Getümmel Oasen des Friedens schaffen kann. Er kann sie auch heute schaffen. Und wir können ihm dabei helfen: Vielleicht können wir unserem Freund, der vor Streß nicht mehr ein noch aus weiß, einen Ausflug schenken, einen Tag im Grünen oder in unserem Garten, ein paar Stunden, in denen er einmal richtig abschalten und seine Sorgen vergessen kann.

»Er erquicket meine Seele. Er führet mich auf rechter Straße um seines Namens willen.« Nur Gott selbst kann heilen und führen, aber auch hier können wir ihm gleichsam helfen: indem wir für oder mit unserem Nächsten beten oder ihm aus der Bibel vorlesen oder einfach bei einer Tasse Tee oder Kaffee mit ihm reden.

»Und ob ich schon wanderte im finstern Tal, fürchte ich kein Unglück; denn du bist bei mir, dein Stecken und Stab trösten mich.« Was für ein herrliches Versprechen! Der Stock des Hirten verjagt die Wölfe, die der Satan auf uns hetzt, und mit seinem Krummstab zieht er uns zurück, wenn wir auf Abwege gehen wollen.

Hier muß ich etwas einflechten. Leid *kann* auch Strafe sein. In 5. Mose 8, 5-14 lesen wir:

So erkennst du ja in deinem Herzen, daß der Herr, dein Gott, dich erzogen hat, wie ein Mann seinen Sohn erzieht. So halte nun die Gebote des Herrn, deines Gottes, daß du in seinen Wegen wandelst und ihn fürchtest. Denn der Herr, dein Gott, führt dich in ein gutes Land... Und wenn du gegessen hast und satt bist, sollst du den Herrn, deinen Gott, loben für das gute Land, das er dir gegeben hat. So hüte dich nun davor, den Herrn, deinen Gott, zu vergessen, so daß du seine Gebote und seine Gesetze und Rechte, die ich dir heute gebiete, nicht hältst. Wenn du nun gegessen hast und satt bist und schöne Häuser erbaust und darin wohnst und deine Rinder und Schafe und Silber und Gold und alles, was du hast, sich mehrt, dann hüte dich, daß dein Herz sich nicht überhebt und du den Herrn, deinen Gott, vergißt, der dich aus Ägyptenland geführt hat, aus der Knechtschaft.

Die Warnung ist nicht zu überhören. Wir dürfen es nicht wagen, über dem Segen, den Gott uns gegeben hat, ihn selbst zu vergessen. Wir dürfen es nicht wagen, unsere Freiheit zu mißbrauchen und uns von Gottes Geboten, die er uns im Alten wie im Neuen Testament so klar gibt, abzuwenden. Jesus Christus hat es uns durch sein Blut und seinen Heiligen Geist möglich gemacht, den Verführungen des Teufels zu widerstehen. Wenn wir diese Möglichkeit nicht nutzen, wenn wir das Wort Gottes nicht ernst nehmen und statt dessen leichtfertig hinter dem Teufel herlaufen, dann muß Gott uns »erziehen«, uns strafen – nicht aus lauter Willkür, sondern damit wir wieder auf den richtigen Weg zurückkommen.

Eine ganz ähnliche Warnung finden wir im Hebräerbrief. Wieder redet Gott zu uns wie ein Vater zu verständigen, einsichtsfähigen Kindern:

Ihr habt im Kampf gegen die Sünde noch nicht bis aufs Blut widerstanden, und ihr habt bereits den Trost vergessen, der euch wie Kindern zugesprochen wird (Spr 3,11.12): »Mein Sohn, mißachte die Züchtigung des Herrn nicht und verzage nicht, wenn du von ihm gestraft wirst. Denn wen der Herr lieb hat, den erzieht er mit Strenge, und wen er als Sohn annimmt, den schlägt er.« Zu eurer Erziehung müßt ihr leiden. Gott behandelt euch als seine Kinder; denn wo ist ein Sohn, den der Vater nicht züchtigt? Wenn ihr aber ohne Züchtigung bleibt, die doch alle erfahren haben, dann seid ihr Ausgestoßene und nicht Kinder. Wenn unsere leiblichen Väter uns streng erzogen und wir sie dennoch geachtet haben, sollten wir uns dann nicht viel mehr dem göttlichen Vater unterordnen, damit wir leben? Denn jene haben uns nur für kurze Zeit und nach ihrem Gutdünken gezüchtigt, dieser aber tut es zu unserm Besten, damit wir an seiner Heiligkeit Anteil erlangen. Jede Züchtigung aber scheint uns, wenn sie da ist, nicht Freude, sondern Leid zu sein; danach aber bringt sie denen, die dadurch geübt worden sind, Frieden und Gerechtigkeit als ihre Frucht.

Darum stärkt die müden Hände und die wankenden Knie und schafft gerade Wege für eure Füße, damit das, was lahm ist, nicht auch noch strauchelt, sondern vielmehr gesund wird. (Hebr 12, 4-13)

Kennen sie schon die Geschichte von dem Hirten, der einem seiner Lämmer ein Bein brach? Sie finden das grausam? Nun, das Lamm lief immer wieder fort, und es war abzusehen, daß es sich früher oder später zu Tode stürzen würde. Der Hirte schiente das gebrochene Bein und trug das Lamm wochenlang in seinen Armen, bis das Bein geheilt war. Das Lamm wurde in diesen Wochen so anhänglich, daß es später nie wieder fortlief, sondern gehorsam dem Hirten folgte.

Es kann geschehen, daß Gott sehr hart durchgreifen muß, um uns vor Schlimmerem zu bewahren. Aber wie können wir denn wissen, ob die Not, in der wir gerade stecken, vom Teufel kommt und uns von Gott trennen will, oder ob sie eine Züchtigung Gottes ist, die zu unserem Besten dient? Nun, wir können das tun, was auch Hiob tat, nämlich unser Leben, unsere Taten und Worte und Gedanken prüfen und Gott bitten, alles Böse und Falsche aufzudecken und uns zu zeigen, wo wir seine Vergebung brauchen. Er hat uns ja zugesagt, daß er dann, wenn wir ihn um Vergebung bitten, treu und gerecht ist und uns von unserer Sünde reinigt. Und sollten wir (wieder wie Hiob) bei dieser Selbstprüfung tatsächlich nichts Gravierendes finden, dann darf uns schon das ein Trost sein; wir dürfen dann wissen, daß unsere Not andere Ursachen hat und einen anderen Sinn. Wir dürfen an den Kampf mit dem Teufel denken und Gott bitten, uns gerade jetzt mehr Glauben und Vertrauen zu schenken. Wir dürfen ihn auch um Geduld bitten (und wenn Satan uns hundertmal ungeduldig haben will) und um Läuterung. Und um seinen Trost.

Und wo Gott uns straft und züchtigt, da dürfen wir nie vergessen, daß er uns damit nicht vernichten, nicht zermürben, nicht fertigmachen will. Es ist nicht so, daß wir eine Strafe abbezahlen müßten; Jesus hat sie schon längst bezahlt. Gottes Züchtigung dient immer dazu, uns zurückzuführen von einem Weg, der uns ins Verderben bringt.

Im ersten Korintherbrief ermahnt uns Paulus unter anderem,

uns selbst zu prüfen, damit Gott uns nicht prüfen und strafen muß. Hören wir: »Wenn wir uns aber selber richten würden, so würden wir nicht gerichtet. Wenn wir aber vom Herrn gerichtet werden, so werden wir gezüchtigt, damit wir nicht samt der Welt verdammt werden« (1 Kor 11, 31f). Es geht hier um die notwendige Selbstprüfung und das Sündenbekenntnis vor dem heiligen Abendmahl, und es ist sehr wichtig zu sehen, daß hier jeder *sich selbst* zu prüfen hat – und nicht seinen Mitmenschen. Wir haben kein Recht, uns zum Richter über die anderen zu erheben und schon gar nicht, ihnen unter dem Deckmantel des Tröstens (»Ich will ja nur dein Bestes«) dezent vorzuhalten, daß ihre Not vielleicht eine Züchtigung von Gott sei. Hüten wir uns davor, unter das vernichtende Urteil Hiobs zu fallen, der seinen Freunden sagte: »Ich habe das schon oft gehört. Ihr seid alle elende Tröster!« (Hi 16,1-2). Gott verbietet uns nicht, nach verborgenen Sünden zu forschen; aber es sollten unsere eigenen sein. Wo es um jemand anderes geht, ist ernste Fürbitte das oberste Gebot.

Aber zurück zum 23. Psalm. Der nächste Vers ist: »Du bereitest mir einen Tisch im Angesicht meiner Feinde. Du salbest mein Haupt mit Öl und schenkest mir voll ein.« Wieder ein Bild größter Geborgenheit. Gott versorgt uns mitten im Kampf, vor der Nase unserer Feinde. Und er tut das ganz praktisch, auf eine Art, die wir da, wo wir selbst als Tröster und Helfer gefordert sind, durchaus nachahmen können. Es gibt ja so viele Möglichkeiten, unserem Mitmenschen »einen Tisch zu bereiten«: Wir laden ihn zum Essen ein, bringen ihm Obst ans Krankenbett oder schicken ihm ein Essenspaket; oder wir helfen den Menschen in den Hunger- und Katastrophengebieten der Welt.

»Gutes und Barmherzigkeit werden mir folgen mein Leben lang, und ich werde bleiben im Hause des Herrn immerdar.« Wie vollständig, wie abgerundet ist doch dieser Psalm! Er läßt uns hineinblicken in die ganze Fülle des Tröstens. Er erinnert uns an die Güte Gottes in der *Vergangenheit,* zeigt uns, wie wir in der *Gegenwart* trösten können, und gibt uns eine herrliche Hoffnung für die *Zukunft.*

Der 23. Psalm – vielleicht zusammen mit einem einfachen Lied – ist so tief und gleichzeitig so schlicht, daß er selbst Todkranken und völlig Verzweifelten Trost und Kraft geben kann. Das Bild der

Liebe und Barmherzigkeit Gottes, das er malt, kann selbst das müdeste, schwächste, elendeste, schmerzendste Herz aufnehmen und verstehen. Seine Worte kann man selbst Menschen, die sonst nichts mehr zu sich zu nehmen vermögen, noch einflößen. »Und ob ich schon wanderte im finstern Tal… Du bist bei mir…«

Dies ist der Herr, der liebe Vater und Hirte, der Gott allen Trostes, der gesagt hat: »Tröstet, tröstet mein Volk!« Jes 40,1) und der so für sein Volk sorgt, daß Jesaja ausrufen kann:

> Jauchzet, ihr Himmel; freue dich, Erde! Lobet, ihr Berge, mit Jauchzen! Denn der Herr hat sein Volk getröstet und erbarmt sich seiner Elenden. Zion aber sprach: Der Herr hat mich verlassen, der Herr hat meiner vergessen. Kann auch ein Weib ihres Kindleins vergessen, daß sie sich nicht erbarme über den Sohn ihres Leibes? Und ob sie seiner vergäße, so will ich doch deiner nicht vergessen. Siehe, in die Hände habe ich dich gezeichnet; deine Mauern sind immerdar vor mir. (Jes 49, 13-16)

Zögern Sie, diese Verse für sich in Anspruch zu nehmen? Denken Sie, sie seien doch nur etwas für das Volk Israel? Nun, seit Jesus, der Messias, gekommen ist, gelten sie auch für uns. Denn jeder, der Jesus Christus als seinen Retter und Herrn angenommen hat, ist damit ein geistliches Kind Abrahams geworden. Ja, wir dürfen Gottes Zusagen auch im Alten Testament für uns annehmen. Und hier verspricht er uns, daß er uns nicht vergessen und verlassen wird und daß nichts uns von seiner Liebe trennen kann. Und wenn wir nicht beten können oder nicht wissen, wofür wir beten sollen, dann ist der Heilige Geist da und betet für uns (Röm 8,26).

Damit wir Trost haben und andere trösten können, ging Jesus Christus durch die tiefste Trostlosigkeit, die furchtbarste Einsamkeit, wo er ausrufen mußte: »Mein Gott, mein Gott, warum hast du mich verlassen?« Wir finden diesen Verzweiflungsschrei schon in Psalm 22. Und in Psalm 69, 21-22 lesen wir: »Die Schmach bricht mir mein Herz und macht mich krank. Ich warte, ob jemand Mitleid habe, aber da ist niemand, und auf Tröster, aber ich finde keine. Sie geben mir Galle zu essen und Essig zu trinken für meinen Durst.« Oder hören wir auf diese prophetische Schilderung Jesajas:

> Er war der Allerverachtetste und Unwerteste, voller Schmerzen und Krankheit. Er war so verachtet, daß man das Angesicht vor ihm verbarg; darum haben wir ihn für nichts geachtet. Fürwahr, er trug unsre Krankheit und lud auf sich unsre Schmerzen. Wir aber hielten ihn für den, der geplagt und von Gott geschlagen und gemartert wäre. Aber er ist um unsrer Missetat willen verwundet und um unsrer Sünde willen zerschlagen. Die Strafe liegt auf ihm, auf daß wir Frieden hätten, und durch seine Wunden sind wir geheilt. Wir gingen alle in die Irre wie Schafe, ein jeder sah auf seinen Weg. Aber der Herr warf unser aller Sünde auf ihn. Als er gemartert ward, litt er doch willig und tat seinen Mund nicht auf wie ein Lamm, das zur Schlachtbank geführt wird; und wie ein Schaf, das verstummt vor seinem Scherer, tat er seinen Mund nicht auf. (Jes 53,3-7)

Jesus Christus – der Verachtetste und Geplagteste und Trostloseste. Geschlagen und verlassen, damit wir Zugang bekommen zum Trost Gottes – Zugang durch ihn, der »die Sünden der Vielen getragen und für die Übeltäter gebeten hat« (Jes 53,12), ja auch jetzt bittet.

Nur wer selbst schon einsam gewesen ist, kann den Einsamen wirklich trösten. Nur wer es selbst schon erlebt hat, wie liebe Augen sich für immer schlossen, kann den Trauernden voll verstehen. Nur wer selbst Krankheit durchgemacht oder miterlebt hat, kann ermessen, wie jemandem zumute ist, dessen Frau auf der Intensivstation liegt oder dessen Kind frisch operiert ist. Wer selbst einen Bankrott hinter sich hat, kann dem Freund, der vor den Scherben seiner Existenz steht, am glaubwürdigsten versichern, daß es mit Gottes Hilfe weitergehen kann. Was es auch ist – Depressionen, Übernervosität, Angst, Gerichtsprozesse und Gefängnis,»schwierige« Verwandte und Nachbarn – am besten versteht es in der Regel derjenige, der ähnliches hinter sich hat. Es ist eine teure, aber gründliche Schule.

Leiden, um verstehen zu können; getröstet werden, um trösten zu können – es ist ein ebenso einfaches wie weises System. Die Not, die wir gerade durchmachen, ist eine Gelegenheit! Sie ist eine Gelegenheit, Satan zu besiegen, oder eine Gelegenheit, uns von Gott läutern und erziehen zu lassen, oder eben eine Gelegenheit, Gottes Trost zu erfahren, um ihn dann anderen (vielleicht sehr vielen anderen) weitergeben zu können. *Lieber himmlischer Vater, hilf mir, heute das zu lernen, was ich lernen soll, hilf mir, zu wachsen in der Schule des Leidens und des Trostes.*

Aber es geht nicht nur darum, den Trost, mit dem Gott uns tröstet, hier und jetzt an unseren leidenden Nächsten weiterzugeben. Gottes Perspektive ist größer. Er tröstet nicht bloß für den Augenblick; er gibt uns eine Zukunftshoffnung, die gewaltiger ist als alle noch so hilfreichen Worte. In 1. Thessalonicher 4,18 spricht Gott mitten in unsere so von Angst, Ungerechtigkeit, Brutalität und Heidentum geschüttelte Zeit hinein: »So tröstet einander mit diesen Worten.« Mit welchen Worten? Wir finden sie in den vorangehenden Versen:

Wir wollen euch aber, liebe Brüder, nicht im Ungewissen lassen über die, die entschlafen sind, damit ihr nicht traurig seid wie die andern, die keine Hoffnung haben. Denn wenn wir glauben, daß Jesus gestorben und auferstanden ist, so wird Gott ebenso auch die Entschlafenen durch Jesus mit ihm zum Leben führen. Denn das sagen wir euch mit einem Wort des Herrn: Wir, die wir noch leben und bis zur Ankunft des Herrn am Leben bleiben, werden denen nicht zuvorkommen, die entschlafen sind. Denn der Herr selbst wird mit befehlendem Wort, mit der Stimme des Erzengels und mit der Posaune Gottes vom Himmel herabkommen, und zuerst werden die Toten, die in Christus gestorben sind, auferstehen. Danach werden wir, die wir noch am Leben sind, zugleich mit ihnen auf den Wolken in die Luft entrückt werden, dem Herrn entgegen; und so werden wir beim Herrn sein für alle Zeit. (1 Thes 4, 13-17)

Jesus kommt wieder, und alle, die ihm gehören, werden dann bei ihm sein und einen Auferstehungsleib bekommen, wie er ihn hat! Glauben wir das? Haben wir diese Gewißheit? Sehen wir wie Marry Berg-Meester das Haus auf dem Berg mit seinen Lichtern vor uns?

Wir alle wissen, was Vorfreude ist. Schon das Vorschulkind malt sich Wochen vor dem großen Kindergeburtstag aus, wer alles kommen und was es alles spielen wird. Das größere Kind, das sich mit Fremdsprachen, scheinbar unlösbaren Mathematikaufgaben und vielleicht schon mit dem ersten Terminstreß plagt, tröstet sich mit dem Gedanken an die kommenden Sommerferien im Gebirge oder an der See. Der Erwachsene freut sich monatelang auf die Gemeinschaft und die Gespräche beim großen Familientreffen kurz vor Weihnachten. Es gibt kaum eine Plage, kaum einen Streß, die nicht durch die Vorfreude auf ein kommendes schönes Ereignis gemildert werden könnten.

Aber – und auch das kennen wir alle – solche Vorfreude kann gelegentlich auch enttäuscht werden. Eine plötzliche Grippe kann den Konzertbesuch zunichte machen, ein Loch in der Familienkasse den Urlaub, ein Todesfall das Familienfest ruinieren. Die Bibel ermahnt uns nicht umsonst, bei all unseren irdischen Plänen zu sagen: »Wenn der Herr will…«. Es gibt keine irdische Vorfreude ohne ein einschränkendes »Wenn nichts dazwischenkommt«.

Bei Jesu Wiederkunft kommt nichts dazwischen. Wir wissen zwar nicht, *wann* er wiederkommt; aber *daß* er kommt, das ist absolut sicher. Und diese Gewißheit gibt uns eine Vorfreude, die nichts in Frage stellen, nichts relativieren, nichts erschüttern kann. Es ist kein billiges Trostpflaster, wenn ein behindertes Kind sich darauf freut, im Himmel endlich zwei gesunde Beine zu haben; das Kind könnte kein realistischeres Gesprächsthema haben! Der neue Himmel und die neue Erde und die Hochzeit des Lammes sind eine Realität!

Als die dreijährige Ingrid ausprobieren wollte, wie lange sie direkt in die Sonne schauen konnte, zog ihre Mutter sie beiseite mit den Worten: »Komm, schau nicht so lange in die Sonne, sonst verbrennen deine Augen, und dann kannst du vielleicht nie mehr sehen.« Darauf die Kleine: »Bis Jesus wiederkommt, nicht nie mehr.« Genauso naiv-natürlich, genauso selbstverständlich sollte unsere Zukunftshoffnung sein. Dies bedeutet ganz gewiß nicht, daß wir vor lauter Vorfreude auf die Ewigkeit das, was wir hier und jetzt schon an Trost und Hilfe geben können, seinlassen. Man spricht einem frisch Operierten nicht nur die Hoffnung zu, daß er in einigen Wochen aus dem Krankenhaus entlassen wird; man bringt ihm auch gleich einen Blumenstrauß mit. Christliches Trösten ist kein Vertrösten. Gerade weil wir eine so feste Zukunftshoffnung haben, können wir mit aller Kraft *jetzt* helfen.

Aber schauen wir uns an, was die Bibel zum Thema »Hoffnung« noch zu sagen hat. In Römer 8, 17-25 sagt Paulus:

> Sind wir aber Kinder, so sind wir auch Erben, nämlich Gottes Erben und Miterben Christi; denn so gewiß wir mit ihm leiden, werden wir auch mit ihm zur Herrlichkeit erhoben werden. Denn ich bin überzeugt, daß die Leiden dieser Zeit nichts bedeuten gegenüber der Herrlichkeit, die an uns offenbart werden soll. Denn die ganze Schöpfung wartet sehnsüchtig darauf, daß die Kinder Gottes offenbar werden. Die Schöpfung ist ja der Vergänglichkeit unterworfen – nicht nach ihrem Willen, sondern durch den, der sie unterworfen hat –, jedoch auf Hoffnung; denn auch die Schöpfung wird frei werden von der Knechtschaft der Vergänglichkeit zu der herrlichen Freiheit der Kinder Gottes. Denn wir wissen, daß die ganze Schöpfung bis zu diesem Augenblick gemeinsam seufzt und in Wehen liegt. Aber nicht nur sie, sondern auch wir selbst, die wir den Geist als Erstlingsgabe haben, seufzen in uns selbst und warten auf die Kindschaft, die Erlösung unseres Leibes. Denn wir sind zwar gerettet, doch auf Hoffnung. Die Hoffnung aber, die man sieht, ist nicht Hoffnung; denn wie kann man auf das hoffen, was man sieht? Wenn wir aber auf das hoffen, was wir nicht sehen, so warten wir darauf in Geduld.

Die ganze Schöpfung wird »frei werden«. Können wir uns das vorstellen? Die ganze Schöpfung – auch wir! Keine Sünde mehr, kein Egoismus mehr, keine Krankheit und Behinderung mehr! Nicht nur unsere Arme und Beine und Gelenke, nicht nur unsere Augen und Ohren werden gesund und vollkommen sein, sondern

160

auch alle unsere Begabungen und Fähigkeiten. Die tausend Schranken und Verzerrungen, die in den Jahrtausenden seit dem Sündenfall entstanden sind, werden fort sein. Wie oft habe ich mir schon gewünscht, perfekt ein Instrument spielen und selbst neue Musik komponieren zu können. In der befreiten Schöpfung werde ich es können. Nein, wir können sie uns nicht vorstellen, diese Befreiung. Es wird eine Freiheit sein, gegen die sämtliche Befreiungsbewegungen dieser Erde die reine Gefangenschaft sind. Und diese Freiheit kommt, wir dürfen auf sie warten und uns auf sie freuen. Christen haben Hoffnung, und diese Hoffnung macht sie aktiv und mobil und befähigt sie, den guten Kampf zu kämpfen und bis ans Ende auszuhalten. Wie Jesaja es ausgedrückt hat: »Gott der Herr hilft mir, darum werde ich nicht zuschanden. ... Ja, der Herr tröstet Zion, er tröstet alle ihre Trümmer und macht ihre Wüste wie Eden und ihr dürres Land wie den Garten des Herrn, daß man Wonne und Freude darin findet, Dank und Lobgesang« (Jes 50,7; 51,3). Wir haben einen Gott, der alles wiedergutmacht.

So werden die Erlösten des Herrn heimkehren und nach Zion kommen mit Jauchzen, und ewige Freude wird auf ihrem Haupte sein. Wonne und Freude werden sie ergreifen, aber Trauern und Seufzen wird von ihnen fliehen. Ich, ich bin euer Tröster! Wer bist du denn, daß du dich vor Menschen gefürchtet hast, die doch sterben, und vor Menschenkindern, die wie Gras vergehen, und hast des Herrn vergessen, der dich gemacht hat, der den Himmel ausgebreitet und die Erde gegründet hat... Denn ich bin der Herr, dein Gott, der das Meer erregt, daß seine Wellen wüten – sein Name heißt Herr Zebaot –; ich habe mein Wort in deinen Mund gelegt und habe dich unter dem Schatten meiner Hände geborgen, auf daß ich den Himmel von neuem ausbreite und die Erde gründe und zu Zion spreche: Du bist mein Volk. (Jes 51, 11-13. 15-16)

Gibt es Trost, Freiheit, Erlösung? Ja. Gott hat es versprochen, und was er verspricht, das hält er. Lassen wir doch unsere Zweifel fortspülen von diesen Versen in Jesaja 61:

Der Geist Gottes des Herrn ist auf mir, weil der Herr mich gesalbt hat. Er hat mich gesandt, den Elenden gute Botschaft zu bringen, die zerbrochenen Herzen zu verbinden, zu verkündigen den Gefangenen die Freiheit, den Gebundenen, daß sie frei und ledig sein sollen; zu verkündigen ein gnädiges Jahr des Herrn und einen Tag der Vergeltung unsres Gottes, zu trösten alle Trauernden, zu schaffen den Trauernden zu Zion, daß ihnen Schmuck statt Asche, Freudenöl statt Trauerkleid, Lobgesang statt eines betrübten Geistes gegeben werden, daß sie genannt werden »Bäume der Gerechtigkeit«, »Pflanzung des Herrn«, ihm zum Preise. (Jes 61, 1-3)

So gewiß Jesus das erste Mal auf die Erde kam, so gewiß wird er auch das zweite Mal kommen und alles erfüllen, was er uns für die Zukunft verheißen hat. Unser Leben hat einen Sinn. Wir haben eine Zukunft. Wir können sagen: »Und ich werde bleiben im Hause des Herrn immerdar.«

... Gott lenkt

Mit einem lustlosen »Vielen Dank« warf das Mädchen seinen Mantel auf den Kleiderhaken im Flur. Dann kam es in die warme Küche und erklärte: »Also, ich bin nur hier, weil man mir gestern im Zug von Spanien nach Lausanne die Handtasche gestohlen hat. Ich war eingeschlafen, und als ich wach wurde, war die Tasche weg – Geld, Ausweis, Eurail-Paß und alles. Ich hab dann meine Mutter angerufen, und die hat gesagt, ich sollte erst mal hierher nach L'Abri, damit ich unterkäme; sie wollte mir dann neues Geld und so schicken. Na ja, und da bin ich eben per Anhalter hierher gefahren, aber das sage ich Ihnen, gerne bin ich nicht hier.«

Und fertig stand er, der Schutzzaun gegen die unerwünschten frommen Einflüsse. Aber er stand nicht lange. Noch bevor das Geld und die Papiere kamen, war die abweisende Gleichgültigkeit eifrigem Diskutieren und Fragen gewichen, und das Wunder geschah: Die junge Dame hörte auf, vor Gott davonzulaufen, und begann sich ihm zu öffnen. Sie erkannte ihre Schuld, begriff, daß Jesus für sie persönlich gestorben war, sah ein, daß das Evangelium nicht einfach eine Religion, sondern die Wahrheit ist. Es war die große Revolution in ihrem Leben.

Und angefangen hatte es mit einer gestohlenen Handtasche. Eine neue Evangelisationsmethode? Schauen wir uns dazu einen Bibelabschnitt an, den wir bereits aus Kapitel 2 kennen:

»Ihr Halsstarrigen, mit verstockten Herzen und tauben Ohren, ihr widerstrebt allezeit dem heiligen Geist, wie schon eure Väter, so jetzt ihr. Welchen Propheten haben eure Väter nicht verfolgt? Sie haben die getötet, die das Kommen des Gerechten vorher verkündigten, dessen Verräter und Mörder seid ihr nun geworden. Ihr habt durch Weisung von Engeln das Gesetz empfangen, doch gehalten habt ihr's nicht.«

Als sie das hörten, ging es ihnen wie ein Stich durchs Herz, und sie knirschten mit den Zähnen vor Zorn über ihn. Er aber, erfüllt mit heiligem Geist, blickte zum Himmel auf und sah die Herrlichkeit Gottes und Jesus zur Rechten Gottes stehen und sagte:»Siehe, ich sehe den Himmel offen und den Menschensohn zur Rechten Gottes stehen.« Da schrien sie laut, hielten sich die Ohren zu und stürzten alle miteinander auf ihn los und stießen ihn zur Stadt hinaus, um ihn zu steinigen. Und die Zeugen legten ihre Kleider zu den Füßen eines jungen Mannes ab, der Saulus hieß, und sie steinigten Stephanus; der aber betete:»Herr Jesus, nimm meinen Geist auf!« Er fiel auf die Knie und schrie laut:»Herr, rechne ihnen diese Sünde nicht an!«Und als er das gesagt hatte, verschied er. Saulus aber hatte Gefallen an seinem Tode. (Apg 7, 51-8,1)

Was ist die Begleitmusik zu der Predigt des Stephanus? Feierliche Orgelklänge? Nein, Steingeprassel, Todesgeschosse, von denen viele ihr Ziel treffen. Kein Zweifel: Satan greift an. Hat er früher versucht, Jesus selbst umzubringen (durch den Kindermord des Herodes) und zu verführen (in den 40 Tagen in der Wüste), so hält er sich jetzt an seine Nachfolger. Es ist ein verbissener Kampf. Aber Gott siegt. Stephanus stirbt, aber an seiner Stelle bekommt die junge Gemeinde bald einen Paulus, der durch seine Missionsreisen und Briefe Tausende zu Christus bringt. Nicht daß damit der Kampf und die Verfolgung zu Ende wären. Paulus selbst hat sein Teil zu tragen, nicht zuletzt in Form des»Pfahles im Fleisch«, mit dem Satan ihn quält (2 Kor 12, 7).

Wir haben bereits gesehen, daß Paulus Gott bittet, doch diesen Pfahl wegzunehmen, und daß er als Antwort bekommt:»Laß dir an meiner Gnade genügen; denn meine Kraft ist in den Schwachen mächtig« (2 Kor 12,9). Worauf er sagt:»Darum will ich mich am allerliebsten meiner Schwachheit rühmen, damit die Kraft Christi in mir wohnt. Darum bin ich guten Mutes in Schwachheit, in Mißhandlungen, in Nöten, in Verfolgungen und Ängsten, um Christi willen; denn wenn ich schwach bin, dann bin ich stark« (V. 9-10). Mit anderen Worten:»Ich, Paulus, weiß, daß Jesus Christus eine Realität ist und daß er wirklich Macht hat. Ich weiß es, weil ich selbst überhaupt keine Kraft habe und tagtäglich vor einem neuen

Berg von Problemen, Schmerzen und Angriffen stehe – und trotzdem immer wieder weitermachen kann und nicht untergehe.«

Diese Erfahrung hat sich durch die Jahrhunderte der Kirchen- und Missionsgeschichte immer wieder wiederholt. Das Leben des Evangelisten, des »Verkündigers der Wahrheit«, ist nicht eine ununterbrochene Serie von Wundern und Bewahrungen, sondern vor allem harter Alltag, menschliche Hilflosigkeit, in der Gottes Kraft wirken kann.

Was heißt das für uns heute in unserer methodenbewußten Zeit? Sollten wir an unseren Bibelschulen ein Fach »Leiden« einführen, in welchem die Kandidaten systematisch durch verschiedene Belastungen und Verfolgungen geführt werden? Sollten wir anfangen, Paulusse vom Fließband zu produzieren, oder Steinigungen simulieren, um Stephanusse zu erhalten? Natürlich nicht. Aber die Tatsache bleibt: Die Missionswellen, die zur Zeit der frühen Kirche und auch in späteren Jahrhunderten über die Erde gingen, waren stets mit Widerständen, Problemen, ja Verfolgungen verbunden. Wir lesen in Apostelgeschichte 8 weiter:

Am selben Tag brach eine große Verfolgung über die Gemeinde in Jerusalem herein; da zerstreuten sich alle in die Länder Judäa und Samarien, außer den Aposteln. Gottesfürchtige Männer aber bestatteten den Stephanus und hielten eine große Totenklage über ihn. Saulus aber suchte, die Gemeinde zu zerschlagen, ging von Haus zu Haus, schleppte Männer und Frauen fort und lieferte sie ins Gefängnis ein. Die nun zerstreut worden waren, zogen umher und predigten das Wort. (Apg 8, 1-4)

Auf Straßen und Plätzen, in Häusern und hinter Gefängnismauern verkündigten die Christen, daß der Messias gekommen ist und daß dieser Messias Jesus Christus ist, der gestorben und auferstanden und wieder zum Himmel gefahren ist. Immer größer wurde das Missionsgebiet dieser frühen Missionare, und warum? Nicht zuletzt, weil sie *durch Verfolgungen* immer weiter zerstreut wurden. Je mehr Satan versuchte, das Feuer der Wahrheit auszulöschen, um so mehr Funken entstanden.

Natürlich kann Gott seine Kinder auch vor oder in einer Verfolgung bewahren und auf diese Weise seinen Namen bekannt machen. Es gibt auch hierfür viele Beispiele, zum Beispiel die drei Männer im Feuerofen in Daniel 3. Oder Daniel selbst, als er in die Löwengrube mußte, weil er täglich zu Gott betete. Seine Bewahrung führte dazu, daß König Darius einen geradezu missionarischen Erlaß herausgab: »Das ist mein Befehl, daß man in meinem ganzen Königreich den Gott Daniels fürchten und sich vor ihm scheuen soll. Denn er ist der lebendige Gott, der ewig bleibt, und sein Reich ist unvergänglich, und seine Herrschaft hat kein Ende« (Dan 6,27f.). Wenn wir uns noch einmal an die beiden Säle des himmlischen Museums aus Kapitel 4 und 5 erinnern, dann gehört Daniels Errettung von den Löwen in den zweiten und Paulus' Kraft in der Schwachheit in den ersten Saal. Beide »Methoden« sind gleich geistlich und gleich missionarisch.

Die Rolle des Leidens und der Verfolgung in Mission und Evangelisation kann nicht überschätzt werden. Die Missionare, die in unserem Jahrhundert aus China vertrieben wurden, konnten in Ländern wie Thailand und Laos Menschen mit dem Evangelium erreichen, zu denen sie sonst nie gekommen wären. Und der »Rest« der Gläubigen in China wurde trotz der wütenden Verfolgung, trotz der Ermordung von Tausenden von Pastoren und Laien, nicht zerstört. Die Hugenotten wurden in Frankreich fast ausgelöscht, aber überall, wo die Flüchtlinge hinkamen, entstanden neue Zellen des Evangeliums, gab es neue Frucht. Ja, das Evangelium hat sich *trotz* Verfolgung und *durch* Verfolgung in alle Welt verbreitet.

Wir hätten endlosen Gesprächsstoff, wollten wir uns darüber austauschen, wer alles in der Missionsgeschichte auf einem Missionsfeld landete, an das er im Traum nicht gedacht hatte, weil er an seinem ursprünglichen Ziel durch Strapazen oder Verfolgung gehindert wurde. Wir könnten dann weiter auf die Menschen zu sprechen kommen, die durch Nöte dahin geführt wurden, auf das Wort Gottes zu hören und sich seiner Wahrheit zu öffnen. Und drittens wüßten wir manches Beispiel zu erzählen von Menschen, die dadurch zum Glauben kamen, daß sie miterlebten, wie Christen mit einer Notlage oder einem Verlust fertig wurden.

Einige Beispiele für die erste Gruppe. Hätte man Paulus und

Silas nicht ins Gefängnis geworfen (Apg 16), hätten der Kerkermeister und seine Familie vielleicht nie zu Christus gefunden. Sie wurden gerettet, weil diese beiden Männer auf höchst unfreiwillige Art eine Nacht in ihrem Gefängnis verbrachten; und Gott allein weiß, wie viele Menschen dann durch das Zeugnis dieser Familie zum Glauben kamen. Oder ein Beispiel aus unseren Tagen: Wäre Charles Colson, der »Henker des Weißen Hauses« aus der Watergate-Affäre, nicht ins Gefängnis gekommen, hätte er nicht so vielen Gefängnisinsassen das Evangelium bringen und mit ihnen beten und ihnen helfen können. Durch seine Verurteilung entstand eine Gefangenenmission, die möglicherweise zu echten Reformen im amerikanischen Strafvollzug führen wird.

Auch unsere eigene Arbeit in L'Abri, die jetzt weit über 20 Jahre besteht und Menschen in den verschiedensten Ländern erreicht, hat eine turbulente Entstehungsgeschichte, wie sie sich kein Planungskomitee hätte ausdenken können. Kaum daß wir aus Amerika in unser Chalet in der Schweiz zurückgekommen waren, bewaffnet mit Farbe, Tapeten und Stoffbezügen für die Renovierung und etwas Geld für den Kauf einer Waschmaschine und sonstiger Annehmlichkeiten, bekam unser Zweijähriger Polio, und wir standen vor der Frage: Zurück nach Amerika oder bleiben? Eine Woche danach bekam unsere 13jährige Tochter rheumatisches Fieber, das sie drei Jahre lang mehr oder weniger ans Bett fesseln sollte. Francis wurde das Gehalt gekürzt, und über eine Woche lang waren wir Tag und Nacht in unseren Kleidern und kämpften gegen die Überschwemmungen und Erdrutsche, die unser Dorf und Haus bedrohten; zweimal war unser Chalet buchstäblich eine Insel in einem Meer aus Schlamm und Geröll. Und dann zu guter Letzt die schon erwähnte polizeiliche Ausweisung … Aber ohne diese Dinge wäre L'Abri nie entstanden.

Hat also Gott damals diese Nöte geschickt? Ich glaube, nein. Ich glaube, es handelte sich um Angriffe des Teufels – Angriffe, die wir schließlich durch Glauben, Gebet und viel Fürbitte siegreich abwehren konnten. Es war ein Kampf, der Siege brachte und noch bringt, die sonst nicht stattgefunden hätten. Man findet das immer wieder: Wenn Gottes bedrängte Kinder zu ihm rufen, dann lenkt er Satans siegessichere Angriffe so um, daß sie dem Sieg des Evangeliums dienen müssen.

Die nüchternen und ernüchternden Worte, die Paulus an den jungen Gemeindeleiter Timotheus schreibt, gelten auch uns:

> Predige das Wort, sei zur Stelle, ob's den Menschen recht ist oder nicht; weise zurecht, drohe und ermahne in geduldiger Belehrung! Denn es wird eine Zeit kommen, wo sie die rechte Lehre nicht ertragen werden; sondern nach ihrem eigenen Gutdünken werden sie sich selbst Lehrer suchen, weil sie stets auf Neues aus sind. Von der Wahrheit werden sie die Ohren abwenden und sich den Fabeleien zukehren.
> Du aber sei in allen Dingen nüchtern, leide willig, tu deinen Dienst als Prediger des Evangeliums, erfülle deine Aufgabe ganz. Denn ich werde schon geopfert, und die Zeit meines Scheidens ist gekommen. Ich habe einen guten Kampf gekämpft, ich habe den Lauf vollendet, ich habe Glauben gehalten; nun liegt für mich die Krone der Gerechtigkeit bereit, die mir der Herr, der gerechte Richter, am Jüngsten Tage geben wird, aber nicht nur mir, sondern auch allen, die seine Wiederkunft lieb haben.
> (2 Tim 4, 2-8)

Paulus macht klar, daß der Beruf eines Verkündigers des Evangeliums kein Zuckerlecken ist. Nicht zuletzt muß der Evangelist damit rechnen, daß seine Hörer die Ohren vor der Wahrheit verschließen und nur auf solche Stimmen hören, die ihnen gerade passen. Es ist bitter, wenn man keine Mühe gescheut hat, um jemandem die Wahrheit zu bringen, und dann feststellen muß, daß er die Wahrheit gar nicht will. So etwas kann sogar innerhalb der Gemeinde geschehen, wie Paulus es offenbar mit einem Schmied namens Alexander erfahren mußte:

> Der Schmied Alexander hat mir viel Böses angetan; der Herr wird ihm vergelten nach seinen Werken. Hüte auch du dich vor ihm; denn er hat sich unseren Worten sehr widersetzt. Bei meinem ersten Verhör stand mir niemand bei, sondern sie verließen mich alle. Möge es ihnen nicht

angerechnet werden! Der Herr aber stand mir bei und stärkte mich, damit durch mich das Evangelium ausgebreitet würde und alle Heiden es hören könnten; so wurde ich aus dem Rachen des Löwen errettet. (2 Tim 4, 14-17)

Ja, Paulus stand manchmal ganz allein da. Aber er bekam Kraft von dem, der noch auf viel einsamerem Posten gekämpft hatte: von Jesus selbst, der es erlebt hatte, wie die Menschenmassen, die ihn als Brotkönig und Wunderheiler gefeiert hatten, ihn verließen, als es um die Wahrheit und den Weg ans Kreuz ging. Paulus konnte sagen: »Der Herr aber stand mir bei und stärkte mich.« Auch wir können das erfahren.

Jetzt wenden Sie vielleicht ein: »Ja, aber ich bin doch gar kein Evangelist, ich bin auch kein Pastor und nichts dergleichen, da gilt das alles doch gar nicht für mich.« Nun, schauen wir uns noch einmal den zweiten Timotheusbrief an, diesmal das dritte Kapitel. Dort spricht Paulus von den »schlimmen Zeiten«, die kommen werden und in denen Menschen auftreten werden, die nur äußerlich fromm sind und in Wirklichkeit die Wahrheit bekämpfen (V. 5). Und er fährt einige Verse später fort:

Alle, die ihr Leben im Glauben an Christus Jesus führen wollen, müssen Verfolgung leiden. Mit den bösen Menschen aber und Betrügern wird's je länger, desto schlimmer: sie verführen und werden verführt. Du aber bleibe bei dem, was du gelernt hast und mit dem du vertraut bist. Denn du weißt ja, von wem du es gelernt hast und daß du von Kind an die heilige Schrift kennst, die dich lehren kann, daß du durch den Glauben an Christus Jesus gerettet wirst. Jedes Schriftwort, von Gott eingegeben, dient aber auch zur Lehre, zum Überführen der Schuldigen, zur Besserung und zur Erziehung in der Gerechtigkeit. So wird der Mensch Gottes vollkommen und zu jedem guten Werk fähig. (2 Tim 3, 12-17)

Alle, die ihr Leben mit Jesus Christus führen wollen. *Alle.* Wundern wir uns nicht, wenn unsere Nachbarn gehässige Bemerkungen über uns machen, wir den erhofften Studienplatz nicht bekommen, unsere Examensarbeit abgelehnt wird, die verdiente Beförderung nicht kommt, enge Verwandte und Freunde sich von uns zurückziehen. Vergessen wir auch nicht, daß der Teufel uns mit solchen Dingen wie Krankheiten, Unfällen, Arbeitslosigkeit, Geldproblemen und vielem anderen angreifen kann und wird. Ja, jeder, der versucht, sein Leben von Christus bestimmen zu lassen und für das Evangelium einzustehen, muß damit rechnen, daß er verfolgt wird.

Entmutigende Aussichten? Nun, es geht beim christlichen Glauben und beim Leben mit Gott nicht einfach darum, was uns das Ganze »bringt«, was wir an Vorteilen (Geld, Gesundheit, Glück usw.) ernten können. Die Bibel und alles, was sie sagt, ist *wahr*. Auch was sie uns über Gott und über das Trösten und über die Wiederkunft Jesu sagt, ist wahr. Das Evangelium ist keine Beruhigungspille, kein Selbsthilfeklub, keine Versicherungspolice. Die Bibel sagt uns *die ganze Wahrheit* über das Leben und über die Welt, über Schöpfung und Sündenfall, Vergebung und Liebe, Himmel und Hölle.

Ich habe oben die Arbeit von Charles Colson und unser L'Abri als Beispiele dafür gegeben, wie Gott auf ganz neue und unerwartete Weise Türen öffnen und seine Botschaft verbreiten kann. Es gibt noch Tausende und Abertausende anderer Beispiele, darunter viele Menschen, die keiner Kirche und keinem christlichen Werk angehören. Ich denke an einen Jungen aus Kambodscha, der vor kurzem bei uns in L'Abri war. Er war in einem winzigen Boot nach Thailand geflohen und dort in die Obhut eines koreanischen Christen gekommen, der ihn zu Jesus führen konnte. Worauf dieser Junge das, was er da über den Glauben gelernt hatte, sofort an fünfzig kleinere Flüchtlingskinder, um die er sich zu kümmern hatte, weitergab.

Wir werden in der Ewigkeit noch staunen, welche ungewöhnlichen Wege das Evangelium genommen hat, um die Menschen zu erreichen. Wir werden so manchen Arzt und so manche Krankenschwester finden, die die Wahrheit über Gott von einem Patienten – vielleicht einem Unfallopfer oder einem hoffnungslos Krebskranken – erfahren haben. Andere haben mitten im Krieg – in einem Unterseeboot, einem Transportflugzeug, im Lazarett, im Schützengraben – zum ersten Mal von Jesus Christus gehört.

Nun zur zweiten Kategorie. Gott wirkt auch durch Nöte im Leben der noch nicht gläubigen Menschen. Es ist kaum zu ermessen, wie viele schon durch eine persönliche Notlage den Weg zu Christus gefunden haben. Lassen sie mich einige Abschnitte aus einem Brief von Marcia, einer meiner jungen Freundinnen, zitieren:

... Wir sind ja eine sehr große Familie. Als ich damals vor sieben Jahren nach L'Abri kam, war ich genauso eingestellt wie die meisten meiner Verwandten auch: hart, nüchtern, rebellisch und bitter. Als ich dann den Herrn gefunden hatte, fing ich an, für sie alle zu beten. Aber mit Verwandten ist das ja so eine Sache; ich hatte den Eindruck, daß Gott wohl in den Familien anderer Leute am Werk war, aber nicht in meiner, die war offensichtlich ein hoffnungsloser Fall.
Als ich Roger heiratete, kam ein ganzer Schwung L'Abri-Freunde zur Hochzeit.

Sie übernachteten alle bei meinem Bruder Maynard, der ein eingefleischter Marxist war. Sie können sich vorstellen, wie der mit ihnen diskutiert hat. Aber was sie sagten und wie überzeugt sie waren und ihr ganzes Leben – irgendwie gab ihm das zu denken. Kurz nach der Hochzeit ließ er Studium Studium sein und kam dann schließlich nach L'Abri. Ja, und dort, an dem Tag bevor er wieder nach Hause fuhr, kapitulierte er schließlich vor Gott, gab sein »rebellisches Ich«, wie er es ausdrückte, den Kampf auf. Was hatten diese L'Abri-Leute, die bei ihm übernachtet hatten, für ihn gebetet! Und als dann sein Brief ankam, worin er von seiner Bekehrung berichtete ... Aber dann, im Oktober [1975], hat Gott ihn auf einmal abberufen, und er ist jetzt beim Herrn. Als ich das hörte, da bekam für mich mein Besuch in L'Abri – und dann seiner – noch einmal eine ganz neue Dimension, eine zentnerschwere Bedeutung für die Ewigkeit. Da versagen mir die Worte, da kann ich nur noch staunen und staunen und anbeten.
Aber die Geschichte geht noch weiter, wir sind ja wie

gesagt eine große Familie. Als wir am Abend vor der Beerdigung alle beisammen waren, nahm sein Zwillingsbruder den Herrn an, und er war so begeistert, daß er prompt den Pastor anrief und fragte, ob er wohl bei der Beerdigung ein Lied singen und ein Zeugnis geben könnte. Und dann, während der Beerdigung, kam mein älterer Bruder zum Glauben, und danach betete er mit Roger. Eigentlich war es gar keine Beerdigung mehr, sondern fast schon ein Freudenfest. Nicht, daß die Beerdigung einfach war. Richard mußte sein Lied unterbrechen, weil er so weinen mußte. Und jemand, der den Herrn annimmt, hat nie einen leichten Weg vor sich, auch wenn er nicht so plötzlich stirbt.

Ja, und dann mein Bruder James. Er war damals auf seiner Europareise. In der Woche vor Maynards Tod war er zusammen mit Gini in London, und dort hatte er Os und Jenny und verschiedene andere L'Abri-Freunde kennengelernt und mit ihnen hin und her diskutiert. Dann, am Wochenende, ging er mit Donald Drew zu einer Wandertour nach Wales. Der gute Donald war genau der Mann, den er brauchte! Der langen Rede kurzer Sinn: Auch James kam nach L'Abri und bekehrte sich. Letzte Woche schrieb er uns: »Vor allem anderen möchte ich euch sagen, daß ich den Herrn liebe und ihm dienen möchte.« Und das war immer noch nicht alles, die Geschichte geht noch weiter. Eines Tages werde ich sie den Engeln erzählen können, aber die kennen sie wahrscheinlich schon längst, obwohl nicht so, wie ich sie erlebt habe. Es ist fast nicht zu glauben, aber jetzt haben sie wirklich alle, *alle* zu Gott gefunden! Da soll noch einer sagen, daß Gott nicht auch unsere Verwandten zu sich ziehen kann.

Vor allem möchte ich Ihnen sagen, wie ungeheuer wichtig es mir geworden ist, das Evangelium zu verbreiten, jetzt, wo ich miterleben mußte, wie schnell man sterben kann. Es hat eine Bedeutung für die Ewigkeit, eine ... ja, ich kann es gar nicht richtig in Worte fassen. Und ich möchte auch, daß diese Geschichte Ihnen ein neuer Ansporn ist...

Dies ist nur einer von vielen mutmachenden Briefen, die ich immer wieder bekomme. Immer wieder muß ich darüber staunen, wie Gott Leid und Schicksalsschläge gleichsam als Dünger für den Samen seines Wortes gebraucht – als Dünger für das »gute Land«, als Vorbereitung für Bekehrung und geistliches Wachsen. Was wäre wohl, wenn in unserem Leben alles immer nur glatt und schmerzlos vor sich ginge? Wenn wir damals nicht aus unserem Haus und unserem Dorf vertrieben worden wären, wäre L'Abri nie gegründet worden. Wenn die Mitarbeiter und Freunde von L'Abri in ihrem Leben nicht oft so viel durchmachen müßten, gäbe es nicht solche Briefe wie den von Marcia. Es ist in L'Abri bisher noch niemand gesteinigt worden, aber allein schon das Zusammenleben so vieler Menschen auf so engem Raum ist manchmal ein Problem für sich; und in anderen Ländern der Welt werden Christen buchstäblich für ihren Glauben gefoltert und getötet. Aber durch all diese Kämpfe hindurch handelt Gott, kommen Menschen zum Glauben.

Wir haben uns jetzt angesehen, wie Leiden »Umleitungen« sein können, die den Evangelisten auf neue Missionsgebiete führen; wir haben auch gesehen, wie Menschen gerade durch Leiden zu Gott finden. Nun zur dritten und letzten Gruppe: zu den Fällen, wo Menschen zum Glauben finden, weil sie miterleben, wie Christen sich im Leid bewähren.

Hier muß ich wieder ein Begebnis aus unserer Arbeit in L'Abri erzählen. Es geschah frühmorgens am 28. März 1977. Francis, die Kinder und ich und noch mehrere andere Mitarbeiter waren zu der Zeit in Dallas (Texas), wo es noch der Abend des 27. März war, und Francis hielt den Schlußvortrag des Seminars »Wie sollen wir denn leben?«. Wir hatten Gott gebeten, Francis »feurige Zungen zu geben, um dein Wort zu predigen«, und das Gebet wurde sichtlich erhört: Francis sprach mit einer Kraft und Vollmacht, wie sie nur vom Heiligen Geist kommen konnte. Aber was geschah zur gleichen Zeit zu Hause in der Schweiz?

Nun, um drei Uhr morgens bemerkte ein Autofahrer, der auf der Straße von Villars nach Huèmoz unterwegs war, wie es in Huèmoz merkwürdig orange leuchtete. Ob das Flammen waren? Er fuhr laut hupend durch das Dorf. Betty, durch den Lärm aufgeschreckt, schaute aus dem Fenster.»Jane«, rief sie,»unsere Kirche brennt!« Jane rannte ans Telefon, und kurze Zeit später waren mehrere L'Abri-Mitarbeiter und andere Helfer dabei, den Brand mit Feuerlöschern zu bekämpfen. Die Dorffeuerwehr kam bald dazu. Gegen 5 Uhr 30 war der Brand gelöscht, und man rief uns in Dallas an:»Die Kapelle hat gebrannt, und es sieht so aus, als ob die Orgel zerstört ist!«

Feuer des Geistes Gottes in Texas, Feuer in unserer Kirche zu Hause in L'Abri. Zufall? Nein, darüber waren wir uns alle einig; vielmehr eine weitere Schlacht zwischen Gott und Satan; der Brand unserer Kapelle war Satans Gegenangriff auf die Gebetser-hörung in Amerika.

Und dann noch am gleichen Abend ein weiterer Angriff, ein zweiter Anruf:»Die Linienflüge nach Philadelphia sind für mor-gen schon alle ausgebucht.« Und wir mußten doch nach Wilming-ton, Delaware, wo mein Vater morgen beerdigt würde!

Aber Satan kämpfte vergeblich. Am nächsten Morgen saßen wir in einem Privatflugzeug, das einer unserer Freunde für uns aufge-trieben hatte; der Flug kostete nichts. Und was noch toller war: Alle anderen Privatmaschinen mußten an diesem Morgen am Boden bleiben, so stürmisch war das Wetter; die einzige Richtung, in der das Wetter einigermaßen war, war die, in der unsere Flug-route lag . . .

Sieg auch in L'Abri. Anstatt wieder ins Bett zu gehen, lädt man alle, die beim Löschen geholfen haben, zu einer Tasse Kakao und Plätzchen ein und hält eine improvisierte Gebetsversammlung. Und zwei Mädchen, die schon seit einiger Zeit in L'Abri zu Gast sind, erleben, jede für sich, an diesem Morgen ihren»Geburtstag« als Glieder der Familie Gottes. Was stundenlange Fragen und Dis-kussionen und neue Fragen nicht zuwege gebracht hatten, geschieht jetzt wie von selbst, und warum? Beide beobachten an diesem ereignisreichen Morgen etwas, das sie in keiner anderen Situation hätten beobachten können – etwas, das ihnen ganz pla-stisch zeigte, daß der christliche Glaube doch wahr sein muß.

Das eine dieser Mädchen hat das, als ich später mit ihr sprach, so ausgedrückt:»Wie die ganzen L'Abri-Leute sich verhalten haben, als die Kapelle brannte, das war einfach toll. Keiner hat geschimpft, keiner hat nach Schuldigen gesucht, sie gingen einfach wie ein Mann an die Arbeit, und was für eine Arbeit: Hitze. Dreck, das Löschwasser, und das alles mitten in der Nacht! Und als sie dann fertig waren, was war das erste, was sie machten? Beten. Sie haben ihren Kakao getrunken und gebetet. Ja, und das hat mich also überzeugt!« Ja, unsere Kapelle war ausgebrannt, aber zwei Menschen fanden dadurch den Weg aus der Finsternis ins Licht; so brachte Gott auch hier aus Bösem Gutes hervor. Als wir dann unsere Kapelle wieder aufbauten, konnten wir sie sogar etwas vergrößern.

Noch einmal: Man kann und darf so etwas nicht *planen*. Man kann keine Feuer, Kriege, Hungersnöte, Unfälle oder Märtyrertode »machen«, um die Menschen aufzurütteln und zum Glauben zu zwingen. Aber es ist ganz klar, daß Bekehrung und Errettung oft mitten in Not und Unglück geschieht. »Wir müssen durch viele Bedrängnisse in das Reich Gottes eingehen«, sagten Paulus und Barnabas in Lystra, Ikonien und Antiochia (Apg 14,22). Sie sagten es aus gutem Grunde, denn erst kurz zuvor war Paulus in Lystra gesteinigt worden.

Evangelisation und Leid gehören oft zusammen. Aber auch Leiden und Gottes Führung gehen oft Hand in Hand. Ich habe das selbst mehrfach erlebt. Auf einer unserer Vortragsreisen in den USA mußte ich auf einmal wegen starker Beschwerden an meinem Knie zum Arzt, und die Diagnose lautete: »Ihr Meniskus ist gerissen. Das müssen wir sofort operieren, gleich morgen. Sie müssen dann ein paar Tage im Krankenhaus bleiben und sich anschließend noch zehn Tage ausruhen, bevor Sie wieder in die Schweiz zurückfahren.« Ich versuchte zu protestieren: »Aber das kann ich doch nicht, ich muß doch... und mein Mann...« Aber es half nichts, ab ging es in den Operationssaal. Zwangspause, vertane Zeit?

Keineswegs. Francis erinnerte sich, daß er das Manuskript für sein Buch »Wie sollen wir denn leben?« ja noch einmal überarbeiten und vor allem mit seinem Lektor, Jim Sire, besprechen mußte. Normalerweise wäre jetzt keine Zeit dazu gewesen, aber durch meine Operation bekam er die Zeit. Er konnte sich mit Jim ganz persönlich zusammensetzen, ohne lästigen Briefwechsel und Telefonate. Meine Knieoperation war nötig gewesen, damit aus diesem Manuskript etwas wurde. Und bei Herrn und Frau Todd in Pittsburgh fanden wir eine ideale Unterkunft für meine Genesungstage und Francis' Arbeit an dem Buch. Gott konnte an uns wie an den Todds viel arbeiten in diesen zwei Wochen, und ich konnte nur noch beten: *Danke, Herr, für diese Operation. Es sind ja so viele Dinge geschehen, die sonst gar nicht möglich gewesen wären. Danke auch, daß du uns so deutlich gezeigt hast, daß gerade jetzt der richtige Zeitpunkt da war, das Buch fertigzuschreiben.*

Nur Gottes Meisterhand kann unser Leben so lenken. Noch sehen wir nur »ein dunkles Bild, wie durch einen Spiegel« (1 Kor 13,12), und schon jetzt will uns manchmal schwindlig werden bei der Frage: »Was wäre gewesen, wenn nicht ...«. Wie wird es erst sein, wenn wir in der Ewigkeit sind und das fertige Puzzle, das ganze helle Bild sehen?

Einer der großen Bibelabschnitte zum Thema »Führung« steht in Jesaja 30. Lesen wir zunächst V. 18-21:

> Darum wartet der Herr darauf, daß er euch gnädig sei, und er macht sich auf, daß er sich euer erbarme; denn der Herr ist ein Gott des Rechts. Wohl allen, die auf ihn harren! Du Volk Zions, das in Jerusalem wohnt, du wirst nicht weinen! Er wird dir gnädig sein, wenn du rufst. Er wird dir antworten, sobald er's hört. Und der Herr wird euch in Trübsal Brot und in Ängsten Wasser geben. Und dein Lehrer wird sich nicht mehr verbergen müssen, sondern deine Augen werden deinen Lehrer sehen. Deine Ohren werden hinter dir das Wort hören: »Dies ist der Weg; den geht! Sonst weder zur Rechten noch zur Linken!«

Zweierlei ist in diesen Versen ganz deutlich: Erstens, Gott will, daß wir ihn um seine Führung *bitten,* daß wir zu ihm rufen, daß wir erwarten, daß er uns den Weg zeigt. Und zweitens, Gott gibt diese Führung nicht auf einen Schlag, nicht im voraus, er drückt uns kein fertiges Programm komplett mit Wanderkarte und Proviant für die nächsten Jahre in die Hand. Seine Wegweisung kommt mitten in »Trübsal« und »Ängsten«, immer rechtzeitig, aber nie vor der Zeit.

Gott hat versprochen, treu für uns zu sorgen. »Darum sorgt nicht für morgen, denn der morgige Tag wird für das Seine sorgen«, sagt Jesus seinen Jüngern in der Bergpredigt (Mt 6,34). Aber er versorgt uns immer nur von einem Tag zum nächsten, zeigt uns immer nur den Schritt, den wir *jetzt* zu gehen haben. Warum? Ist sein Plan noch nicht fertig, muß er ständig improvisieren? Nein, er möchte, daß wir ganz von ihm abhängig sind, uns völlig auf ihn verlassen. Er will nicht, daß wir in voller Ausrüstung, mit Karte, Rucksack und Kompaß, allein losmarschieren – und dann womöglich nie am Ziel ankommen; er will, daß wir uns wie ein Kind von seiner Hand führen lassen, in unbekümmertem Vertrauen. »Trachtet zuerst nach dem Reich Gottes...« (Mt 6,33).

Und jetzt zu Jesaja 30,1-3:

> Weh den abtrünnigen Söhnen, spricht der Herr, die ohne mich Pläne fassen und ohne meinen Geist Bündnisse eingehen, um eine Sünde auf die andere zu häufen, die hinabziehen nach Ägypten und befragen meinen Mund nicht, um sich zu stärken mit der Macht des Pharao und sich zu bergen im Schatten Ägyptens! Aber es soll euch die Stärke des Pharao zur Schande geraten und der Schutz im Schatten Ägyptens zum Hohn.

Hier sehen wir, was denen passiert, die sich in ihren Problemen ungeduldig von Gottes Hand losreißen und auf eigene Faust den Weg zur Hilfe suchen. Gottes warnendes »Wehe« steht über denen, die ihren Streß und ihre Nervosität durch Transzendentale Meditation loswerden oder ihre Zukunftsangst durch Horoskope und Wahrsagerei besänftigen wollen, die ihre Probleme in der buddhistischen Religion des Nichts vergessen oder auch durch rücksichtsloses Vergnügen, Lebensstandard und Karriere begraben wollen. Solche Menschen stoßen Gott beiseite, strafen ihn Lügen, leugnen, daß er Gebete erhören und in unser Leben eingreifen kann. Aber ihr Ende ist »Schande«, Niederlage, Zerbruch.

Jesaja 50, 10-11 drückt es so aus:

> Wer ist unter euch, der den Herrn fürchtet, der der Stimme seines Knechts gehorcht, der im Finstern wandelt und dem kein Licht scheint? Der hoffe auf den Namen des Herrn

und verlasse sich auf seinen Gott! Siehe, ihr alle, die ihr ein Feuer anzündet und Brandpfeile zurüstet, geht hin in die Glut eures Feuers und in die Brandpfeile, die ihr angezündet habt! Das widerfährt euch von meiner Hand: in Schmerzen sollt ihr liegen.

Wir kommen in unserem Leben oft in solche Finsternisse: geplatzte Termine, zerbrochene Pläne, enttäuschte Erwartungen, plötzliche Todesfälle, aussichtslose Ungewißheit, die sich wie ein Nebel um uns legt. Und dann haben wir die Wahl: Wir können auf Gott »hoffen«, das heißt geduldig auf seine Stimme, seine Führung, sein Licht warten, indem wir zum Beispiel intensiv beten (vielleicht eine halbe Nacht lang, vielleicht einige Wochen lang jeden Tag soundso viele Stunden). Wir können aber auch unser Leben in die eigene Hand nehmen und eigene Lichter anzünden, und Gott wird uns noch nicht einmal daran hindern; aber das Ende wird Enttäuschung, Niederlage, »Schmerzen« sein.

Als Francis und ich 1955 in L'Abri unseren ersten Fasten- und Gebetstag hielten, nahmen wir diese beiden Verse aus Jesaja 50 als unser Motto, und sie haben seither jeden Gebetstag in L'Abri begleitet. Es sind lebenswichtige Verse für jeden Christen, denn nur zu leicht zünden wir unsere eigenen Feuer an, lassen wir uns von unseren eigenen klugen Überlegungen, aber auch den Einflüsterungen des Satans verführen. Manchmal kommen diese Einflüsterungen aus dem Mund falscher Propheten und falscher Lehrer, die »in Schafskleidern« (Mt 7,15) und mit »verderblichen Irrlehren« und »lügnerischen Worten« (2 Petr 2,1-3) zu uns kommen. Satan kann sich bekanntlich geradezu als »Engel des Lichts« verkleiden (2 Kor 11,14). Er tut es gerade heute, im sogenannten nachchristlichen Zeitalter, und er tut es mit Lächeln, schönen Broschüren, großen Versprechungen und gutem Erfolg. Und mit besonderer Vorliebe bietet er sich dann an, wenn unsere seelische Abwehrkraft durch Unglücksfälle, Geldsorgen, Krankheit oder was auch immer geschwächt ist.

Kommen wir darum zu unserem himmlischen Vater, beten wir zu ihm, lesen wir sein Wort, bitten wir ihn, die Regie in unserem Leben zu führen. Sein Ohr ist offen, er wartet auf uns. Befolgen wir die Aufforderung, die Paulus uns im Epheserbrief gibt:

178

Vor allem aber ergreift den Schild des Glaubens, mit dem ihr alle feurigen Pfeile des Bösen auslöschen könnt, und nehmt den Helm des Heils und das Schwert des Geistes, das ist das Wort Gottes. Und betet allezeit mit Bitten und Flehen im Geist und wacht dabei mit aller Ausdauer. Bittet für alle Heiligen und auch für mich, damit mir das rechte Wort gegeben wird, wenn ich rede, und ich freimütig das Geheimnis des Evangeliums verkündigen kann, als dessen Bote ich in Ketten liege. Bittet, daß ich mit Freimut davon rede, wie ich es muß. (Eph 6, 16-20)

Wenn Paulus so dringend das Gebet brauchte, wieviel mehr dann wir! Gerade dann, wenn wir am Boden liegen, gerade dann, wenn wir nicht mehr weiter wissen. Und wir müssen und dürfen auch für unsere Mitmenschen und Mitchristen beten, mit der gleichen Zuversicht, die Paulus hatte, als er der Gemeinde in Philippi schrieb:»Ich danke meinem Gott, sooft ich an euch denke. Immer wenn ich für euch alle bete, tue ich das mit Freuden und danke Gott dafür, daß ihr vom ersten Tag an bis heute mit dem Evangelium verbunden seid. Ich habe die feste Zuversicht, daß der, der in euch das gute Werk angefangen hat, es auch vollenden wird bis zum Tag Christi Jesu« (Phil 1,3-6).

Ja, Gott hat auch in uns ein gutes Werk angefangen, und er will es vollenden. Wir sind seine Kinder, und er will uns nicht loslassen. Denken wir daran, wenn wir im Nebel der Ungewißheit stecken und die richtige Richtung suchen. Lassen wir uns trösten von der Klangfülle der Sinfonie Gottes in seinem Wort. Fallen wir nieder vor dem unendlichen Schöpfergott: *Herr, ich stehe vor dir als dein Geschöpf. Herr, ich bin nur Staub. Danke, Vater, daß du alles weißt und alles lenkst, auch wenn ich es nicht verstehen kann. Danke, daß du der Ewige, der Allwissende, der Allmächtige bist und daß du meine Hand hältst.*

Einfach abschaffen?

Das Mädchen hatte seinen Kopf in meine Arme gelegt und schluchzte hemmungslos. »O, hätte ich's doch nicht gemacht, hätte ich doch bloß nicht auf den Arzt gehört! Warum hat mich denn keiner gewarnt, warum hat mir keiner was gesagt? Der Arzt hat einfach gesagt: ›Sie sind schwanger; wann wollen Sie die Abtreibung haben?‹ Und jetzt, jetzt kann ich vielleicht nie wieder ein Kind bekommen, irgendwas soll schiefgegangen sein bei der Abtreibung. Und ich war doch ganz allein und dann noch im Ausland, ich hab doch nicht gewußt...«

Das 20. Jahrhundert hat eine neue Art von Luftverschmutzung erfunden. Der Sauerstoff der überkommenen, letztlich biblisch fundierten Wertvorstellungen wird mehr und mehr verdrängt durch den Smog der »neuen«, »fortschrittlichen« Ethik. Dinge, die früher buchstäblich undenkbar waren, sind heute längst salonfähig geworden, ja gelten womöglich als Ausdruck besonders großer Menschlichkeit. Immer mehr Menschen bekommen chronische seelische Atembeschwerden. Immer mehr Kapitäne sind außerstande, ihr Lebensschiff auf dem richtigen Kurs zu halten, weil eine unsichtbare Riesenhand Bojen und Leuchttürme verschoben, verdunkelt und zerstört hat.

Eine Frau in der Praxis ihres Frauenarztes: »Herr Doktor, kann ich wohl in meinem Alter noch ein Kind bekommen, ich meine, ist das Risiko, daß es behindert ist, jetzt nicht schon zu groß?« – »Naja, die Gefahr, daß das Kind mongolid wird, ist schon relativ groß, aber da machen Sie sich mal keine Sorgen, das können wir schon früh während der Schwangerschaft feststellen und das Kind dann abtreiben.« – »Abtreiben? Aber das ist doch Mord!« Der junge Arzt weiß nicht so recht, was er darauf antworten soll. Sein Chef, dem er assistiert, würde der Mutter noch hundertprozentig beistimmen. Zwei Generationen, zwei Welten! Und das Rad dreht sich immer schneller.

Gut und Böse, Recht und Unrecht sind altmodische Begriffe geworden. »Ich will etwas vom Leben haben«, heißt die neue

Devise, »ich will glücklich werden, und nichts darf mich dabei stören.« Und wenn doch etwas stört, wenn am Arbeitsplatz oder zu Hause oder in der Nachbarschaft oder auf dem Bankkonto nicht alles so läuft, wie ich mir das wünsche? »Das muß dann eben weg.« Und wenn der Störenfried ein Mensch ist – das ungeplante Baby, die alte Mutter, das mongolide Kind, der nervenkranke Ehemann? Weg damit, abtreiben, abschieben, scheiden, vergessen. Man hat ja nichts dagegen, daß ein Ehepaar zusammenbleibt, daß ein Kind in einer richtigen Familie aufwächst, daß man eine einmal angefangene Arbeit auch weiterführt, durchaus nicht; aber wenn die Sache lästig wird, wenn sie etwas kostet, wenn es an die eigene Bequemlichkeit geht, das ist dann doch etwas anderes... »Macht kaputt, was euch kaputtmacht.« Wenn dich etwas in deiner Selbstverwirklichung behindert, dann schaff es ab.

Was hier letztlich abgeschafft werden soll, ist das Leiden, das Unangenehme, jede Art von Last. Damit aber schaffen wir automatisch – ob wir das wollen oder nicht – auch all das Positive ab, das aus den Lasten unseres Lebens folgen kann: Geduld, Bewährung, Hoffnung (Röm 5, 3-4). Sehen Sie, wohin uns das führt? Eben nicht in die große Freiheit, sondern in die große Verzweiflung, wie bei dem Mädchen, mit dem ich dieses Kapitel begonnen habe.

Ich habe selbst eine Fehlgeburt erlebt, im vierten Monat. Ich lag in dem Haus in den Alpen, meilenweit vom nächsten Krankenhaus entfernt, und neben mir auf dem Bett das tote Baby mit seinen bindfadendicken Fingern und Zehen, seinem zusammengekrümmten Körper, den gerade sich entfaltenden Ohren. Die Nabelschnur war noch intakt, der Arzt mußte erst auf den Nachmittagszug warten, der ihm die Instrumente nachbrachte. Stundenlang lag ich so da und weinte über diesen frühen Tod, hätte das winzige Wesen am liebsten wieder zurückgeschoben in meinen Leib. Meine Trauer war echt und stark. Hier war nicht ein Stück Gewebe von meinem Körper abgestoßen worden; ein Mensch war gestorben. Mein Kind war tot.

Ist es nicht faszinierend, wie selbstverständlich die Bibel davon ausgeht, daß der Mensch schon im Mutterleib eine Person ist? Als Maria kurz nach dem Besuch des Engels, der ihr die Geburt Jesu ankündigte, ihre Kusine Elisabeth besucht, hüpft das Kind in Elisabeths Leib (Johannes der Täufer) vor Freude (Lk 1,41), und Elisabeth nennt Maria »die Mutter meines Herrn«; dieser Herr war in seiner menschlichen Gestalt erst vor ein paar Tagen gezeugt worden! Sehen da nicht alle Versuche moderner Gerichte und Gesetzgeber, den Beginn der menschlichen Person festzulegen, lächerlich aus?

Ich möchte zwei Beispiele erzählen, beide aus Familien, die ich sehr gut kenne. Ein Ehepaar in Pennsylvania bekam sein fünftes Kind. Es schien nicht ganz normal zu sein, und zwei angesehene Spezialisten kamen zu dem Ergebnis, daß es sein Leben lang geistesgestört sein würde. Die Eltern – sie waren beide Christen, und die Frage, ob man ein schwerbehindertes Neugeborenes nicht lieber wieder sterben lassen sollte, war damals noch nicht aktuell –nahmen das Kind nach Hause, liebten und pflegten und versorgten es. Das Kind bekam jede nur erdenkliche Zuwendung, und nicht zuletzt beteten viele Menschen für es. Wurden diese Gebete erhört? Bildeten sich »Umleitungen« in dem geschädigten Gehirn? Oder hatten die Ärzte doch nicht die richtige Diagnose gestellt? Wie dem auch sei, das Kind wuchs auf und entwickelte sich, ging ganz normal zur Schule, betrieb Sport und zeigte sich in manchen Dingen als regelrecht begabt. Keiner der Menschen, die mit ihm zu tun hatten, kam auf die Idee, es als behindert einzustufen.

Bei dem anderen Kind, von dem ich erzählen möchte, schien bei der Geburt alles in Ordnung zu sein. Aber dann lernte es erst sehr spät laufen und noch später sprechen, und nach und nach wurde klar, daß es schwer behindert war. Dieses Mädchen wird seine Behinderung bis an sein Lebensende tragen müssen, eine Heilung wird es erst im Himmel geben. Lebensunwertes Leben? In den Augen der »neuen Ethik« vielleicht. Für das Mädchen und seine Eltern nicht. Mir wollen die Tränen in die Augen kommen, wenn ich daran denke, wie reif und tief und voll das Leben dieser Eltern durch ihre behinderte Tochter geworden ist, wie das Gold der Liebe, der Geduld, der Freundlichkeit und Güte immer mehr bei ihnen durchscheint. Perfekte Heilige? Nein. Aber es läßt sich kaum ermessen, wieviel Segen von dem Leben solcher Eltern und ihrer Kinder ausgeht. Sie sind lebendige Demonstrationen der Kraft und Liebe Gottes, und diese Demonstrationen sprechen

Menschen an – Ärzte, Lehrer, andere Eltern –, die sich sonst, wenn diese Kinder normal wären, vielleicht nie Gedanken über Gott gemacht hätten. Ein behindertes Kind leben zu lassen, kann Konsequenzen haben, die bis in die Ewigkeit gehen!

Es gibt Menschen, die keine Hände haben, aber mit den Zehen malen können und deren Leben weit schöpferischer und reicher ist als das so manches »Gesunden«. Ich kenne einen jungen Mann, einen Neffen von Rosie, die bei uns in L'Abri zum Glauben kam. Er ist von Geburt an beiden Armen und Beinen mißgebildet. Die Arme gehen nur bis zu den Ellenbogen, das eine Bein ist zu kurz und das andere nur teilweise vorhanden. Über Rosie und ihre Berichte konnten wir mitverfolgen, wie er aufwuchs und aus dem Baby und Kleinkind ein junger Mann wurde. Er war ungewöhnlich zäh und willensstark. Schon als er zahnte, war er in der Lage, mit seinen Armen und einer Prothese Gegenstände in seinen Mund zu führen. Bald konnte er selbständig essen, und eines Tages wollte er seine Prothesen nicht mehr, weil er herausgefunden hatte, daß er sich auch mit seinen handlosen Armen helfen konnte. Heute hat er längst sein Universitätsstudium hinter sich. Er ist lebensfroh und fest überzeugt, daß Gott einen Plan und eine Aufgabe für ihn hat. Aber der Geburtshelfer hatte ihn eine »Mißgeburt« genannt, und heutzutage hätte er vielleicht keine Chance mehr, aufzuwachsen.

Vergessen wir nie, daß wir in einer gefallenen Welt leben. Diese gefallene Welt sehnt sich nach Heilung, aber die wird es erst geben, wenn Jesus wiederkommt, um sein Reich aufzurichten. Der Unterschied zwischen der Lebensqualität eines behinderten und der eines gesunden Kindes ist lächerlich im Vergleich zu dem unendlichen Unterschied zwischen der Lebensqualität in dieser sündigen, gefallenen Welt und der in der Ewigkeit. Woraus man nach der Logik der neuen Ethik ja eigentlich den Schluß ziehen müßte, daß jeder Christ sofort nach seiner Bekehrung Selbstmord begehen sollte, um sich nicht noch länger mit diesem so leidensvollen, jämmerlichen Erdendasein herumquälen zu müssen...

Ist dieser Vergleich zu weit hergeholt? Nun, die Diskussionen darüber, ob man nicht unter Umständen bei bestimmten schweren Behinderungen das Neugeborene töten sollte, sind jedenfalls sehr real. Warnende Stimmen weisen zu Recht darauf hin, daß diese

Überlegungen an die Grundlagen der abendländischen Kultur rühren und daß unter der Frage, nach welchen Kriterien denn konkret darüber zu entscheiden wäre, wer wann wie lange leben darf, ein Abgrund von Unsicherheit und Willkür gähnt. Daß vor einigen Jahren in Schweden ein Regierungsmitglied ernsthaft anregte, angesichts der jährlich 2000 Selbstmorde vielleicht eine Art Selbstmordzentrum einzurichten, wo die Betroffenen in aller Ruhe und ohne die üblichen Schwierigkeiten ihrem Leben ein Ende setzen könnten, überrascht auf diesem Hindergrund schon nicht mehr. Sicher, der Vorschlag wurde damals nicht in die Tat umgesetzt. Aber daß man so etwas überhaupt öffentlich äußern kann, ist schon ein Alarmsignal ersten Ranges.

Dann die erneute Diskussion über die Euthanasie: Sollte man unheilbar Schwerkranken nicht eine »erlösende« Tablette oder Spritze verabreichen, zumindest auf ihren eigenen Wunsch? Ein verführerischer Gedanke – zu verführerisch, wenn man bedenkt, welchen Schwankungen unsere Gefühle ausgesetzt sind und wie gemischt selbst unsere ehrlichsten Absichten und Motive sein können. Welcher Mensch ist denn so reif und so weise, daß er über seinen eigenen Tod bestimmen kann? Und welcher Verwandte, welcher Freund, welcher Arzt wäre der Aufgabe gewachsen, gar über Leben und Tod *eines anderen* zu entscheiden? Für wie klug halten wir uns eigentlich?

Die Ideologie des unersättlichen Egoismus, die rastlose Suche nach Selbstverwirklichung und Glück, ist zu einer ethischen Giftwolke geworden, die unser Denken vernebeln will, zu einer geistigen Flut, die uns den Boden unter den Füßen wegzureißen droht. Und wer einmal den Boden verloren hat, den kann die Strömung treiben, wohin sie will, da gibt es kein Halten mehr. Heute heißt es: »Wenn ich dieses Kind bekomme, kann ich nicht mehr auf ein eigenes Haus sparen, also lasse ich es abtreiben.« Morgen heißt es: »Dieses Baby ist ja mongolid! Sollen wir das überhaupt leben lassen?« Übermorgen vielleicht: »Ich kann das alles nicht mehr aushalten, ich mache einfach Schluß mit meinem Leben.« Oder: »So geht das mit Großmutter nicht weiter, so verkalkt wie sie ist. Und all diese Arbeit und diese Kosten, sollten wir nicht besser...«

Und so weiter und so fort. Ist die Idee, daß *mein* Glück, *meine*

Erfüllung, *mein* Recht über alles geht, erst einmal akzeptiert, dann gibt es keine Tabus mehr, dann läßt sich für alles, aber auch alles eine passende Begründung finden; dann ist alles, was mein Wohlbefinden und meine Pläne stört, eine ärgerliche Last, die ich mit gutem Recht und bestem Gewissen abwerfen kann.

In der zweiten Hälfte unseres fortschrittlichen 20. Jahrhunderts wachsen Generationen heran, deren Seelen verkrüppelt sind, Menschen, denen der Satan geistigen Schund, wertlose Plastikblumen verkauft hat. »Ich, ich und noch einmal ich! Verantwortung tragen, anderen Menchen dienen? Nein danke, ich werde mich doch nicht versklaven lassen!« Bis dann der Aufschrei kommt: »Warum hat mir das denn keiner gesagt, warum hat mich keiner gewarnt, ich hab das doch nicht gewußt!« Und das in sogenannten christlichen Ländern, wo viele Eltern und die meisten Großeltern es noch sehr wohl wußten.

Denn das ist das Unheimlichste und Tragischste an der neuen Religion des Egoismus: Sie räumt nicht nur das zur Seite, was der Verwirklichung des geliebten Ichs hinderlich ist, sondern sie zerstört auch dieses Ich selbst. Ob es um ein werdendes Leben geht, um Ehe, Freundschaft oder Familie, um Wohnung oder Arbeitsstelle: der größte Verlierer ist der Selbstverwirklicher selbst. Er jagt rücksichtslos seinem Glück nach und zertrampelt alles, was ihm dabei in den Weg kommt – und fängt das Glück doch nicht, denn es ist ein Irrlicht, ein Phantom, eine egoistische Fata Morgana. »Sie suchen, was sie nicht finden … und kommen belastet mit Sünden und unbefriedigt zurück.«

Und nicht nur die Seele des einzelnen stirbt. Was wird aus einer Familie, in der jeder nur auf sein Recht pocht? Was aus einem Staat, dessen Politiker und Richter sich den Weg nach oben buchstäblich freigeboxt haben?

Die Gesellschaft, in der wir leben, ist schon lange nicht mehr christlich. Christ sein, das bedeutet immer mehr, gegen den Strom zu schwimmen. Es ist Zeit, daß wir das merken. Wir dürfen uns nicht einschläfern lassen von den Stimmen, die uns einflüstern wollen, daß das doch alles nicht so schlimm sei oder daß man ja doch nichts daran ändern könne. Wenn wir schweigen zu der Abschaffung des Unangenehmen, wenn wir uns abfinden mit der Lüge von der Selbstverwirklichung, dann helfen wir dem Teufel!

Wir helfen ihm, die Menschen zu verdummen und zu vernebeln, wir helfen ihm, sie in seinem Reich der Finsternis festzuhalten, wir helfen ihm, sie an der Wiedergeburt zu hindern oder gar daran, überhaupt erst geboren zu werden. Christen müssen *anders sein* als ihre Umgebung, und das bedeutet auch, daß sie *anders denken* und sich offen zu diesem anderen Denken bekennen! Unsere Mitmenschen mögen uns dieses Bekennen nicht danken, mögen es unverschämt oder intolerant oder schlicht lächerlich finden, aber wir haben keine Wahl, denn die Alternative heißt Anpassung; und haben wir uns erst einmal an das Denken unserer Welt angepaßt, werden wir bald auch ihr Handeln nachahmen.

Und wir könnten sogar gute Gründe dafür finden. Oder sind christliche Ehemänner und -frauen etwa perfekt? Oder christliche Eltern oder Schwiegereltern oder Kinder? Oder die gläubigen Flurnachbarn im Studentenwohnheim? Oder der Pastor oder die Mitarbeiter in der Gemeinde? Es ist doch einfach nicht wahr, daß das Zusammenleben lauter Freude und Sonnenschein ist, wenn nur beide Teile gläubig sind! Wir alle haben doch Augenblicke, wo wir am liebsten wegrennen möchten, weit weg, an einen Ort, wo wir endlich »unsere Ruhe haben« und das Leben wieder Spaß macht.

Aber was tun wir denn eigentlich, wenn wir dann wirklich wegrennen und »Schluß machen« und die Ehe oder die Freundschaft aufkündigen? Wir machen Schluß mit einem Stück Geborgenheit in unserem Leben. Wir verlieren ein Stück Zuhause. Und unser Leben ist doch kaum lang genug, um ein Zuhause aufzubauen.

»Aber ich will doch gar nichts Böses, ich will doch nur Liebe, richtige Liebe. Das hier ist keine Liebe.« Und wir schwelgen in romantischen Schwärmereien über die perfekte Ehe, den idealen Freund, den idealen Schwiegersohn, die idealen Eltern usw.

Aber steht nicht in der Bibel etwas über die Liebe, im 13. Kapitel des ersten Korintherbriefes? »Ach, das kenne ich, das kenne ich in- und auswendig, aber ich kann das bald nicht mehr hören, das bringt doch alles nichts.« Wirklich nicht? Hat uns der Smog des Zeitgeistes unser Denken schon so verdunkelt? Dann ist es Zeit, daß wir die Verse 4-8 wieder einmal lesen:

»Die Liebe ist langmütig.« Mit anderen Worten, sie ist geduldig. Wie wird man geduldig? Wir haben es in unserem Kapitel sieben gesehen: »Bedrängnis bringt Geduld.« Geduld ist eben dort gefragt, wo Schwierigkeiten sind, wo nicht alles nach unseren Vorstellungen läuft, wo das große Glück ausbleibt. Liebe – das ist, wenn ich meinen Ehemann oder meine Frau entscheiden lasse, wo wir dieses Jahr den Urlaub verbringen, auch wenn es mir eigentlich nicht paßt, schon wieder an die See zu fahren. Liebe – das ist, wenn ich nicht darum kämpfe, daß die neuen Tapeten braun und nicht grün zu sein haben. Liebe – das ist, wenn ich jeden Tag den Besuch im Krankenhaus mache, obwohl ich mir immer nur Klagen und noch einmal Klagen anhören muß. Liebe – das ist, wenn ich die Wohnung putze, obwohl mir anschließend jedes Staubkorn vorgerechnet wird, das ich vergessen habe. Die Liebe hat nur dort Gelegenheit, langmütig zu sein, wo nicht alles nach meinem Willen geht, wo mein Nächster nicht genau den gleichen Geschmack, das gleiche Temperament, die gleichen Erwartungen hat wie ich.

»Die Liebe ist freundlich, die Liebe ist nicht eifersüchtig, die Liebe treibt nicht Mutwillen, sie bläht sich nicht auf, sie verletzt nicht den Anstand, sie sucht nicht das Ihre, sie läßt sich nicht erbittern, sie trägt das Böse nicht nach, sie freut sich nicht über das Unrecht, sie freut sich vielmehr an der Wahrheit; sie erträgt alles, sie glaubt alles, sie hofft alles, sie duldet alles. Die Liebe hört niemals auf ...« *Alles ... niemals ...* starke Worte, anspruchsvolle Worte. Aber auch Worte der Dauer, der Zuverlässigkeit, der Geborgenheit. Auf die Liebe ist Verlaß. Liebe ist nicht etwas, das einen wie ein Blitz aus heiterem Himmel überfällt, keine plötzliche Erleuchtung. Liebe ist *Arbeit.*

Manchmal wird uns diese Arbeit zuviel, und wir lassen die Hände sinken und fragen uns: »Was bringt's denn überhaupt?« Und nur zu leicht hören wir dann auf die Parolen des Zeitgeistes und beginnen zu denken: »Warum immer ich? Das ist doch nicht fair, das kann ich mir doch nicht mehr bieten lassen, ich will raus hier!« Aber wenn wir so denken, sind wir blind für den Kampf, in dem wir stehen, gehen wir dem Teufel in die Falle – und verlieren das, was Gott uns gerade durch unsere Nöte schenken wollte.

Zu diesen Nöten gehören übrigens nicht nur die vielen Probleme mit unseren Mitmenschen. Christen können auch Depressionen bekommen, genauso wie sie auch Krebs, Magengeschwüre und Grippe bekommen können. Depressionen sind nichts »Ungeistliches«, nichts, was gleichsam unter der Würde eines anständigen Christen wäre, und ihre Ursachen brauchen überhaupt nichts mit unserem Glaubensleben zu tun zu haben. Man kann Depressionen bekommen, weil man sich falsch ernährt, keinen Ausgleichssport treibt, zu viel oder zu wenig arbeitet, zu viel oder zu wenig ausruht, eine noch nicht diagnostizierte Funktionsstörung irgendwo im Körper hat oder auch schlicht und einfach wenig seelische Widerstandskraft hat (so wie andere Leute keine Widerstandskraft gegen Erkältungen haben). Hüten wir uns also vor Spekulationen über den geistlichen Zustand unseres seelisch belasteten Bruders. Greifen wir ihm lieber unter die Arme, sprechen wir ihm Mut zu, helfen wir ihm. Das Prinzip »Einer trage des anderen Last« gilt nicht nur für die Ehe, sondern auch für die Beziehung zwischen Eltern und Kindern, Lehrern und Schülern sowie zwischen Freunden oder Gemeindegliedern. Wo soll sich christliche Gemeinschaft denn bewähren, wenn nicht in solchem Trösten und Mittragen?

Ich schreibe diese Zeilen im Herbst. Vor ein paar Tagen fand ich morgens den ganzen Garten von einer Rauhreifdecke eingehüllt. Es sah sehr schön aus, aber für die Bohnen und Kürbisse und Tomaten war es gar nicht schön; sie waren erfroren. Dabei wäre das gar nicht nötig gewesen, denn hätten wir rechtzeitig Sackleinen über die Beete gebreitet, hätten die Pflanzen die Frostperiode – sie dauerte nur zwei Tage, und dann kam der schönste Altweibersommer – überstanden. Verpaßte Hilfe!

Und ich schrieb einen Artikel, in welchem ich uns Christen mit solchem Sackleinen, aber auch mit den Pflanzen selbst verglich. Wir sind Pflanzen im Garten Gottes. Aber manchmal kommt Frost oder Schnee oder Hagel, und dann brauchen wir Brüder und Schwestern, die das Sackleinen der Liebe über uns breiten. Oder wir sind selbst das Sackleinen, das den anderen schützt. Die Bibel fordert uns zu solchem Schützen und Wärmen zum Beispiel in 1. Petrus 4, 9 auf, wo es heißt: »Seid gastfrei untereinander ohne Murren.« Gastfrei sein, das heißt ja nicht nur, einen Einsamen zum Essen einladen oder im Krankenhaus besuchen; das heißt auch, jemanden anrufen und am Telefon mit ihm beten, obwohl man eigentlich gar nicht die Zeit dazu hat. Oder im Krankenhaus aufstehen und dem Bettnachbarn helfen, weil die Schwester nicht kommt. Oder nicht mehr so laut Radio hören, damit mein Nachbar zu seiner Ruhe kommt. Tausend ganz einfache, praktische, selbstlose Dinge.

Spitzfindige Leser mögen einwenden, daß die Sache mit dem Sackleinen doch eigentlich gar nicht nötig sei, denn Gott selbst ist doch die Sonne für die Pflanzen in seinem Garten, und dazu noch eine Sonne, zu der sie beten können. Jawohl, die Sonne ist da, und das Sackleinen ist nur eine Erste Hilfe – aber diese Hilfe kann die Welt hellhörig machen für das Evangelium: »Daran, daß ihr Liebe zueinander habt, wird jeder erkennen, daß ihr meine Jünger seid« (Joh 13,35). Und sie kann lebensrettend sein.

Und damit komme ich zu einem Thema, über das man gerne schweigt: Auch Christen können Selbstmord begehen. Auch unter Christen gibt es Fälle, wo jemand nicht mehr rechtzeitig die so dringend nötige Hilfe bekommt, wo er nichts mehr als Dunkelheit um sich sieht – und dann von der Brücke springt oder die Tabletten nimmt. Vielleicht passiert es in unserer Familie, unter unseren Freunden, in unserer Gemeinde. Wir haben nichts Böses geahnt, und dann ist auf einmal die Frostnacht da, und es ist zu spät. Und wir stehen da und machen uns die bittersten Vorwürfe: Hätte ich nur, könnte ich nur...

Ich möchte hier keinem meiner Leser ein schlechtes Gewissen aufreden. Wir sind nur Menschen, unser Wissen und Vermögen ist begrenzt, meist können wir wirklich nicht ahnen, daß dieser Bruder oder jene Schwester uns gerade jetzt, in diesem Augenblick braucht, um nicht eine Stunde später in den Tod zu gehen. Nein, es wäre falsch, sich in Selbstvorwürfen zu zerquälen; nein, wir sind keine Mörder, wir sind nicht schuld an diesem Tod. Aber unter den Teppich kehren kann ich das Problem »Selbstmord« auch nicht. Es ist da, es fordert uns heraus.

Ist Selbstmord Sünde? Zweifellos. Aha, dann ist der Selbstmörder also auf ewig verloren? Halt, nicht so schnell! Was sagt uns Jesus in Matthäus 5? »Wer zu seinem Bruder sagt: Du Narr!, der ist des höllischen Feuers schuldig.« Und wer eine Frau begehrlich ansieht, hat schon in seinem Herzen die Ehe mit ihr gebrochen (und auf Ehebruch stand im Alten Testament die Todesstrafe). *Jeder* von uns ist ein Sünder; wir haben alle Gottes Gericht verdient – und wir alle können rein werden durch das Blut Christi (1 Joh 1,9).

»Schön, daß ich schon jemanden am liebsten umgebracht hätte oder in Gedanken die Ehe gebrochen habe, das sehe ich ein, aber Selbstmord, das ist doch wohl ein Sonderfall?«Wirklich? Kennen nicht viele von uns dieses Gefühl, daß man völlig fertig ist, einfach nicht mehr kann, kein Licht mehr sieht und dann am liebsten Schluß machen und, ja, sterben möchte? Was ist dieses Gefühl denn anderes als die Verzweiflung des Selbstmörders?

Wenn wir Jesu Worte in der Bergpredigt ernst nehmen, dann sind wir alle verhinderte Mörder und verhinderte Ehebrecher. Ich frage mich, ob wir nicht auch verhinderte Selbstmörder sind.

Natürlich, für den, der lediglich Selbstmord*gedanken* gehabt hat, geht das irdische Leben weiter. Er kann Gott um Vergebung bitten für seine Gedanken und um neue Kraft, im vertrauenden Aufblick zu ihm den Kampf gegen den Satan weiterzukämpfen. Auch der Selbstmörder kann um Vergebung bitten, noch im Augenblick des Todes, aber er kann die begangene Tat nicht mehr rückgängig machen. Das, was er auf dieser Erde für Gott hätte tun sollen und können, kann er nicht mehr nachholen.

Ich glaube, daß jeder Christ Scherben und Trümmer auf der Erde zurücklassen kann – Dinge, die ihm leid tun, Situationen, wo er Gott nicht gehorcht hat, vielleicht Sünden, die er noch nicht bekannt hat. Es gibt viele Christen, die haben zwar nicht sich selbst umgebracht, dafür aber die Aufgabe, die Gott ihnen gegeben hatte. Gott wollte sie an einem ganz bestimmten Platz einsetzen, und sie haben ihren Posten verlassen. »Zu schwer«, hieß die Ausrede, oder: »zu langweilig«, »zu gefährlich«, »kostet zuviel Zeit«, »ist unter meinem Niveau«. Und so sind sie ihre eigenen Wege gegangen. Der einzige wesentliche Unterschied zwischen einem solchen sterilen, ungehorsamen Christen und einem christlichen Selbstmörder ist doch, daß der eine (wenn er denn seinen Eigenwillen endlich aufgibt) noch einmal von vorne anfangen und auf seinen Posten zurückkehren kann, der andere dagegen nicht.

Auf meinem Schreibtisch liegt ein Brief von einer Mutter, deren Kind Selbstmord begangen hat. Wahrscheinlich gibt es unter meinen Lesern einige, die in einer ähnlichen Situation stehen oder gestanden haben, und darum möchte ich noch etwas mehr zu diesem Thema sagen. Wir wissen, was bei einem Herzinfarkt oder Schlaganfall geschieht: Lebenswichtige Adern verstopfen, so daß ein Teil des Körpers ausgeschaltet wird. Nun, auch unser Denken kann verstopfen, auch unsere Seele einen Schlaganfall bekommen. Dann ist auf einmal unser Denken verwirrt, unsere Orientierung fort, dann wissen wir buchstäblich nicht mehr, was wir tun, und sind fähig, Handlungen zu begehen, vor denen wir vielleicht schon eine halbe Stunde später entsetzt zurückschrecken würden. Vielleicht ist das die typische Situation des Selbstmörders.

Haben Sie schon einmal die Geschichte von dem Mann gehört, der sich während eines Sturzes vom Pferd bekehrte? Es ist eine wahre Geschichte. Der Mann war ein eingefleischter Atheist und versäumte keine Gelegenheit, das Wort Gottes schlechtzumachen. Eines Tages, als er auf dem Pferd unterwegs war, stürzte er plötzlich aus dem Sattel. Er war schwer verletzt und lag monatelang im Koma. Jeder meinte, es sei aus mit ihm, aber eines Tages schlug er die Augen wieder auf. Sie leuchteten, und er erzählte, daß er ein Christ geworden war. Man wollte natürlich wissen, wann er sich bekehrt habe, und die Antwort war: während des Sturzes vom Pferd. In den Sekundenbruchteilen, die er zwischen dem Sattel und der Erde hing, hatte er zu Gott um Vergebung geschrien und in echtem Glauben Jesus Christus als seinen Heiland angenommen.

Dieser Mann blieb am Leben und konnte noch viele Jahre lang seinen neuen Herrn und seinen Glauben bezeugen. Dem Verbrecher, der neben Jesus am Kreuz hing, war das nicht vergönnt, aber Jesus sagte ihm: »Heute wirst du mit mir im Paradies sein.« Ja, es ist möglich, sich mit dem sofortigen Tod vor Augen zu Jesus zu bekehren. Und es ist auch möglich, ihn noch um Vergebung zu bitten für das, was man gerade tut und was man nicht mehr rückgängig machen kann.

Heißt dies, daß wir es nicht so tragisch zu nehmen brauchen mit dem Evangelisieren, weil die Menschen sich ja noch im letzten Augenblick bekehren können? Oder daß wir damit rechnen können, daß die Leute schon von allein den Weg zu Gott finden, wenn ihnen das Wasser nur hoch genug steht? Natürlich nicht. Wir stehlen ja auch nicht ihre Handtasche und ihr Reisegeld, damit sie schneller nach L'Abri kommen... Nein, die entscheidende Lektion für uns lautet: Prüfe dich – dich selbst, nicht die anderen – vor Gott; bitte ihn, dir zu zeigen, wo *du* deine Lasten und Schwierigkeiten einfach abwerfen und dein großes Glück suchen willst; laß dir von ihm zeigen, wo *du* in Gefahr stehst, dich vor dem Weiterkämpfen und Weiterwachsen zu drücken (oder dich schon gedrückt hast).

In unserer Zeit der verdrehten Ideen glauben nicht wenige, ein Christ müsse pausenlos glücklich sein. Er hat ständig in Hochstimmung zu sein, und sämtliche Krankheiten, Schmerzen und Probleme (wenn er überhaupt welche bekommt) haben gefälligst zu verschwinden, sobald er ernsthaft betet. Und wenn sie bei mir nicht verschwinden, wenn die Kopfschmerzen bleiben, die Probleme in der Familie nicht aufhören, der ersehnte Arbeitsplatz nicht kommt, das Geld immer noch nicht langen will, die Zukunft immer noch ungewiß aussieht – dann habe ich eben nicht genug Glauben, oder ich habe nicht genug gebetet, oder (wer weiß?) vielleicht bin ich gar kein Christ! Und da ich doch ein guter Christ sein will, setze ich schnell mein frömmstes Lächeln auf und versichere allen, die mich fragen, daß es mir gutgeht, danke für die Nachfrage. Und anstatt meine Nöte ehrlich vor Gott zu bringen, fange ich an, mich ängstlich um mich selbst zu drehen (was habe ich bloß falsch gemacht? Warum bin ich nicht glücklich?); und wer sich um sich selbst dreht, hat bekanntlich keinen Blick für die Not der anderen. Und so gehen wir tiefer und tiefer in die Sackgasse hinein, und der Weg zurück auf die Straße Gottes wird immer länger. Und vielleicht haben wir dann eines Tages die Nase voll und sehen uns nach einem anderen Pfad für unser Leben um.

Solide Wurzeln für unser Leben bekommen wir nur, wenn wir umkehren und den Weg einschlagen, den die Bibel uns weist. Dieser Weg führt uns fort von unserem Ich und unserem vermeintlichen Recht auf Glück und hin zu wirklicher Erfüllung. Wo beginnt dieser Weg? In den Sprüchen Salomos (Spr 8, 34-35) lesen wir:»Wohl dem Menschen, der mir gehorcht, daß er wache an meiner Tür täglich, daß er hüte die Pfosten meiner Tore! Wer mich findet, der findet das Leben und erlangt Wohlgefallen vom Herrn.« Mit der»Tür« ist dabei natürlich kein Gebäude gemeint, keine Kirche oder Tempel, sondern Gott selbst, wie er sich uns in seinem Wort und durch das Gebet öffnet. Zu ihm können wir jederzeit kommen, ohne Umstände, ohne Voranmeldung.

Die richtige Mitte, den richtigen Kurs für unser Leben finden wir nicht in uns selbst – weder in dem rücksichts- und hoffnungslosen Ich moderner Selbstverwirklichung noch in dem überzüchteten frommen Leistungs-Ich, das den anderen Frommen beweisen will, was für ein guter Christ es ist. Nein, wir müssen weg von uns selbst und hin zu Gott. Genau das meinte Jesus, als er sagte:

> Sorgt nicht um euer Leben, was ihr essen und trinken werdet; auch nicht um euren Leib, was ihr anziehen werdet. Ist nicht das Leben mehr als die Nahrung und der Leib mehr als die Kleidung?... Trachtet zuerst nach dem Reich Gottes und nach seiner Gerechtigkeit, so wird euch das alles zufallen. (Mt 6, 25. 33)

Wie oft haben wir schon über diese Verse hinweggelesen? Lassen wir sie doch einmal ganz neu zu uns sprechen. Unser Leib und unser Leben sind also nicht unwichtig. Gott kennt sie, Gott bejaht sie; er hat sie ja selbst geschaffen. Er weiß genau, was wir alles brauchen, und er hält einen Himmel für uns bereit, in welchem all unser Sehnen gestillt sein wird. Und jetzt sagt er uns: Wenn ihr mich, mein Reich, meinen Willen für euch, meine Herrlichkeit in eurem Leben an die erste Stelle setzt, dann werde ich euch alles geben, was ihr braucht, alles. Wenn ihr aber euer Heil in den Dingen dieser Welt sucht und nur darauf aus seid, nichts zu verpassen und alles zu bekommen, was euch »zusteht«, dann werdet ihr leer ausgehen.

Dies ist keine fromme Formel aus dem vorletzten Jahrhundert! Dies ist hochaktuell. In Matthäus 10, 38-39 sagt Jesus es in unvergleichlicher Deutlichkeit: »Und wer nicht sein Kreuz auf sich nimmt und mir nachfolgt, der ist meiner nicht wert. Wer sein Leben findet, der wird's verlieren; und wer sein Leben verliert um meinetwillen, der wird's finden.« Mit anderen Worten: Wenn wir den Kampf, den Gott uns vorgegeben hat, verweigern, die Härten in unserem Leben einfach beiseite drücken und umgehen, dann werden wir am Ende die Verlierer sein. Nicht Verlierer im materiellen Sinne; unsere Finanzen, unsere Karriere, unser Ansehen mögen alle stimmen. Aber unser Leben wird *nicht befriedigt, nicht erfüllt* sein. Wer sich von Gott abwendet, um »endlich zu leben«, der wird Enttäuschung und Leere ernten. Wer aber sein Leben Gott hingibt, der wird Leben und Erfüllung finden. Auf den ersten Blick klingt das vielleicht alles kompliziert und unlogisch; aber es ist wahr, und jeder kann das in seinem eigenen Leben nachprüfen.

> Denkt an Lots Frau! Wer sein Leben zu erhalten sucht, der wird es verlieren; und wer es verlieren wird, der wird es erhalten. Ich sage euch: In jener Nacht werden zwei in *einem* Bett liegen; der eine wird angenommen, der andere wird zurückgelassen werden. Zwei Frauen werden die Mühle drehen; die eine wird angenommen, die andere wird zurückgelassen werden. (Lk 17, 32-35)

Hier finden wir das gleiche Gesetz, diesmal jedoch im Zusammenhang mit der Wiederkunft Jesu. Wenn Jesus wiederkommt, dann zählt nicht das, womit wir gerade im Augenblick beschäftigt sind. Jesus verlangt nicht, daß wir auf einen Berg steigen oder in die Kirche gehen und nur noch auf ihn warten. Aber es zählt, was wir *sind,* wie es in unserem Inneren aussieht, welche Einstellungen wir haben. Glauben wir? Sind wir wiedergeboren? Und eben auch: Geht uns unser Ich über alles oder Jesus?

Schauen wir uns hier noch eine bekannte Stelle aus der Bibel an:

> Jesus aber antwortete ihnen: Die Zeit ist gekommen, daß der Menschensohn verherrlicht werden soll. Wahrlich, wahrlich, ich sage euch: Wenn das Weizenkorn nicht in die Erde fällt und stirbt, bleibt es ein einzelnes Korn; wenn es aber stirbt, bringt es viel Frucht. Wer sein Leben lieb hat, der wird's verlieren; und wer sein Leben auf dieser Welt gering achtet, der wird's bewahren zum ewigen Leben. Wer mir dienen will, der folge mir nach; und wo ich bin, da soll mein Diener auch sein. Und wer mir dienen wird, den wird mein Vater ehren. (Joh 12, 23-26)

Vor kurzem aßen Francis und ich Getreide, das wir selbst gesät hatten. Es war kein großes Feld gewesen, nur eine Handvoll Samen in einer Ecke unseres Gartens. Aber was für gewaltige Pflanzen, bis zu zwei Meter hoch, waren aus diesem Samen gewachsen, und was für Ähren, vor Korn strotzend, trugen diese Pflanzen! Aber hätten wir die Samenkörner nicht in den Boden gesät, es wäre nichts gewachsen – nichts. Haben wir eigentlich schon einmal an dieses Gesetz gedacht, wenn wir unser Brot, unseren Salat, unser Gemüse, unser Obst gegessen haben? Jesus demonstrierte dieses Gesetz an sich selbst: Nur weil er starb, konnten und können Tausende und Millionen von Menschen das ewige Leben bekommen. Und es gilt genauso für unser eigenes Leben, und das nicht nur einmal, sondern Tag für Tag, in Situation um Situation. Immer wieder stehen wir vor der Wahl, unser Eigenleben festzuhalten oder es hinzugeben.

Dieses Hingeben ist bei jedem Christen anders. Wir sind Originale, und es wäre falsch, wenn wir in romantischem Überschwang oder kleinkariertem Eifer versuchten, das Leben anderer Christen zu kopieren oder zum alleingültigen Maßstab für Gehorsam und Nachfolge zu erheben. Nicht jeder ist gerufen, auf dem Ochsenkarren durch China zu fahren wie Hudson Taylor, nicht jeder wird ins Gefängnis geführt wie Charles Colson, nicht jeder wird ein Märtyrer unter den Auca-Indianern. Manche Prüfungen erscheinen uns auf den ersten Blick vielleicht abenteuerlich-romantisch, andere einfach langweilig. Worauf es ankommt, ist, daß wir *jetzt,* in *diesem* Augenblick, in *unserer* Situation unseren Herrn an die erste Stelle setzen und bereit sind, weiterzugehen, wie immer der Weg auch aussieht, und weiterzukämpfen, was immer der Kampf auch sein mag. Gott allein will der Herr sein über Tod und Leben, über gesundes und krankes, geborenes und ungeborenes, junges und altes Leben – und über unser Leben. Und unser Leben zählt für die Ewigkeit.

Gelobt sei Gott, der Vater unsres Herrn Jesus Christus, der uns in seiner großen Barmherzigkeit wiedergeboren und mit Hoffnung auf Leben erfüllt hat durch die Auferstehung Jesu Christi von den Toten. Damit hat er uns für ein unvergängliches, unbeflecktes und unverwelkliches Erbe ausersehen, das im Himmel für euch aufbewahrt wird. Ihr werdet ja aus Gottes Macht durch den Glauben für das Heil bewahrt, das am Ende der Zeit offenbart werden soll. Dann werdet ihr jubeln, nachdem ihr jetzt kurze Zeit, wenn es sein muß, mancherlei Anfechtungen zu erleiden habt. (1 Petr 1, 3-6)

Wie das Leben weitergehen kann

In diesem Kapitel möchte ich noch einige ganz praktische Gedanken und Beispiele weitergeben, wie Sie und ich mit der Not, in der wir gerade stecken (oder morgen oder übermorgen stecken werden) fertig werden, wie wir uns ganz konkret verhalten können. Der Autounfall ist geschehen, das Telegramm liegt auf dem Tisch, die Krebsdiagnose ist da – wie geht es nun weiter?

Vielleicht schütteln Sie jetzt zunächst einmal den Kopf und sagen:»Was soll das mit den praktischen Gedanken und konkreten Beispielen? So konkret, daß *ich* mich darin wiederfinde, kann es doch gar nicht sein. Was weiß denn Edith Schaeffer von meinen Verhältnissen?« Nun, Sie haben natürlich recht, ich kenne Ihren Fall wirklich nicht. Da müßten wir uns schon persönlich zusammensetzen und darüber sprechen. Aber – wäre das, was ich Ihnen in solch einem persönlichen Gespräch sagen könnte, wirklich so verschieden von dem, was ich in diesem Buch schreibe? Es wäre mehr auf Ihre Situation zugeschnitten, sicherlich, aber vieles wäre doch gleich, und nicht zuletzt dieses: Es ist enorm wichtig, daß Sie sehen, daß Sie nicht der einzige Mensch sind, der vor einem häßlichen Schock oder einem scheinbar unlösbaren Problem steht und einfach nicht weiß, wie es weitergehen soll. Und schon gar nicht der einzige Christ. Erinnern Sie sich noch? *Alle,* die ihr Leben mit Jesus Christus führen, müssen in irgendeiner Form Not oder Verfolgung leiden (2 Tim 3,12). Geteiltes Leid ist bekanntlich halbes Leid, und Sie – dessen dürfen Sie sich sicher sein – sind umgeben von einer riesigen Menge Leidensgenossen, ob sie nun im Nachbarhaus oder in einem anderen Erdteil wohnen, ob sie noch am Leben oder schon in der Ewigkeit sind. Natürlich ist keiner dieser Leidenden bis in alle Einzelheiten mit Ihnen vergleichbar, aber ist nicht gerade diese Vielfalt eine Ermutigung und ein verbindendes Band? Wir alle, jeder einzelne von uns, gehören zu der »großen Schar«, von der die Offenbarung des Johannes in diesen unvergeßlichen Worten spricht:

Danach sah ich, und siehe, eine große Schar, die niemand zählen konnte, aus allen Nationen, Stämmen, Völkern und Sprachen, die standen vor dem Thron und vor dem Lamm, mit weißen Gewändern bekleidet und mit Palmzweigen in den Händen ... Sie werden nie mehr Hunger und Durst haben; auch die Sonne oder irgendeine andere Hitze wird ihnen nicht mehr schaden; denn das Lamm in der Mitte am Thron wird sie weiden und zu den Quellen des Lebenswassers leiten, und Gott wird alle Tränen von ihren Augen abwischen. (Offb 7, 9. 16-17)

Diese Verse sprechen von *uns*. *Wir* werden nicht mehr hungern noch dürsten, Gott wird *uns* alle Tränen abwischen, uns und allen anderen, die zu Jesus Christus gehören, aus allen Völkern und Stämmen und Nationen. Die »große Schar« wird aus den verschiedensten Menschen mit den verschiedensten Lebensschicksalen bestehen, und die Ewigkeit wird kaum ausreichen, um diese Vielfalt ganz kennenzulernen und auszuloten. Aber noch größer wird die Einheit sein: daß sie alle Christus gehören, daß sie alle teilgenommen haben an dem großen Kampf, daß ihre Siege und Niederlagen echte Existenz, erlebte Realität sind.

Soweit unsere Zukunft. Aber noch ist es ja nicht soweit. Noch sind die Tränen da, und wir sollten gar nicht erst versuchen, sie zu leugnen. Noch stehen wir in schockierter Hilflosigkeit da, wenn etwas, was wir aus Zeitung und Bekanntenkreis längst zu kennen glaubten, auf einmal uns, ausgerechnet uns trifft: »Ja, Ihr Tumor ist bösartig.« – »Wenn wir das Bein nicht morgen amputieren, ist es zu spät.« – »Ihr Mann ist querschnittgelähmt und wird nie wieder laufen können.« – »Wir haben getan, was wir konnten, aber Ihre Frau ist bei der Geburt gestorben.« – »Unter den Opfern des Absturzes sind auch fünf Deutsche. Ihre Namen sind ...« – Und das Leben steht auf einmal still, und wir wissen nicht, wie es jemals weitergehen soll.

Wie soll es weitergehen, wenn der Rollstuhl oder das Altenpflegeheim sich nicht mehr vermeiden läßt? Wenn der Arbeitsplatz verloren und kein Ersatz in Aussicht ist? Wenn ich mit 45 Jahren Witwe geworden bin? Wenn ich vor Überstunden oder Terminen oder Anrufen oder Briefen oder Kindergeschrei nicht mehr ein noch aus weiß, wenn die Zeit vorne und hinten nicht langen will und ich mich am liebsten auf einer einsamen Insel vergraben möchte? Oder wenn umgekehrt Leere und Einsamkeit mich auffressen wollen, wenn niemand anruft oder schreibt, niemand meine Mitarbeit will, das ersehnte Kind nie kommt? Wie soll ich es schaffen, zusammen mit vier wildfremden Leuten in einer Ein-Zimmer-Wohnung für Asylanten zu hausen? Oder allein in der vertrauten Vier-Zimmer-Wohnung zu sein, und niemand kommt mich besuchen?

»Ich bin um die halbe Welt geflogen, um hier in L'Abri mit Ihnen sprechen zu können. Gestern habe ich schon mit Udo gesprochen, und das ist mir eine große Hilfe gewesen, aber jetzt muß ich noch mit Ihnen sprechen. Mein Bruder ist ja ganz plötzlich gestorben, und damit werde ich einfach nicht fertig. Die ganzen christlichen Freunde zu Hause haben alle nur gesagt, daß ich keinen Grund hätte, so zu trauern, und wie 'wunderbar' der Tod doch für einen Christen sei und so weiter, und das hat es alles nur noch schlimmer gemacht. Da hat mir Udo gestern schon viel geholfen, als er mir sagte, daß der Tod ein Feind und eigentlich etwas ganz Unnatürliches ist. Aber jetzt habe ich noch eine Frage: Warum mußte ausgerechnet mein Bruder zuerst sterben, warum nicht ich? Ich weiß, daß er ein Christ war, aber er war doch so jung, das kam doch alles viel zu früh ... Ich weiß nicht, wie es jetzt weitergehen soll.«
Der Mann war ein angesehener Professor der Anthropologie, ein Experte seines Fachs. Ja, was konnte man ihm noch raten, über das hinaus, was Udo ihm über den Zusammenhang zwischen Sündenfall und Tod und über die Hoffnung auf Auferstehung und Jesu Wiederkunft gesagt hatte? Nun, vor allem wohl, daß wir nach einem Todesfall eine neue Perspektive brauchen, eine neue Blickrichtung. Versuchen wir doch, uns vorzustellen, *wir* seien gestorben und hätten ein Stück in die Ewigkeit blicken können, wo unsere Zeit und das, was wir mit ihr machen, so ganz anders aussieht. Stellen wir uns weiter vor, wir wären dann wieder zurückgeschickt worden in unser irdisches Leben mit dem Auftrag, unsere restlichen Lebensjahre im Lichte dieser Perspektive der Ewigkeit zu leben: »Geh zurück, nutze deine Zeit, tue treu die Dinge, die nur *du* tun kannst.« Denn so ist es: Jeder von uns hat

Fähigkeiten, Chancen, Aufgaben, die nur er hat und niemand sonst auf der Welt. Was ist *meine* Aufgabe, was ist *mein* Weg?

Ich sagte das meinem Gast. Ich sagte: »Sie fragen sich, warum Ihr Bruder so früh sterben mußte, warum er keine Zeit hatte, zu wachsen und sein ganzes Potential zu entfalten. Aber ist das nicht die falsche Frage? Wir sollten nicht so sehr danach fragen, was alles sein könnte, wenn die Umstände anders wären, sondern danach, was jetzt, in dieser Situation, sein kann. Fragen Sie sich doch einmal: Was kann *ich jetzt* tun, was kann ich jetzt geben, wo werde ich jetzt gebraucht? Welchen Dienst kann *ich* in meiner Familie, unter meinen Studenten, unter meinen Kollegen tun? Vielleicht können Sie in Ihrer Wohnung Gesprächsabende für Ihre Studenten veranstalten. Vielleicht können Sie Ihre Verwandten dazu einladen (einzeln oder in Gruppen, je nachdem) und auf diese Weise in ein Gespräch über den Glauben mit ihnen kommen.«

Die Wellen der Trauer kommen und gehen, und wir können das nicht verhindern. Aber es macht einen gewaltigen Unterschied, welche Perspektive wir haben, in welche Richtung unser Blick geht, was uns im letzten wichtig ist. Kaum etwas wirkt so befreiend wie die Perspektive der Ewigkeit, das Wissen darum, daß unsere Zeit hier auf Erden so kurz und begrenzt ist. Man kann unser Leben in gewissem Sinne mit einer langen Seereise vergleichen, sagen wir einer Fahrt von Hamburg nach New York. Nach dem ersten halben Tag, wenn die Küste der Heimat am Horizont verschwunden ist und rings um uns nichts als Weite und Wasser ist, bekommen wir vielleicht den Eindruck, daß diese Fahrt nie enden wird; der Gedanke, jemals am anderen Ufer des Ozeans anzukommen, will fast unrealistisch erscheinen. Aber wir kommen an, wir haben ganze fünf oder sechs Tage zur Verfügung, um unsere Bücher zu lesen, das Schwimmbecken zu besuchen, auf Deck spazierenzugehen und mit unserem Tischnachbarn, der vielleicht noch nie die Wahrheit über Gott gehört hat oder jemals wieder hören wird, ins Gespräch zu kommen. Die Minuten, die Viertelstunden, die Stunden, die Vormittage, die Tage rauschen vorbei, und dann sehen wir die fremde Küste vor uns – und die Fahrt ist vorbei. Wohl uns, wenn wir wissen, wie wertvoll jeder Augenblick ist!

Als die Bibelstunde vorüber war, nahm mich eine junge Mutter, deren Kleinkind vor kurzem gestorben war, beiseite in den Garten, um mir die Frage zu stellen, die ihr immer mehr den Schlaf raubte: »Man hat mir gesagt, daß Gott das Kind zu sich genommen habe, weil diese Welt so schlecht ist. Wenn das wahr ist, dann darf ich ja nie mehr ein Kind haben, und das meinen meine Bekannten auch. Was meinen Sie dazu?« Und ehe ich mich's versah, verbrachte ich eine ganze Stunde damit, gemeinsam mit dieser Mutter über das Geheimnis unserer Existenz nachzudenken …

Wenn ich nicht jene Fehlgeburt gehabt hätte, wäre Franky wahrscheinlich nie geboren worden … Wenn meine Mutter nicht in ihrem ersten Ehejahr ihr Kind und dann noch, durch Tuberkulose, ihren Mann verloren hätte, wäre sie nicht auf die Bibelschule in Toronto gegangen; sie wäre auch nicht ganz allein als Missionarin nach China gefahren und hätte nicht den Boxer-Aufstand dort miterlebt. Wenn sie dann nicht, als ihr mein Vater den zehnten Antrag machte, ihren Entschluß, nie wieder zu heiraten, endlich aufgegeben hätte, wäre keines ihrer Kinder geboren worden, auch ich nicht … Und wäre mein älterer Bruder nicht mit neun Monaten an Ruhr gestorben, dann wäre ich nicht neun Monate danach zur Welt gekommen …

Daß ein Mensch genau zu dem und dem Zeitpunkt geboren wird, als Kind genau dieser beiden Eltern, ist ein großes und kostbares Geheimnis. Ich sagte das dieser jungen Frau, und ich fuhr fort: »Sie können jetzt noch gar nicht ermessen, wie wichtig das neue Kind, das Ihnen vielleicht eines Tage geboren wird, sein wird. Woran Sie aber unbedingt denken müssen, ist dies: Dieses Kind wird nicht ein ›Ersatz‹ für Ihr erstes Kind sein; es wird eine ganz andere, selbständige, neue Person sein. Sie brauchen auch nicht zu meinen, es sei ›unfair‹ gegenüber dem ersten Kind, wenn Sie sich wieder eines anschaffen – genausowenig wie eine Witwe ihren ersten Ehemann verrät, wenn sie sich wieder verheiratet.«

Stimmt das wirklich so? Ja; denn so steht es in der Bibel. So einfach ist das. Wenn wir unsere Kinder aufzählen, sollten wir diejenigen, die vielleicht bereits im Himmel sind, nicht vergessen. Also nicht: »Ich hatte drei Kinder«, sondern: »Ich *habe* drei, und das erste ist im Himmel.« – Inzwischen liegt in den Armen dieser jungen Mutter ein ganz lieber kleiner Junge mit blonden Haaren und blauen Augen – kein Ersatz für den gestorbenen Bruder, sondern ein eigenständiges neues Glied in dieser Familie und in dieser Welt.

»Ich halte diese Ehe einfach nicht mehr aus. Mein Mann trinkt, aber das ist noch das wenigste. Ständig bringt er Leute zum Essen nach Hause, und dann ist er böse, wenn ich vergessen habe, die Wäsche aus dem Wohnzimmer zu tragen. Und mit dem Kochen kann ich es ihm sowieso nie recht machen...« Die Klagen strömten nur so aus dem Mund dieser geplagten Ehefrau, die ganz offensichtlich weder kochen noch Ordnung halten konnte, aber doch ehrlich ihre Ehe retten wollte. Nun, als erstes schlug ich ihr vor, sich doch einmal zu überlegen, wie sie sich bei den folgenden fünf Möglichkeiten verhalten würde. Es sind Zukunftsmöglichkeiten, die auch für jeden von uns gelten.

1. Vielleicht kommt Jesus morgen wieder.
2. Vielleicht sterbe ich morgen.
3. Vielleicht stirbt »der andere« (also mein Ehepartner oder der Chef oder wer auch immer mir das Leben schwermacht) morgen.
4. Vielleicht kommt es zu einer völligen Veränderung in der Situation: der andere ändert sich auf einmal, oder ich ändere mich, oder wir ziehen in eine andere Stadt oder gar in ein anderes Land um.
5. Nichts ändert sich.

Zur ersten Möglichkeit: *Was würde ich heute tun, wenn Jesus morgen wiederkäme?* Denken Sie nach. Zitieren Sie nicht sofort die Sache mit dem Apfelbaum von Martin Luther. Sagen Sie nicht wie aus der Pistole geschossen: »Ich würde versuchen, noch so viele Leute wie möglich zu bekehren.« Überlegen Sie sich alles genau. – Ich für meine Person bin zu dem Ergebnis gekommen, daß ich eigentlich so weitermachen würde wie bisher; ich würde auch an diesem Tag mein Bestes zu geben versuchen, um meiner Familie ein schönes Zuhause zu bieten. Ich würde vielleicht neue Vorhänge nähen, im Garten jäten, den Kindern eine Geschichte vorlesen und ein neues Rezept für das Mittagessen ausprobieren. Und mit welchem Motiv? Nun, aus der Gewißheit heraus, daß ich (wenn ich denn mein Leben von Gottes Willen habe bestimmen lassen) hier zu Hause in meiner Familie am richtigen Platz bin; und mit dem Wunsch, meine Arbeit bei dieser »letzten Gelegenheit« besonders gut zu machen, so, wie ich es immer schon wollte, aber vielleicht noch nie so recht konnte. Und zweitens wird es, nach dem, was die Bibel uns sagt, auch nach der Wiederkunft Jesu noch Menschen auf der Erde geben; sie werden sich vielleicht mein verlassenes Haus anschauen, und da ist es wichtig, daß sie in diesem Haus Ordnung und Schönheit finden – und natürlich die Bibeln und andere christliche Bücher.

Sie sind keine Hausfrau? Nun, setzen Sie für das Wort »zu Hause« Ihre Situation ein: Büro, Studio, Bauernhof, Werft, Flughafen, Schule, Hörsaal, Studentenwohnheim, Krankenhaus, Altersheim, Rollstuhl usw.

Die zweite Möglichkeit: *Was ist, wenn ich morgen sterbe?* Hätte ich da nicht genausoviel Anlaß, meine Arbeit weiterzuführen wie bisher – für die Menschen, die heute an meinem Tisch essen und sich meine Wohnung anschauen, und auch für die Menschen morgen, die sehen sollen, daß hier jemand seinen von Gott erhaltenen Auftrag nach bestem Vermögen zu erfüllen versucht hat?

Und wenn der andere morgen stirbt? Gilt dann nicht immer noch das gleiche? Die Aufgaben für mein Heute ändern sich doch nicht im geringsten!

Und wenn sich plötzlich meine Lebensumstände verändern? Wenn wir von Deutschland nach Holland umziehen müssen oder von der Stadt ins Land, wenn aus der Villa eine Zwei-Zimmer-Wohnung wird oder umgekehrt, wenn ein langer Krankenhausaufenthalt kommt, wenn der Charakter meines Ehepartners oder Chefs sich auf einmal völlig ändert, wenn das Gehalt oder Haushaltsgeld halbiert oder verdoppelt wird? Nun, das heißt doch für mein Heute, daß ich mit um so größerer Treue, Fantasie und Einsatzbereitschaft ans Werk gehe, damit ich dann die Aufgaben von morgen frisch und ohne Reue über das vertane Gestern anpacken kann.

Und wenn alles so bleibt, wie es ist? Nun, dann darf *ich* mich an den neuen Gardinen, der aufgeräumten Küche, dem neu-entdeckten Rezept freuen. Ich darf wachsen, Neues dazulernen, heute Schritte tun, auf denen ich morgen aufbauen kann. Heute kann ich etwas tun, was vielleicht an keinem anderen Tag möglich sein wird. Ich kann mein Heute ganz in der Liebe zu dem Herrn leben, der sich selbst über eine Tasse kalten Wassers freut, wenn sie in Liebe gegeben wird. Er sieht ja, was wir tun – auch da, wo es bei unseren Mitmenschen zu keinem Dankeschön reicht.

Zurück zu der verzagten Ehefrau. Nachdem ich sie gebeten hatte, diese fünf Möglichkeiten durchzugehen, schlug ich ihr einen Schlachtplan zur Neuorganisation ihres Alltags vor. Ich sagte ihr:»Gehen Sie jetzt nach Hause, und kaufen Sie sich einen Stapel Kunstdruckpapier in mindestens zwei verschiedenen Größen. Ich persönlich habe weißes Papier am liebsten, aber die Farbe ist Geschmacksache. Dazu kaufen Sie sich ein paar Filzstifte, und zwar in fünf verschiedenen Farben (später tun es auch weniger Farben). Und dann setzen Sie sich jeden Morgen hin und machen eine Liste, und zwar als erstes eine Liste der Arbeiten, die DRINGEND sind. Wenn Sie damit fertig sind, schreiben Sie in einer anderen Farbe, unter der Überschrift MAHLZEITEN, den Speiseplan für den Tag; sie können ihn gern mit ein paar Blumen oder Schnörkeln verzieren. Danach kommt die Liste für die EINKÄUFE. Wenn Sie einen festen Einkaufstag in Ihrer Woche haben, sollten Sie einen ungefähren Speiseplan für die ganze Woche parat haben, damit Sie wissen, was Sie kaufen müssen.

Als nächstes schreiben sie Ihre LAUFENDEN PROJEKTE auf; das sind die Dinge, die nicht zur täglichen Hausarbeit gehören, bei denen Sie aber etwas Nützliches oder Schönes herstellen, zum Beispiel Stricken, Nähen, Gymnastik zum Abnehmen oder auch Malen oder Schreiben. Sie sollten immer ein paar solcher Projekte haben, auch wenn Sie sie mal einen oder zwei Tage liegenlassen müssen. Nicht zu einer Sache zu kommen ist psychologisch etwas ganz anderes, als überhaupt nichts vorzuhaben. Weiter brauchen Sie unbedingt eine Spalte UNVORHERGESEHENES, die Sie im Laufe des Tages ausfüllen können; dann haben Sie abends nicht den Eindruck, ›überhaupt nichts geschafft zu haben‹. Auch ein LEKTÜRE-Plan ist wichtig: Versuchen Sie, jeden Tag etwas zu lesen, ob es nun etwas Bildendes ist oder einfach Unterhaltung und Zerstreuung. Nicht zu vergessen natürlich Ihre tägliche Stille Zeit für Bibellesen und Gebet.«

Ich kann solche Pläne und Listen, besonders wenn sie hübsch und geschmackvoll gestaltet sind, nur empfehlen. Ich selbst könnte nicht ohne sie auskommen, und die erwähnte unglückliche Haufrau konnte mit ihrer Hilfe einen echten Neuanfang machen. Selbstverständlich funktioniert das System nicht nur bei Hausfrauen. Jeder (Student, normaler Angestellter, Taxifahrer, Krankenschwester usw. usw.) kann es seinen persönlichen Erfordernissen anpassen. Die Tageslisten, die gewöhnlich täglich erneuert werden müssen, können durch längerfristige Pläne und Projekte ergänzt werden, zum Beispiel: »Vorbereitungen für Weihnachten«, »Familienkonzert«, »Urlaub«, »Klavierspielen lernen«, »Trimm-dich-Programm«.

»Aber was soll *ich* mit solchen Plänen? Ich muß mich den ganzen Tag um meine kranke Mutter (Ehefrau, Ehemann, Schwester) kümmern, ich komme nie aus dem Haus, und an Urlaub ist sowieso nicht zu denken. Ich lebe doch wie in einem Gefängnis!« Nun, ist dieses Gefängnis wirklich so eng? Gibt es nicht vielleicht sogar Dinge, die Sie nur in diesem Gefängnis tun können? Fangen Sie ruhig auch einmal an, sich Listen für Ihren Tag zu machen. Beginnen Sie wieder mit der Spalte »Dringend«, zum Beispiel Baden, Füttern, Vorlesen, Medizin geben. Überlegen Sie dabei: Wo kann ich etwas verbessern, variieren, bunter und schöner machen? Vielleicht probieren Sie einen neuen Badezusatz aus oder neue Rezepte speziell für Menschen, die kaum noch schlucken können.

Machen Sie als zweites einen Plan für die Stunden, wo Ihr Patient schläft oder auch vor dem Fernseher sitzt. Sie können in diesen Stunden manches unterbringen, wozu Sie in einem »normalen« Alltag vielleicht nie die Muße hätten, zum Beispiel Stickarbeiten oder Flickenteppiche anfertigen. »Aber wenn ich mit dem Dringenden fertig bin, habe ich zu nichts mehr Kraft.« Das ist leider nur zu oft wahr. Aber oft fehlt einem die Kraft auch einfach deshalb, weil man nichts Konkretes vorhat. Hat man erst einmal ein Projekt begonnen und ein Ziel vor Augen, bekommt man oft auch die Energie dafür.

Ich schreibe diese Dinge nicht vom grünen Tisch aus. Als meine Schwiegermutter ihren Schlaganfall hatte, pflegte ich sie zwei Monate lang in ihrer kleinen Wohnung in Amerika. Später holten wir sie dann zu uns in die Schweiz, wo wir sie noch sieben Jahre pflegen konnten und das Leben ansonsten normal weiterlief. Aber diese zwei Monate waren wie in einem Gefängnis. Ich verließ die beiden Zimmer nur, um zu dem Lebensmittelladen an der Ecke und zurück zu laufen (laufen, nicht gehen). Ständig galt es, neue Gerichte zu kochen, die Großmutter zusagten und die sie schlucken konnte. Der Arzt, der fest damit gerechnet hatte, daß sie sterben würde, staunte jede Woche mehr.

Anfangs hatte ich furchtbares Heimweh nach L'Abri, wo Francis und die Kinder waren und wo es immer so viel Leben und Abwechslung gab. Aber dann merkte ich auf einmal, daß ich ja jetzt Zeit hatte für einige der Dinge, für die ich zu Hause immer zu beschäftigt war. Ich hatte doch immer schon Puppenkleider für meine Enkel nähen wollen; hier konnte ich es endlich, ohne mir ein schlechtes Gewissen wegen der »Zeitverschwendung« zu machen. Als es Großmutter besser ging, wollte sie es im Zimmer immer dunkel haben. Aber der Fernseher lief, und das war die Lösung: Ich hockte mich auf den Boden, nutzte das Licht vom Bildschirm und nähte weiter. Ich machte auch eisern jeden Morgen 20 Minuten Gymnastik, was bei dieser ständigen Stubenhockerei sehr wichtig für meine Figur war. Und wenn Großmutter schlief und ich die Küchenlampe einschalten konnte, konnte ich stundenlang Briefe schreiben.

»Not macht erfinderisch« – das ist mehr als ein geflügeltes Wort, das ist eine Tatsache, und wir sollten öfter an diese Tatsache denken. Natürlich dürfen wir über dem Erfinden das Bitten um Gottes Führung nicht vergessen. Bitten Sie den Herrn um offene Augen, um die richtigen Ideen zur richtigen Zeit.

Keine Situation ist sinnlos. Ich kenne eine Missionsärztin, Mrs. Byram, die zusammen mit ihrem Mann einige Zeit in einem Konzentrationslager in der Mandschurei verbrachte. Sie waren beide in Einzelhaft, jeder in einer anderen Zelle. Mrs. Byram verfaßte in ihrer Zelle einen eigenen kleinen Bibelkommentar. Sie schrieb ihn auf die Seiten ihrer Bibel; die »Tinte« bestand aus Speichel und Dreck vom Lehmfußboden, und der »Füllhalter« war eine Haarnadel. Ich habe diese Aufzeichnungen selbst gesehen, als sie uns nach ihrer Freilassung in Chester (Pennsylvania) besuchte, und ich kann nur sagen: Es ist einer der besten Bibelkommentare, die ich je gelesen habe. Aber auch das Gebetsleben von Mrs. Byram wurde durch diese langen Stunden in der Einzelhaft vertieft. Schließlich betete sie täglich eineinhalb Stunden für die Anliegen, die Gott ihr zeigte – jeden Tag, bis an ihr Lebensende. Auch L'Abri stand auf ihrer Gebetsliste, 45 Minuten täglich, und ihr Gebetstagebuch hatte je eine Seite für John Sandri, Udo Middelmann, Ronald Macauley, Jane Stuart Smith, Betty Carlson, Hurvey Woodson, Dorothy Jamison und natürlich unsere Kinder, Francis und mich; dazu kamen sämtliche Personen, die wir im Laufe der ersten zehn Jahre von L'Abri in unseren Rundbriefen erwähnten. Diese treue Beterin (sie wohnte zuletzt in Kalifornien) war über Tausende von Kilometern hinweg eine aktive L'Abri-Mitarbeiterin.

Die Südindien-Missionarin Amy Carmichael (1868-1951), die sich die Rettung von Kindern vor der Tempelprostitution zur Aufgabe gemacht hatte und ein großes christliches Werk aufbaute, stürzte bei der Inspektion eines Neubaus auf dem Missionsgelände in eine Jauchegrube und brach sich ein Bein. »Sechs Wochen Bettruhe«, lautete die Prognose des Arztes. Aus den sechs Wochen wurden 21 Jahre! 21 Jahre lang Schmerzen, Komplikationen, enttäuschte Hoffnungen auf Genesung. Nicht wenige Leute schrieben ihr, sie würde bestimmt wieder gesund werden, wenn sie nur genug Glauben habe – und dabei konnte man kaum jemanden finden, der mehr im Glauben und im Gebet lebte als Amy Carmichael.

21 Jahre ans Bett gefesselt. . . Aber in diesen Jahren wurde Amy Carmichael eine der großen christlichen Schriftstellerinnen. Jeden Tag schrieb sie ein »Wort für den Tag« für ihre Kinder und Mitarbeiter. Sie schrieb Andachtsbücher, mehrere Biographien, eine Geschichte ihres Missionswerkes und sogar Gedichte. Vielen Tausenden von Menschen haben diese Bücher geholfen, vielen Kranken Trost gegeben. Nein, das Krankenlager war nicht das Ende für Amy Carmichaels Dienst, es lenkte ihn nur in neue Bahnen.

Aber zurück zu meinen Puppenkleidern. Wir dienen Gott nicht nur dort, wo wir beten, missionieren oder christliche Bücher verfassen. Gott unterscheidet nicht so strikt zwischen »geistlichen«

und »weltlichen« Dingen wie wir. Alles, was wir tun, kann Gottesdienst sein. Wenn jemand Puppenkleider näht oder ein Musikstück komponiert oder aufführt oder Spielzeuge bastelt oder Bilder malt, dann macht er damit nicht nur anderen Menschen eine Freude, dann ist das nicht nur eine gute Beschäftigungstherapie; sondern diese Dinge haben einen Wert in sich selbst. Gott, der Schöpfer des Universums, hat uns Menschen ja die Fähigkeit gegeben, selbst schöpferisch zu sein, Neues zu machen, zu planen und zu gestalten. Und jede Situation, so langweilig oder verfahren oder verzweifelt sie auch erscheinen mag, hat ihre eigenen Möglichkeiten und Chancen für unsere Kreativität. Nutzen wir diese Gabe, die Gott uns gegeben hat! Und nutzen wir auch die Begegnungen mit den Menschen, die wir ohne unser Leid vielleicht nie getroffen hätten.

»Ich kann das Buch *Gott ist keine Illusion* nicht lesen, auch nicht das Buch über L'Abri, noch nicht einmal die Bibel. Verstehen Sie, ich kann mich überhaupt nicht mehr konzentrieren. Die Worte verschwimmen mir vor den Augen ...«

Ena (ich habe den Namen geändert) war schon seit einiger Zeit zu Gast bei uns in L'Abri. Sie war eine ausgeflippte Musik- und Medizinstudentin, alkohol- und drogensüchtig und hatte monatelang in einer Art Wohngemeinschaft vor sich hingebrütet, bevor sie sich dann (warum, wußte sie selbst nicht) auf den Weg nach L'Abri machte. Die Reise verlief nicht ohne Hindernisse, denn gleich am Flughafen fiel sie wegen Drogenbesitz der Polizei auf und landete erst einmal im Gefängnis. Aber dann kam sie zu uns und blieb sogar. Und als sie merkte, daß man sie *nicht* wieder fortschickte, sondern sie liebte und als Person annahm, fing ihre innere Heilung an. Es war ein langer und oft mühsamer Prozeß, diese Heilung, voll von Gebetserhörungen wie auch von Kämpfen; aber am Ende konnte Ena sogar ihr unterbrochenes Studium wiederaufnehmen.

Aber zurück zu Enas Konzentrationsschwierigkeiten. Was half ihr, sie zu überwinden? Nun, es waren ganz einfach geschriebene Bücher, zum Teil Kinderbücher, zum Beispiel die Romane von Grace Livingston Hill, die »Anne«-Bücher von L.M. Montgomery und die Erzählungen von Gene Stratton Poter und Laura

Ingalls Wilder. Diese Bücher führten sie in eine Welt, die sie gar nicht mehr kannte; es ging ihr gerade wie einem Stadtkind, das zum ersten Mal im Leben hohe Berge, Blumenraine und Kuhweiden sieht oder den Vogelchor beim Sonnenaufgang hört. Und Stückchen für Stückchen kam sie heraus aus der Zwangsjacke ihrer Vergangenheit und ihres halbzerstörten Ichs, konnte sich wieder konzentrieren und wurde wieder offen für das, was um sie herum vor sich ging.

Bücher haben eine Schlüsselfunktion im Kampf gegen Lethargie und Depression. Wir haben die überraschende Entdekkung gemacht, daß viele überzüchtete und abgestumpfte junge Leute gerade auf solche Bücher ansprechen, für die sie früher nur mitleidige Verachtung übrig gehabt hätten. Menschen, die zu ausgelaugt oder zu überdreht sind, um anspruchsvolle Literatur zu lesen, können in fröhlichen Erzählungen und schlichten Naturbeschreibungen eine Tür finden, die sie in eine neue, heilere Welt führt und durch diese Welt hindurch dann in die des Glaubens und auch der anspruchsvolleren erbaulichen Lektüre. Wir sollten solche Bücher nicht verachten. Sie können für die kranke Seele genauso wichtig und hilfreich sein wie der Besuch und Zuspruch eines guten Freundes; sie können die Medizin sein, die den Patienten wieder auf die Beine bringt.

Nichts ist leichter, als die Reise in diese heilenden Welten anzutreten; ein Griff ins Bücherregal, und man ist unterwegs. Freilich gibt es auch Menschen, die so depressiv oder belastet sind, daß sie selbst diesen Beginn nicht zustandebringen; sie muß man behutsam führen, indem man ihnen ein Buch in die Hand gibt oder ihnen auch etwas vorliest. Regelmäßige Vorlesestunden in der Familie können hier eine Hilfe sein. In L'Abri haben wir solche Lesestunden jeden Sonntagabend, und wir lesen dabei auch aus Kinderbüchern vor.

Unser Freund aus Malaysia, Mus, und seine Frau Verena (eine Lehrerin aus der deutschen Schweiz) hatten im Winter, kurz vor Neujahr, auf dem Weg zu einem Besuch in L'Abri einen schweren Autounfall. Der Wagen kam auf einer vereisten Stelle ins Schleudern, flog über einen Zaun und landete auf dem Dach in einem Feld. Verena befreite sich aus dem Wrack und schleppte sich über das Feld, um Hilfe zu holen. So kam Mus mit seinem Lungenriß noch gerade rechtzeitig ins Krankenhaus; er wäre sonst verblutet. Im Krankenhaus dann eine Schulteroperation *ohne* Narkose (die Lunge war ja gerissen) und ein Kampf auf Leben und Tod; mehrere Male mußte Mus versuchen, einen Ballon aufzublasen. Verena hatte einen Wirbelbruch, war aber schneller wiederhergestellt als Mus.

Mus und Verena waren beide in L'Abri zum Glauben gekommen und gehören sozusagen zu unserer Familie. Mus ist ausgebildeter Berufsfotograf; bei unseren Dreharbeiten für *Wie sollen wir denn leben?* besorgte er die Standfotos und assistierte dem Filmfotografen. Nun hat ein Berufsfotograf viel an Ausrüstung mit sich herumzuschleppen, was Mus mit seiner operierten Schulter (man mußte ihm mehrere Stifte einsetzen) nicht mehr möglich war. Wie sollte er nach seiner Genesung seinen Lebensunterhalt verdienen? Auch hier eine Sackgasse, auch hier die bange Frage: Wie soll es weitergehen?

Aber auch hier machte die Not erfinderisch. Man überlegte: Was kann Mus noch, außer fotografieren? Antwort: Er ist ein Experte in malaiischer Küche. Damit war eine mögliche Richtung gegeben, und langsam und mit viel Gebet um Gottes Führung unternahm man Schritte in dieser Richtung. Auf einer dreitägigen Messe in Basel ließ Mus seinen Versuchsballon starten: einen Imbißstand mit malaiischen Spezialitäten. Es war ein voller Erfolg (»Sechs Hände müßte der Mensch haben«, sagte Mus mir am Telefon), und bald konnten Mus und Verena in Basel ein kleines Delikatessengeschäft eröffnen.

Wir haben viel mehr Möglichkeiten, als wir ahnen. Gott kennt sie alle. Was für ein großes Wunder, daß er uns seine Hand anbietet, daß er jeden von uns führen will – nicht nur die Großen, nicht nur die, die Geschichte machen, nein, jeden einzelnen von uns. Wir alle sind ihm wichtig, wir alle haben einen Platz in seinem Plan. Die Frage »Wie soll es weitergehen?« braucht nie ohne Antwort zu bleiben.

»Sechs Hände müßte der Mensch haben…« – diesen Seufzer von Mus haben wir in unserem Leben wohl alle schon einmal nachsprechen können. Aber es gibt Menschen, bei denen gewinnt dieser Seufzer eine tragische Tiefe. Da ist der Arzt, der für viele die letzte Hoffnung ist und doch nur einen Teil von ihnen behandeln kann. Oder der Psychotherapeut oder Seelsorger, der einfach nicht allen einen Termin geben kann. Diese Erfahrung, daß unsere Kräfte begrenzt sind, daß wir einfach nicht allen helfen können, kann sehr schmerzlich sein. Ich habe einen Brief von einem Missionsarzt, der einige Monate in L'Abri verbrachte. Er schreibt:

Wie lassen sich die Liebe zum einzelnen und die Liebe zur Menge unter einen Hut bringen? Da kommen Schwerkranke von wer weiß wie weit her, um sich behandeln zu lassen, sind zwei oder drei Tage von zu Hause fort – und wir müssen ihnen sagen: »Geht wieder nach Hause, wir haben jetzt keine Zeit für euch.« Ist das Liebe? Aber wenn wir noch mehr Patienten aufnehmen, haben wir keine Zeit mehr, auf den einzelnen einzugehen, mit ihm zu sprechen, uns auch seine inneren Nöte anzuhören; dann behandeln wir nicht mehr Menschen, sondern Nummern, dann wird unser »Wir lieben dich, weil der Gott, den du noch nicht kennst, dich liebt« einfach unglaubwürdig. Aber Christus diente der Menge *und* dem einzelnen; und in seiner Kraft können, ja müssen wir das auch ... Aber wie?

Ich habe darauf auch keine Antwort. Ich kann nur sagen, daß wir immer wieder beten müssen: *Herr, ich bin nur ein Mensch, ich kann nicht alles. Du hast mich so geschaffen. Bitte führe du die Hilfesuchenden zu mir, die du für mich bestimmt hast, und schicke die übrigen zu jemand anderem. Bitte stelle mich dorthin, wo ich dienen und helfen soll, und zeige auch jedem anderen seinen Platz. Gib mir Weisheit und Kraft, das zu tun, was ich nach deinem Willen tun soll. Und dann schenke mir die Gnade, deine Führung und deine Gabe wirklich anzunehmen und meinem Nächsten damit zu dienen.*
Wir müssen uns dies ständig vor Augen halten. Wir können nicht alles, wir haben Grenzen. Unsere Kraft ist begrenzt, unsere Zeit ist begrenzt, unsere Begabungen sind begrenzt. Und dann die vielen zusätzlichen Grenzen, die im Laufe unseres Lebens dazukommen: Krankheiten, Unfälle, Verschleiß, vielleicht Gefängnis-

mauern und Terrorismus. Die Grenzen können mehr oder weniger eng, mehr oder weniger drastisch sein, aber immer sind sie da, und wir müssen damit leben, auch wenn unser Platz in den Millionen-Slums von Bombay ist oder in den überfüllten Flüchtlingslagern Thailands.

Bombay, Bangladesh, Flüchtlinge, dritte Welt – schon haben wir ein neues Problem; vielleicht ist es Ihres. Wie kann man denn noch guten Gewissens in einer schönen Wohnung leben, ein warmes Mittagessen zu sich nehmen und in Konzerte gehen, wenn es so viel Elend und Hunger auf der Welt gibt? Müssen wir nicht bei jeder kleinen Freude, jedem kleinen Genuß ein schlechtes Gewissen bekommen? Nein, wir müssen es nicht. Zumindest dann nicht, wenn wir auf die ganze Botschaft der Bibel hören. Wir dürfen nicht selbstsüchtig nach dem großen Glück jagen, wir müssen Verfolgung leiden und unser Kreuz auf uns nehmen. Aber wir dürfen auch nicht in falscher Askese erstarren. »Freut euch im Herrn allezeit, und abermals sage ich: Freut euch!« (Phil 4,4) – Bibelverse wie diese haben ihre Erfüllung nicht erst im Himmel, sondern ein Stück weit schon hier. Wir sind keine Maschinen, und wir sind keine Funktionäre. Gott hat uns so geschaffen, daß wir hören, sehen, riechen, fühlen, lieben, uns freuen, kreativ denken und künstlerisch gestalten und genießen können. Er ist kein Gott der grauen Strenge und kahlen Zweckmäßigkeit, sondern der Schönheit und der Freude. Und er möchte, daß auch wir solche Schönheit und Freude erfahren – und daß wir unseren Mitmenschen Schönheit und Freude schenken. Solange ich dies noch nicht begriffen habe, fehlt etwas in meinem Leben und Dienst als Christ.

Für manche Christen ist ihr Besitz ein großes Problem: Was soll ich mit meinem Reichtum machen? Wieviel darf ich für mich behalten? Hier finden wir im ersten Timotheusbrief ein nützliches Wort:

> Den Reichen in dieser Welt gebiete, nicht hochmütig zu sein und ihre Hoffnung nicht auf den unsicheren Reichtum zu setzen, sondern auf Gott, der uns alles reichlich darbietet, damit wir es genießen. Sie sollen aber Gutes tun, reich werden an guten Werken, gerne geben, behilflich sein

und sich dadurch einen Schatz sammeln als guten Grund für die Zukunft, damit sie das wahre Leben ergreifen (1 Tim 6,17-19).

Die Linie ist klar: Es ist nichts Böses, reich zu sein; wir dürfen das, was Gott uns gibt, genießen. Aber wir dürfen es nicht geizig festhalten und zusammenraffen, sondern sollen es für Gottes Sache einsetzen.

In Philipper 4, 11-12 sagt uns Paulus, daß er beides gelernt hat: sich mit wenigem zu begnügen und Überfluß zu haben. Mit anderen Worten: Er hat gelernt, in jeder Lage *zufrieden* zu sein. So etwas ist nicht selbstverständlich. Wir Menschen sind Meister darin, das Schöne und Positive in unserem Hier und Jetzt durch Sorgen und Grübeln zu überdecken. Ich kenne das von mir selbst. Ich denke an einen Morgen, an welchem mein Kopf bis zum Platzen gefüllt war mit Plänen, Überlegungen, Alternativen, Möglichkeiten, Lichtblicken und Hindernissen; wie aufgescheuchte Wespen brummten sie in mir herum. Aber dann drang auf einmal ein anderes Geräusch in diesen Lärm herein: leises Wellengeplätscher und das fast lautlose Gleiten junger Schwäne, die sich näher an ihre Mutter drängten.

Wo war ich? Am Ufer des Sees, wo wir gerade unser Picknick hatten. Es war eine Szene wie aus einem Bilderbuch: klare, reine Luft (wir hatten etliche Gewitter hinter uns), strahlender Sonnenschein, die Wärme der Steinstufen am Ufer, der Duft von Heckenkirschblüten, auf dem Wasser Enten und Schwäne, im Hintergrund die Boote und der Sturzflug der Möwen, dazu eine Begleitmusik aus Wassergemurmel, Vogelstimmen und fernen Bootssirenen; nicht zu vergessen schließlich die Tomatenbrote und das Obst in unserem Picknickkorb. Und ich – ich dachte an meine Arbeitssorgen.

Und ich riß mich aus dem Grübeln heraus und begann meine Sinne zu öffnen für die Schönheit, die mich hier umgab und die Gott mir so ganz kostenlos anbot. Ich schaute die Steine neben meinem Ellenbogen an und studierte das Wunderwerk der winzigen Farne und Blüten, die sich aus den Spalten hervorschoben. Ich lauschte dem Singen der Vögel und Wellen. Ich ließ den Geruch der Heckenkirschen in meine Nase hinein. Und ich sah auf einmal die Worte in Philipper 4,11 in einem neuen Licht: als ein *Gebot Gottes.*

Gott *will,* daß wir zufrieden sind. Er will, daß wir nicht ständig herumgrübeln oder uns mit anderen Menschen vergleichen, die vielleicht mehr Geld, mehr Urlaub, mehr Gesundheit, mehr Kraft oder mehr Abwechslung haben. Und er will diese Zufriedenheit nicht nur in den großen Dingen des Lebens, sondern im kleinsten Alltag. Diese Zufriedenheit haben wir nicht von Natur aus, wir müssen sie *lernen.* Sie ist eine Kunst, und wie jede andere Kunst (etwa Klavierspielen oder Zeichnen) will sie geübt sein. Zufriedenheit ist nicht etwas, das einen in einem Erdbeben der Gefühle oder der plötzlichen Einsicht überströmt und das man dann für den Rest seines Lebens »hat«. Sie will in jeder Situation, an jedem Tag neu erarbeitet sein. Da gilt es, immer wieder aktiv und bewußt innezuhalten und die Augen zu öffnen, damit wir sehen können, was Gott uns gerade im Augenblick an Schönem schenkt. Francis und mir ist aufgegangen, wie wichtig dies ist, und wir üben es in der letzten Zeit immer mehr. Ein Sonnenaufgang oder –untergang, die Sterne am Nachthimmel, das Farbenfeuer des Herbstlaubes, der Blumenkasten am Fenster eines Hauses, das rauhreifglänzende Spinnennetz am Weg – es gibt tausend Herrlichkeiten um uns herum, wenn wir uns nur die Mühe machen, sie wahrzunehmen.

Der Hebräerbrief sagt: »Seid nicht geldgierig, und begnügt euch mit dem, was ihr habt. Denn er selbst hat gesagt: Ich will dich nicht verlassen und nicht von dir weichen« (Hebr 13, 5). Hier ist beides zusammengebracht: der Aufruf zur Zufriedenheit und die Zusage der bergenden Gegenwart Gottes. Gott ist jede Minute bei uns. Wir dürfen seine Hand fassen und ihn anrufen. Und wir dürfen uns dankbar freuen an den Dingen, die er uns gibt. Vielleicht kommt Jesus schon morgen wieder oder heute oder in einer Stunde. Wird er uns dann zufrieden und geborgen finden? Oder werden wir von Ängsten, Sorgen und Geschäftigkeit zerfressen sein, unfähig, auch nur eine Minute still zu sein und auf seine Wunder zu achten?

Aber ist das nicht zuviel verlangt mit dem Innehalten und Zufriedensein, wenn doch die Probleme sich so hoch auftürmen? Wie bekomme ich denn die Gelassenheit, selbst im Leiden frei zu sein für das Schöne des Augenblicks? Nun, in dem, was wir schon zu Beginn dieses Kapitels sahen: im Wissen darum, daß wir zu der großen Schar derer gehören, die auf eine ewige Heimat im Himmel zuwandern und die einst, in ihrem neuen Auferstehungsleib, für immer heil, erfüllt und zufrieden sein werden. Wir dürfen zu denen gehören, über die es im elften Kapitel des Hebräerbriefs heißt: »Nun aber sehnen sie sich nach einem besseren Vaterland, nämlich dem himmlischen. Darum schämt sich Gott nicht, ihr Gott zu heißen; denn er hat ihnen eine Stadt gebaut« (Hebr 11, 16). Nein, Gott braucht sich nicht zu schämen, der Gott der Leidenden zu heißen; so überwältigend groß und unaussprechlich schön ist die Zukunft, die er für sie vorbereitet hat.

Kurt Scherer

Vergebung – das zentrale Problem

Pb., 132 S., Bestell-Nr. 55.373
ISBN 3-7751-0766-5

Vergeltung und Vergebung sind ein zentrales Problem im menschlichen Miteinander. Wie viele Menschen tragen tiefe Bitterkeit und Verletzungen in sich, die sie an einer unbefangenen und offenen Gemeinschaft mit anderen hindert! Pastor Kurt Scherer, Leiter der Seelsorge-Abteilung des ERF, leitet dazu an, sich dem heilenden Einfluß des Wortes Gottes zu öffnen. Das führt zum Frieden mit Gott und seinen Mitmenschen, denen man bisher nicht verzeihen konnte. Praxisnah geht der Autor auf dieses Thema ein und macht deutlich, daß das Geheimnis zu einem frohen, befreiten Christenleben in der Bereitschaft zur Vergebung liegt.

Bitte fragen Sie in Ihrer Buchhandlung nach diesem Buch!
Oder schreiben Sie an den Hänssler-Verlag, Postfach 12 20,
D-7303 Neuhausen-Stuttgart.

Wie du mir – so ich dir

»Wie du mir – so ich dir!« Ein nicht nur im Volksmund gebräuchliches Wort, sondern auch ein in der Praxis angewandtes Verhalten. Es sieht so aus, als ginge es in den zwischenmenschlichen Beziehungen gar nicht mehr anders. Das gilt im großen wie im kleinen. Es ist nicht nur bei den Kindern so, sondern auch bei den Erwachsenen: Man zahlt heim, offen und hinterhältig, was einem der andere an Unrecht zugefügt hat; ob es sich nun tatsächlich so verhält, oder ob man von Vermutungen ausgeht. Es gibt aufgrund dieser Sachlage nicht nur Weltkriege, sondern auch Kleinkriege, sogar mit dem eigenen Fleisch und Blut.

Erinnern Sie sich an die sog. V-Waffen des letzten Weltkrieges? Sie sollten ein wirksamer Vergeltungsschlag gegen den Feind sein. Wir müssen uns klarmachen, daß die V-Waffe eines Menschen, der an Jesus Christus glaubt, nicht die Vergeltung, sondern die Vergebung ist. Wie du, Jesus, mir – so ich dir, meinem Nächsten!

I. Jesus hat mehrmals eindringlich zu diesem Problem von Vergeltung und Vergebung Stellung genommen. Das löste bei seinen Jüngern einen neuen Denkprozeß aus. Sie sahen sich in ihrem bisherigen Verhalten in Frage gestellt.

1. Petrus brachte das zum Ausdruck. Er wußte, daß er zu vergeben hatte. Das war ihm schon bekannt als Zugehöriger zum Alten Bund. Neu aber war für ihn, daß Jesus die gesetzliche Umklammerung löste und das Vergeben nicht mehr als verdienstliches Werk wertete, sondern eine Gesinnung der Vergebung verlangte. Jesus hat aus dem Außenantrieb durch das Gesetz, aus dem »du mußt«, einen Innenantrieb durch den Geist und die Liebe Gottes gemacht, ein »du kannst«. Um dieses Neue, dieses »du kannst«, ging es bei der Frage des Petrus, mit der er zu Jesus kam: »Herr, wie oft muß ich denn meinem Bruder vergeben, der an mir sündigt?«

2. Was hat Petrus wohl bewegt, als er so fragte: »Herr, wie oft muß ich vergeben?«

– Ob Jesu Vorbild ihn so beeindruckte?

Er war so ganz anders als die andern. Zu allen Menschen war er gut. Er begegnete der Hure nicht voreingenommen. Er schrieb die Ehebrecherin nicht ab, auch wenn er ihr Verhalten nicht guthieß. Den Zöllner verachtete er nicht. Er hatte Gemeinschaft mit ihm, auch wenn er keine gemeinsame Sache mit ihm machte. Dem Pharisäer gab er keine Vorschußlorbeeren, trotz seines ethisch-moralisch vorbildlichen Lebens. Dem Reichen mißgönnte er seinen Reichtum nicht, auch wenn er ihn auf die Gefährlichkeit dieser Macht hinwies. »Denn wo euer Schatz ist, da ist euer Herz« (Mt 2,21).

Jesus ging es weder um Sympathie noch um Antipathie im Umgang mit den Menschen. Seine Liebe zu ihnen war grenzenlos.

– Sollte Petrus so leben: »Liebet eure Feinde; segnet, die euch fluchen; tut wohl denen, die euch beleidigen und verfolgen . . .?« (Mt 5,43–48).
Also nicht mehr Gleiches mit Gleichem vergelten? Er konnte sich doch nicht ständig selbst vergewaltigen. Das war ja eine einzige Krampferei, sich nicht mehr abreagieren zu können. Das war ja Streßreligion und nicht Evangelium, ständig diesem Druck ausgesetzt zu sein: »Du mußt!«
Petrus sah darin eine Überforderung seiner Person. Und doch sagte Jesus: »Wer mir nachfolgen will, der verleugne sich selbst . . .?« (Mt 16,24).

– Oder dachte Petrus: Wenn ich Jesus anbiete, siebenmal zu vergeben – die Rabbiner der damaligen Zeit wußten sich nur zum dreimaligen Vergeben verpflichtet –, dann ist das so großzügig, daß er mir gewiß sagt: Nun mal langsam, Petrus, alles hat seine Grenzen! Man kann mit seiner Vergebungsbereitschaft auch übertreiben. Solche Nachsicht ist doch keine Hilfe. Was soll das?

– Petrus ging es um diese Grenze. Er wollte von Jesus wissen, wann er ohne schlechtes Gewissen mit dem Vergeben aufhören könnte. Das zu wissen wäre beruhigender, als ständig diesem Anspruch ausgesetzt zu sein, zu lieben, wie Jesus liebte, und zu vergeben, wie er vergab.

3. Das ist für viele, bewußt oder unbewußt, auch heute die Frage:
»Herr, wie oft muß ich vergeben?« Sie stellt sich im Umgang mit
den Familienangehörigen, den Freunden, den Nachbarn, den Ar-
beitskollegen; überall dort, wo Menschen miteinander leben. Sie
ist das zentrale Problem des menschlichen Miteinanders.

4. Jesus antwortete – und diese Antwort ist verbindlich für alle,
die ihm nachfolgen wollen: »Petrus, ich sage dir: Nicht siebenmal, sondern siebzigmal siebenmal.« Das heißt: Es gibt für dein
Vergeben keine Grenze. Es geht nicht um ein punktuelles Vergeben. Es geht um deine Gesinnung. Ich will von meinen Nachfol-
gern eine Gesinnungshaltung der Vergebung.

II. Im folgenden Gleichnis erklärt nun Jesus, was er damit meint:

– Ein Mensch, der zu Jesus gehört, muß nicht mehr nach dem
Motto leben: Wie du mir, so ich dir! Auge um Auge, Zahn um
Zahn! Er kann seinen Nächsten lieben, auch seinen Widersa-
cher, weil er sich selbst von Gott geliebt weiß.

– Ein Mensch, der zu Jesus gehört, kann dem an ihm schuldig Ge-
wordenen vergeben, weil er selbst aus Gottes Vergebung lebt.
Unser Leben gestaltet sich in einer zweifachen Beziehung: einmal zu Gott, unserem Schöpfer; zum anderen zu unserem
Nächsten. Also auch in zweifacher Verantwortung!

1. Betrachten wir zuerst unsere Beziehung zu Gott. In unserem
Gleichnis: dem König.

– Gott gibt dem Menschen das Leben. Er hat ihn als originale
Persönlichkeit geschaffen. Damit der Mensch sein Leben ver-
antwortlich gestalten kann und nicht ziellos und damit sinnlos
lebt, gibt Gott ihm Wegweisungen. Sie sind Ausdruck seiner
Liebe und Fürsorge.

– Doch der Mensch in seiner Eigenwilligkeit setzt sich über diese
Anweisungen zum Leben hinweg. Er will selbst bestimmen,
wohin sein Weg geht, was er aus seinem Leben macht, wie er
mit sich und seinem Nächsten umgeht. Die Erfahrung zeigt: Er
trachtet zuerst nach seinem eigenen Vorteil, ist sich selbst der
Nächste.

- Gott zieht den Menschen für sein Verhalten zur Rechenschaft:
  »Und Gott fing an, abzurechnen . . .«
  Was hast du aus deinem Leben, das ich dir anvertraut habe, gemacht? Wie bist du mit meinen Anweisungen zum Leben umgegangen? Wozu hast du meine Gaben – Denken, Sprechen, Hören, Sehen . . . – eingesetzt?

- In der Gegenwart Gottes muß der Mensch feststellen:
  Ich wurde meiner Verantwortung nicht gerecht;
  ich habe in eigener Regie mein Leben verwaltet;
  unabhängig von Gottes Anweisungen gestaltet;
  am Nächsten vorbeigelebt;
  eigensinnig das Ziel verfehlt.

- Jesus sagt, daß der Hauptschuldner dem König – einmal in unserer Währung ausgedrückt – 70 Millionen Mark schuldig war. Ohne Bild gesprochen: Der Mensch ist total verschuldet. Er muß seinen Bankrott anmelden. Er ist ein Sünder, getrennt von der Gemeinschaft mit Gott. Seine Situation ist aussichtslos!

- Es gibt kein Abstreiten dieses Tatbestandes. Kein Herausreden. Auch die Seinen können nicht für ihn geradestehen, alles ist offenbar, eindeutig und klar: Ich selbst bin vor Gott schuldig und kann es nicht ungeschehen machen.

- Diese Erkenntnis wirkt Erschütterung. Und diese zwingt auf die Knie. Der Mensch bekennt seine Schuld, beichtet, bittet um Geduld – Verzögerung der Abrechnung: »Herr, habe Geduld mit mir.«

- Gott verzögert die Abrechnung nicht. Er nennt Schuld Schuld. Doch den Schuldner liebt er. Daher läßt er Gnade vor Recht ergehen. Er richtet den vor ihm Liegenden auf, gibt ihm die Hand zur Versöhnung, schenkt ihm einen neuen Anfang seines Lebens.

- Weil es nichts zu annullieren gibt, gibt es Vergebung! Und dies um Jesu willen. Er hat durch sein Sterben am Kreuz von Golgatha ein für allemal die Sache mit Gott in Ordnung gebracht.

Stellvertretend nahm er die Strafe des Menschen auf sich, damit dieser frei und versöhnt mit Gott in Gemeinschaft leben kann.

2. So kann für jeden, der sein Leben diesem Jesus anvertraut, aus dem Minus vor seinem Leben ein Plus werden. Vergebung ist der Ausgangspunkt für ein siegreiches Leben. »Ist jemand in Jesus Christus, so ist er eine neue Schöpfung. Das Alte ist vergangen, ein ganz Neues hat begonnen« (2 Kor 5,17). Jesus ist nicht im Tode geblieben. Gott hat seinen Gehorsam bestätigt und ihn auferweckt zu neuem Leben (1 Kor 15), ihn zum Sieger über die Sünde, den Tod und den Teufel werden lassen. Wer mit ihm lebt, hat Anteil am Leben Gottes.

Diese Erfahrung gibt dem Leben einen neuen Sinn und Wert. Die Angst, die Gewissensnot: einmal fliegt alles auf, einmal kommt die Abrechnung – ist weg! Wie neu geboren geht er aus der Begegnung mit Gott hervor. Reicher als je geht er ins neue Leben. Zum ersten Mal hat er es erfahren, was wirklich tiefe Lebensfreude bedeutet: Frieden mit Gott; aus der Vergebung leben.

Doch dies ist nur die eine Seite dieser lebensverändernden Erfahrung. Um die andere bringt sich der Begnadigte im Gleichnis selbst und verliert damit auch die erstgemachte Erfahrung, wie der unerwartete Fortgang des Gleichnisses zeigt.

3. Der Hauptschuldner begegnet einem seiner Nächsten. Der ist ihm, im Vergleich zu dem, was er seinem König schuldig war, ein paar Groschen schuldig. Er steht also unerwartet in dem gleichen Verhältnis, in dem der König noch vor wenigen Augenblicken zu ihm selber stand, nur unvergleichlich harmloser. Aber nun handelt er seinem Nächsten gegenüber gerade umgekehrt, wie der König an ihm handelte. Er läßt die menschliche Logik von Schuld und Strafe sich entfalten. Nun kann man ja kaum etwas dagegen sagen, solange man nur die menschlichen Spielregeln als Maßstab hat und den einen Faktor nicht berücksichtigt, der aber den Ausschlag gibt: Dieser Mensch hat eine Erfahrung mit Gott gemacht, und was er mit Gott erlebte, müßte nun auch seine positiven Auswirkungen in seiner Umgebung finden. Doch er verhält sich, als habe er eben diese Erfahrung nicht gemacht. Wie ausgelöscht ist sein Erleben. Er reagiert nach dem Echogesetz der Welt:

»Auge um Auge, Zahn um Zahn.« Er lebt seine Aggressionen aus und geht seinem Nächsten an den Kragen. Dessen Bitte um Geduld ignoriert er. Unbarmherzig pocht er auf sein Recht.*

III. Gott kann ein solches Verhalten, wie es der Hauptschuldner an den Tag legt, nicht gutheißen. Das zeigt der Schluß des Gleichnisses: »Sein Herr ward zornig und überantwortete ihn den Peinigern, bis daß er bezahlt hätte alles, was er schuldig war. So wird auch mein himmlischer Vater an euch handeln, wenn ihr nicht von Herzen vergebt, ein jeder seinem Bruder.«

1. Wie du, Jesus, mir – so ich dir, meinem Nächsten! (Kol 3,13). So sollen es Menschen miteinander halten, die ernst mit Gott gemacht haben. Daran – so sagt Jesus – entscheidet sich, ob wir tatsächlich Christ sind. Es zeigt sich nicht nur am Glauben. Denn auch der Hauptschuldner hatte ja geglaubt und die Vergebung für sich in Anspruch genommen. Aber sein Leben wurde kein Abbild dieses Ereignisses, sondern blieb in der Praxis ein Zerrbild. Das alte Leben mit seinen Verhaltensmustern prägte ihn weiterhin. Sein Glaube hatte keine lebensverändernde Auswirkung.

2. Solchen kraftlosen, selbstsüchtigen Glauben, der nicht lebt, was er empfängt, gibt es auch heute. Man hamstert Vergebung und ist nicht bereit zu vergeben. Das macht das Christsein unwürdig und unglaubwürdig; das stößt ab! Gott duldet das aber nicht! Empfangene Vergebung, die nicht weitergegeben, im Miteinander praktisch umgesetzt wird, ist Gott ein Greuel. Er nimmt sie zurück.

Eine Frau suchte das Gespräch in einer Bibel- und Seelsorgefreizeit. Sie erzählte aus ihrem Leben: Die Beziehung zu den Eltern war nicht gerade gut. Manches war in jungen Jahren schiefgelaufen. Eine stürmische Zeit mit viel Schuld lag hinter ihr; auch eine Abtreibung. Doch alles gehörte der Vergangenheit an. Sie hatte den Frieden bei Gott und Vergebung bei Menschen gefunden, so bezeugte sie. Gott schenkte ihr in einer harmonischen Ehe gesunde, brave Kinder, die schon bereits wieder eigene Familien hatten.

* Helmut Thielicke, Das Bilderbuch Gottes, Gütersloher Verlagshaus

Dorothy A. Galde

Um Trost war mir sehr bange
Eine außergewöhnliche Lebens- und Leidensgeschichte

Tb., 160 S., Nr. 56.845, DM 14,80, ISBN 3-7751-1493-9

Die Autorin schildert ihr bewegtes Leben, in dem sie trotz schwerer Schicksalsschläge an der Verheißung von Römer 8,28, daß denen, die Gott lieben, alle Dinge zum Besten dienen, festhält. Nachdem sie ihren ersten Mann verliert, nimmt sie Arbeit in der Kantine ihres ehemaligen Colleges an und bringt es bis zur Geschäftsführerin eines CVJM-Hotelrestaurants. Eine Lähmung der Beine bringt den nächsten Rückschlag. Schwere Unfälle und ein Wirbelsäulenschaden ihres Sohnes sind weitere Prüfungen. Ein Erfahrungsbericht, der Menschen helfen kann, sich nicht durch Leid entmutigen zu lassen und für solche, die andere ermutigen wollen. Die Kraft eines vertrauenden Glaubens ist die einzig tragende Lebenshilfe in diesen Lebenslagen.

Bitte fragen Sie in Ihrer Buchhandlung nach diesem Buch!
Oder schreiben Sie an den Hänssler-Verlag, Postfach 1220,
7303 Neuhausen-Stuttgart.

Kurt Scherer

Konflikte bewältigen

Leitfaden für schwierige Wegstrecken

Tb., 144 S., Nr. 70.591, DM 12,80
ISBN 3-7751-1548-X

Konflikte, Ängste, Spannungen – für viele Christen ein Tabu. Andererseits gibt es kein Leben ohne Spannungen und Schwierigkeiten. Wie kann man damit sinnvoll umgehen?
Der ERF-Seelsorger Kurt Scherer bietet biblisch fundierten Rat im Umgang mit menschlichen Grundproblemen und Orientierung in theologischen Fragen, die in diesem Zusammenhang aufbrechen. Der Autor knüpft mit diesem Band an das vorhergehende Buch »Vergebung« in Art und Weise an. Eine Hilfestellung, die anders ist, als die der selbsternannten Heilsbringer im New-Age Zeitalter.

Bitte fragen Sie in Ihrer Buchhandlung nach diesem Buch!
Oder schreiben Sie an den Hänssler-Verlag, Postfach 12 20,
7303 Neuhausen-Stuttgart.